ZHONGGUO XINWEN CHUBAN TONGJI ZILIAO HUIBIAN

中国新闻出版统计资料汇编

2000

新闻出版署计划财务司　　编

中国劳动社会保障出版社

·北　　京·

图书在版编目(CIP)数据

中国新闻出版统计资料汇编，2000/新闻出版署计划财务司编. —北京：
中国劳动社会保障出版社，2000. 6
ISBN 7-5045-2843-9

Ⅰ. 中…
Ⅱ. 新…
Ⅲ. ①新闻工作-统计资料-汇编-中国-2000 ②出版工作-统计资料-汇编-中国-2000
Ⅳ. G219.21-66

中国版本图书馆 CIP 数据核字(2000)第 62867 号

中国劳动社会保障出版社出版发行
(北京市惠新东街 1 号　邮政编码：100029)
出 版 人：唐云岐
*
北京印刷集团有限责任公司印刷二厂印刷　新华书店经销
787×1092 毫米　16 开本　16.75 印张　418 千字
2000 年 7 月第 1 版　2000 年 7 月第 1 次印刷
印数：1800 册
定价：48.00 元
读者服务部电话：64929211
发行部电话：64911190

目　　录

一九九九年全国新闻出版业基本情况 …… (1)
全国各类图书出版数量及与上年相比增减百分比 …… (15)
中央出版单位各类图书出版数量及与上年相比增减百分比 …… (19)
地方出版单位各类图书出版数量及与上年相比增减百分比 …… (23)
全国出版图书用纸量 …… (27)
全国出版图书用纸量与上年相比增减百分比 …… (27)
使用《中国标准书号》图书出版数量中各类图书所占比重 …… (28)
全国各地区图书出版总量 …… (29)
全国各地区、各类图书出版数量 …… (30)
全国各出版社图书出版数量 …… (57)
全国各类少年儿童读物出版数量 …… (73)
全国各地区少年儿童读物出版数量 …… (74)
全国各出版社少年儿童读物出版数量 …… (75)
全国课本出版数量 …… (80)
全国课本出版数量与去年相比增减百分比 …… (80)
课本出版数量(中央出版社)…… (81)
课本出版数量与去年相比增减百分比(中央出版社)…… (81)
课本出版数量(地方出版社)…… (82)
课本出版数量与去年相比增减百分比(地方出版社)…… (82)
全国各地区课本出版总量 …… (83)
各地区、各类课本出版数量 …… (84)
全国课本出版数量(中央出版社)…… (90)
全国课本出版数量(地方出版社)…… (92)
在地方图书出版数量中各省(自治区、直辖市)所占比重 …… (97)
全国图书出版数量(书籍、课本、图片)…… (98)
全国图书出版数量(书籍、课本、图片)(中央出版社) …… (100)
全国图书出版数量(书籍、课本、图片)(地方出版社) …… (112)
使用《中国标准书号》各类图书的平均印数、平均印张和平均定价 …… (130)
各地区使用《中国标准书号》各类图书的平均印数、平均印张和平均定价 …… (133)
各类课本的平均印数、平均印张和平均定价 …… (156)
少数民族文字图书出版数量 …… (157)

少数民族文字图书出版数量与去年相比增减百分比 …………………………… (158)
全国期刊分类的种数、印数、印张数 …………………………………………… (159)
各类期刊占其总数的百分比 ……………………………………………………… (162)
平均期印数在 25 万册以上的期刊 ……………………………………………… (163)
各种刊期的期刊出版数量 ………………………………………………………… (167)
各类期刊的平均印张和平均定价 ………………………………………………… (168)
全国少数民族文字期刊分类种数、印数、印张数 ……………………………… (169)
全国少数民族文字期刊出版数量与去年相比增减的百分比 …………………… (170)
全国各级报纸出版数量 …………………………………………………………… (171)
各级综合报纸出版数量 …………………………………………………………… (173)
各级专业报纸出版数量 …………………………………………………………… (175)
中央及省、自治区、直辖市级综合报纸出版数量 ……………………………… (177)
各种刊期的报纸出版数量 ………………………………………………………… (186)
全国少数民族文字报纸出版数量 ………………………………………………… (187)
全国少数民族文字报纸出版数量与去年相比增减的百分比 …………………… (187)
全国录音制品出版品种、数量及发行总量 ……………………………………… (188)
全国录音制品出版数量 …………………………………………………………… (189)
全国录音制品出版数量分类 ……………………………………………………… (190)
全国录像制品出版品种、数量及发行总量 ……………………………………… (198)
全国录像制品出版数量 …………………………………………………………… (199)
全国录像制品出版数量分类 ……………………………………………………… (200)
全国音像出版单位机构数和职工人数 …………………………………………… (211)
全国图书发行进、销、存情况 …………………………………………………… (212)
全国图书总销售分类情况 ………………………………………………………… (213)
全国图书纯销售情况 ……………………………………………………………… (214)
图书发行机构数和职工人数 ……………………………………………………… (215)
全国书刊印刷企业工业产值及印刷用纸总量 …………………………………… (216)
全国书刊印刷企业主要产品产量 ………………………………………………… (221)
全国书刊印刷企业主要生产设备 ………………………………………………… (226)
国家定点书刊印刷企业主要财务经济指标(一) ………………………………… (235)
国家定点书刊印刷企业主要财务经济指标(二) ………………………………… (238)
全国出版系统销售收入、利润情况 ……………………………………………… (241)
出版社、书刊印刷企业、印刷物资公司机构数和职工人数 …………………… (243)
全国图书、期刊、报纸进出口情况 ……………………………………………… (244)
全国音像、电子出版物进出口情况 ……………………………………………… (244)
全国图书出版社名录 ……………………………………………………………… (245)
全国音像出版单位名录 …………………………………………………………… (255)
书刊印刷国家定点企业名录 ……………………………………………………… (260)

一九九九年全国新闻出版业基本情况

1999 年全国出版图书、期刊、报纸总印张为 1124.81 亿印张，折合用纸量 261.38 万吨，与上年相比用纸量增长 13.14%。其中：书籍用纸占总量 17.89%，课本用纸占总量 17.15%，图片用纸占总量 0.23%；期刊用纸占总量 8.7%；报纸用纸占总量 56.03%。

图　　书

1999 年全国共有出版社 566 家（包括副牌社 36 家），其中中央级出版社 220 家（包括副牌 16 家），地方出版社 346 家（包括副牌 20 家）。

一、图书出版总量

1999 年全国共出版新版图书 83095 种，重版、重印图书 58736 种，总印数 73.16 亿册（张），总印张 391.35 亿印张，折合用纸量 92.19 万吨，定价总金额 436.33 亿元。与上年相比，新版图书品种增长 11.2%，重版、重印图书品种增长 5.1%，总印数增长 1.1%，总印张增长 4.7%，定价总金额增长 9.6%。其中：

1、书籍

出版书籍 118584 种（初版 75555 种，重版、重印 43029 种），总印数 34.6 亿册（张），总印张 199.01 亿印张，折合用纸量 46.77 万吨（包括附录用纸 0.49 亿印张，折合用纸量 0.12 万吨），定价总金额 258.79 亿元。与上年相比，种数增长 9.87%（初版增长 12.54%，重版、重印增长 5.47%），总印数下降 1.76%，总印张增长 5.38%，定价总金额增长 12.66%。

2、课本

出版课本 20755 种（初版 5845 种，重版、重印 14910 种），总印数 38.08 亿册（张），总印张 190.77 亿印张，折合用纸量 44.83 万吨，定价总金额 171.5 亿元。与上年相比，种数增长 2.18%（初版增长 2.24%，重版、重印增长 2.15%），总印数增长 3.34%，总印张增长 4.24%，定价总金额增长 5.63%。

3、图片

出版图片 2492 种（初版 1695 种，重版、重印 797 种），总印数 0.48 亿册（张），总印张 1.56 亿印张，折合用纸量 0.59 万吨，定价总金额 6.04 亿元。与上年相比，种数增长 5.4%（初版下降 9.1%，重版、重印增长 59.7%），总印数增长 50.1%，总印张下降 10.8%，定价总金额增长 2.1%。

二、各类图书出版情况

在使用中国标准书号的 22 类出版物中，各类图书的出版数量、所占比重及与上年相比增减百分比如下：

1、马克思主义、列宁主义、毛泽东思想类 146 种（初版 127 种）、300 万册、28731 千印张、总定价4955万元，占总品种0.1%（初版占0.16%）、总印数0.04%、总印张0.07%、总定价0.12%。与上年相比，种数增长60.4%（初版增长154%），总印数增长294.7%，总印张增长142%，总定价增长274.5%。

2、哲学类1346种（初版1006种）、935万册、106855千印张、总定价16264万元，占总品种0.97%（初版占1.24%）、总印数0.13%、总印张0.27%、总定价0.38%。与上年相比，种数增长11.8%（初版增长26.1%），总印数增长1.1%，总印张下降8.6%，总定价增长8.5%。

3、社会科学总论类1509种（初版1275种）、1023万册、129584千印张、总定价21802万元，占总品种1.08%（初版占1.57%）、总印数0.14%、总印张0.33%、总定价0.51%。与上年相比，种数增长18.7%（初版增长23.4%），总印数增长10.6%，总印张增长13.3%，总定价增长10.9%。

4、政治、法律类5567种（初版4575种）、7946万册、850887千印张、总定价133608万元，占总品种4%（初版占5.62%）、总印数1.09%、总印张2.19%、总定价3.12%。与上年相比，种数增长2.2%（初版增长5.7%），总印数下降12.1%，总印张下降0.6%，总定价增长9.2%。

5、军事类367种（初版343种）、346万册、39475千印张、总定价8585万元，占总品种0.26%（初版占0.42%）、总印数0.05%、总印张0.1%、总定价0.2%。与上年相比，种数下降2.4%，总印数下降8.5%，总印张下降2.8%，总定价下降5.7%。

6、经济类8274种（初版6204种）、6807万册、954793千印张、总定价156429万元，占总品种5.94%（初版占7.62%）、总印数0.94%、总印张2.45%、总定价3.65%。与上年相比，种数增长0.6%（初版增长0.3%），总印数下降12.8%，总印张下降5.3%，总定价增长0.4%。

7、文化、科学、教育、体育61837种（初版25960种）、640207万册、29537878千印张、总定价2742829万元，占总品种44.38%（初版占31.89%）、总印数88.09%、总印张75.88%、总定价63.98%。与上年相比，种数增长18.6%（初版增长25.1%），总印数增长1%，总印张增长7.1%，总定价增长9.3%。

8、语言、文字类5190种（初版2922种）、10158万册、1340690千印张、总定价152046万元，占总品种3.72%（初版占3.59%）、总印数1.4%、总印张3.44%、总定价3.55%。与上年相比，种数增长7.5%（初版增长17.7%），总印数下降1.7%，总印张下降5.5%，总定价增长4.3%。

9、文学类10699种（初版8753种）、9839万册、1181695千印张、总定价163343万元，占总品种7.68%（初版占10.75%）、总印数1.35%、总印张3.04%、总定价3.81%。与上年相比，种数下降26.7%（初版下降22.4%），总印数下降34.4%，总印张下降30.1%，总定价下降31.1%。

10、艺术类7975种（初版5539种）、15056万册、650644千印张、总定价225641万元，占总品种5.72%（初版占6.8%）、总印数2.07%、总印张1.67%、总定价5.26%。与上年相比，种数下降1.5%（初版增长5.1%），总印数增长15.9%，总印张增长7.8%，总定价增长34.4%。

11、历史、地理类4104种（初版3552种）、4046万册、423464千印张、总定价94340

万元，占总品种2.95%（初版占4.36%）、总印数0.56%、总印张1.09%、总定价2.2%。与上年相比，种数增长2.6%（初版增长17.3%），总印数下降13.7%，总印张增长7.3%，总定价增长16.5%。

12、自然科学总论类741种（初版437种）、4326万册、173137千印张、总定价33712万元，占总品种0.53%（初版占0.54%）、总印数0.6%、总印张0.44%、总定价0.79%。与上年相比，种数增长166.5%（初版增长117.4%），总印数增长1717.6%，总印张增长680.6%，总定价增长863.2%。

13、数理科学、化学类2010种（初版1024种）、2380万册、293283千印张、总定价30443万元，占总品种1.44%（初版占1.26%）、总印数0.33%、总印张0.75%、总定价0.71%。与上年相比，种数下降3.4%（初版增长0.3%），总印数下降7.6%，总印张下降9.5%，总定价下降3.2%。

14、天文学、地球科学类674种（初版602种）、200万册、22762千印张、总定价4430万元，占总品种0.48%（初版占0.74%）、总印数0.03%、总印张0.06%、总定价0.1%。与上年相比，种数增长8.2%（初版增长8.3%），总印数下降21.6%，总印张增长11%，总定价增长27.3%。

15、生物科学类455种（初版300种）、200万册、29909千印张、总定价4918万元，占总品种0.33%（初版占0.37%）、总印数0.03%、总印张0.08%、总定价0.11%。与上年相比，种数增长3.6%（初版增长2.4%），总印数下降18%，总印张下降11.6%，总定价下降3.1%。

16、医药卫生类5750种（初版3685种）、4663万册、691727千印张、总定价99994万元，占总品种4.13%（初版占4.53%）、总印数0.64%、总印张1.78%、总定价2.33%。与上年相比，种数增长2.3%（初版增长7.9%），总印数下降6.3%，总印张下降3%，总定价增长3%。

17、农业科学类3328种（初版2280种）、2984万册、195785千印张、总定价27856万元，占总品种2.39%（初版占2.8%）、总印数0.41%、总印张0.5%、总定价0.65%。与上年相比，种数增长8.3%（初版增长21%），总印数下降2.7%，总印张下降8.2%，总定价增长3.7%。

18、工业技术类14428种（初版9026种）、10512万册、1725902千印张、总定价257669万元，占总品种10.35%（初版占11.09%）、总印数1.45%、总印张4.43%、总定价6.01%。与上年相比，种数增长6.2%（初版增长10.5%），总印数下降4%，总印张增长3.5%，总定价增长13.1%。

19、交通运输类1308种（初版816种）、1239万册、141081千印张、总定价22583万元，占总品种0.94%（初版占1%）、总印数0.17%、总印张0.36%、总定价0.53%。与上年相比，种数增长107.6%（初版增长80.5%），总印数增长69.3%，总印张增长62.6%，总定价增长84.7%。

20、航空、航天类84种（初版81种）、26万册、3568千印张、总定价804万元，占总品种0.06%（初版占0.1%）、总印数0.004%、总印张0.01%、总定价0.02%。与上年相比，种数增长33.3%（初版增长28.6%），总印数增长36.8%，总印张增长57.1%，总定价增长63.7%。

21、环境科学类 363 种（初版 291 种）、559 万册、33118 千印张、总定价 5298 万元，占总品种 0.26%（初版占 0.36%）、总印数 0.08%、总印张 0.09%、总定价 0.12%。与上年相比，种数增长 11.7%（初版增长 5.1%），总印数增长 163.7%，总印张增长 95%，总定价增长 75.9%。

22、综合类 3184 种（初版 2602 种）、3053 万册、374448 千印张、总定价 79333 万元，占总品种 2.29%（初版占 3.2%）、总印数 0.42%、总印张 0.96%、总定价 1.85%。与上年相比，种数增长 148.9%（初版增长 167.7%），总印数增长 110.3%，总印张增长 111.2%，总定价增长 170.7%。

三、各类课本出版情况

各类课本的出版数量与上年相比增减的百分比如下:

1、大专及大专以上课本 7715 种（初版 2930 种）、9841 万册、1409241 千印张、总定价 151437 万元，与上年相比，种数增长 2.47%（初版增长 0.93%），总印数增长 0.33%，总印张下降 3.12%，总定价增长 4.26%。

2、中专课本 2666 种（初版 792 种）、6914 万册、848259 千印张、总定价 74862 万元，与上年相比，种数下降 4.99%（初版增长 11.71%），总印数下降 11.95%，总印张下降 8.29%，总定价下降 8.5%。

3、中学课本 3158 种（初版 541 种）、141677 万册、9274111 千印张、总定价 654816 万元，与上年相比，种数增长 20.12%（初版增长 18.9%），总印数增长 17.2%，总印张增长 11.11%，总定价增长 13.84%。

4、小学课本 4130 种（初版 894 种）、215157 万册、7029168 千印张、总定价 793394 万元，与上年相比，种数增长 15.85%（初版增长 48.75%），总印数下降 3.05%，总印张增长 1.73%，总定价增长 3.22%。

5、业余教育课本 255 种（初版 111 种）、618 万册、53646 千印张、总定价 5239 万元，与上年相比，种数下降 51.98%（初版下降 56.64%），总印数下降 30.41%，总印张下降 62.14%，总定价下降 63.51%。

6、教学用书 2831 种（初版 577 种）、6600 万册、463034 千印张、总定价 35258 万元，与上年相比，种数下降 12.97%（初版下降 27.24%），总印数下降 7.67%，总印张下降 11.75%，总定价下降 8.03%。

四、少年儿童读物出版情况

全国共出版少年儿童读物 6111 种（初版 3421 种）、21508 万册、643858 千印张、总定价 116942 万元，与上年相比，种数下降 2.89%（初版增长 0.41%），总印数下降 11.52%，总印张下降 20.09%，总定价下降 13.08%。

期　刊

1999 年全国共出版期刊 8187 种，平均期印数 21845 万册，总印数 28.46 亿册，总印张 96.78 亿印张，折合用纸量 22.75 万吨(含高校学报、公报、政报、年鉴 1168 种，平均期印数

642 万册，总印数 5860 万册，总印张 263211 千印张)。与上年相比种数增长 2.35%，平均期印数增长 4.38%，总印数增长 12.18%，总印张增长 21.17%。

各类期刊的出版数量、所占比重及与上年相比增减百分比如下:

1、综合类 480 种，平均期印数 3373 万册（平均一种期印数 7.02 万册），总印数 45640 万册，总印张 1667821 千印张；占期刊总品种 5.86%，总印数 16.03%，总印张 17.23%。与上年相比种数增长 8.84%，平均期印数下降 3.16%,总印数增长 5.52%，总印张增长 7.61%。

2、哲学、社会科学类 1857 种，平均期印数 6405 万册（平均一种期印数 3.45 万册），总印数 86556 万册，总印张 2832848 千印张；占期刊总品种 22.68%，总印数 30.41%，总印张 29.27%。与上年相比种数增长 4.44%，平均期印数增长 3.07%，总印数增长 6.6%，总印张增长 10.62%。

3、自然科学、技术类 4368 种，平均期印数 4009 万册（平均一种期印数 0.92 万册），总印数 41992 万册，总印张 1690712 千印张；占期刊总品种 53.35%，总印数 14.75%，总印张 17.47%。与上年相比种数增长 0.14%，平均期印数增长 5.28%，总印数增长 13.03%，总印张增长 18.45%。

4、文化、教育类 776 种，平均期印数 4280 万册（平均一种期印数 5.52 万册），总印数 60754 万册，总印张 1620759 千印张；占期刊总品种 9.48%，总印数 21.34%，总印张 16.75%。与上年相比种数增长 9.76%，平均期印数增长 7.75%，总印数增长 24.91%，总印张增长 33.91%。

5、文学、艺术类 532 种，平均期印数 1640 万册（平均一种期印数 3.08 万册），总印数 21112 万册，总印张 1351139 千印张；占期刊总品种 6.5%，总印数 7.42%，总印张 13.96%。与上年相比种数下降 0.93%，平均期印数下降 0.79%，总印数增长 11.18%，总印张增长 67.39%。

6、少儿读物类 103 种，平均期印数 2024 万册（平均一种期印数 19.65 万册），总印数 27250 万册，总印张 464899 千印张；占期刊总品种 1.26%，总印数 9.57%，总印张 4.8%。与上年相比种数增长 0.98%, 平均期印数增长 19.41%，总印数增长 17.06%，总印张增长 20.47%。

7、画刊类 71 种，平均期印数 114 万册（平均一种期印数 1.61 万册），总印数 1334 万册，总印张 49540 千印张；占期刊总品种 0.87%，总印数 0.47%，总印张 0.51%。与上年相比种数下降 1.39%，平均期印数增长 10.68%，总印数增长 9.25%，总印张增长 9.97%。

在全国出版的期刊中有月刊 2556 种，占期刊种数 31.22%，双月刊 2712 种，占期刊种数 33.13%，季刊 2426 种，占期刊种数 29.63%。

报　纸

1999 年全国共出版报纸 2038 种，平均期印数 18632.39 万份，总印数 318.38 亿份，总印张 636.68 亿印张，折合用纸量 146.44 万吨。与上年相比，种数下降 0.73%，平均期印数增长 2.32%，总印数增长 5.99%，总印张增长 17.9%。

各类报纸的出版数量、所占比重及与上年相比增减百分比如下:

1、全国性报纸 211 种，平均期印数 3011.92 万份，总印数 63.34 亿份，总印张 119.8 亿印张；占报纸总品种 10.35%，总印数 19.9%，总印张 18.82%。与上年相比种数持平，平均期印数下降 1.86%，总印数下降 1.9%，总印张增长 2.09%。

2、省级报纸 813 种，平均期印数 10044.98 万份，总印数 142.71 亿份，总印张 301.33 亿印张；占报纸总品种 39.89%，总印数 44.82%，总印张 47.33%。与上年相比种数下降 1.33%，平均期印数增长 2.43%，总印数增长 8.62%，总印张增长 25.76%。

在全国和省级报纸中有综合性报纸 304 种，平均期印数 5215.9 万份，总印数 128.37 亿份，总印张 299.39 亿印张；与上年相比种数增长 1%，平均期印数增长 1.67%，总印数增长 5.71%，总印张增长 18.36%。专业报纸 720 种，平均期印数 7841.01 万份，总印数 77.68 亿份，总印张 121.75 亿印张；与上年相比种数下降 1.91%，平均期印数增长 1.23%，总印数增长 4.26%，总印张增长 17.04%。

3、地、市级报纸 873 种，平均期印数 5257.95 万份，总印数 105.54 亿份，总印张 210.8 亿印张；与上年相比种数增长 1.75%，平均期印数增长 5.31%，总印数增长 9.22%，总印张增长 18.87%。

4、县级报纸 141 种，平均期印数 317.54 万份，总印数 6.79 亿份，总印张 4.74 亿印张；与上年相比种数下降 11.88%，平均期印数下降 7.09%，总印数下降 12.95%，总印张下降 16.68%。

在全国出版的报纸中有日刊 384 种，占报纸总种数 18.84%，周六刊 215 种，占报纸总种数 10.55%，周五刊 118 种，占报纸总种数 5.79%，周四刊 88 种，占报纸总种数 4.32%，周三刊以下的有 1233 种，占报纸总种数 60.5%。

音像制品

1999 年全国共有音像出版单位 292 家，其中音像出版社 204 家，图书出版社音像部 88 家。中央级音像出版单位 123 家（音像出版社 72 家，图书出版社音像部 51 家），地方音像出版单位 169 家，（音像出版社 132 家，图书出版社音像部 37 家）。

一、录音制品

全国共出版录音制品 8946 种，出版数量 1.13 亿盒（张），发行数量 1.1 亿盒（张），发行总金额 7.24 亿元。与上年相比品种增长 9.79%，出版数量下降 5.44%，发行数量下降 1.4%，发行总金额下降 1.61%。

各类录音制品的出版数量及占总量的比重如下:

1、盒式录音带（AT）6456 种、10423.91 万盒（新出 2812 种、5008.98 万盒；再版 3644 种，5414.93 万盒）。与上年相比品种增长 3.1%，数量下降 7.21%，其中:

自编节目 5636 种、7923.72 万盒，占音带种数 87.3%，数量 76.01%。自编节目中：歌曲 629 种、824.72 万盒，占音带种数 9.74%，数量 7.91%；乐曲 329 种、365.9 万盒，占音带种数 5.1%，数量 3.51%；戏曲 614 种、141.91 万盒，占音带种数 9.51%，数量 1.36%；曲艺

102 种、44.26 万盒，占音带种数 1.58%，数量 0.42%；文教 1993 种、4046.18 万盒，占音带种数 30.87%，数量 38.82%；语言 1316 种、2150.65 万盒，占音带种数 20.39%，数量 20.63%；少儿 647 种、345.29 万盒，占音带种数 10.02%，数量 3.31%；其他类 6 种、4.79 万盒，占音带种数 0.09%，数量 0.05%。

引进节目 796 种、2439.61 万盒，占音带种数 12.33%，数量 23.4%。引进节目中：古典音乐 18 种、13.29 万盒，占音带种数 0.28%，数量 0.13%；现代音乐 51 种、219.31 万盒，占音带种数 0.79%，数量 2.1%；流行歌曲 489 种、1997.11 万盒，占音带种数 7.57%，数量 19.16%；文化教育 237 种、207.4 万盒，占音带种数 3.67%，数量 1.99%；其他类 1 种、2.5 万盒，占音带种数 0.02%，数量 0.02%。

对外合作节目 24 种、60.58 万盒，占音带种数 0.37%，数量 0.58%。

2、激光唱片（CD）2490 种、906.9 万张（新出 2114 种、787.88 万张；再版 376 种、119.02 万张）。与上年相比种数增长 32.02%，数量增长 21.08%，其中：

自编节目 1928 种、774.13 万张，占激光唱片种数 77.43%，数量 85.36%。自编节目中：歌曲 841 种、339.59 万张，占激光唱片种数 33.78%，数量 37.45%；乐曲 885 种，369.48 万张，占激光唱片种数 35.54%，数量 40.74%；戏曲 62 种、29.65 万张，占激光唱片种数 2.49%，数量 3.27%；曲艺 37 种、8.84 万张，占激光唱片种数 1.49%，数量 0.97%；文教 43 种、17.69 万张，占激光唱片种数 1.73%，数量 1.95%；语言 4 种、0.8 万张，占激光唱片种数 0.16%，数量 0.09%；少儿 51 种、7.28 万张，占激光唱片种数 2.05%，数量 0.8%；其他类 5 种、0.8 万张，占激光唱片种数 0.2%，数量 0.09%。

引进节目 506 种、119.13 万张，占激光唱片种数 20.32%，数量 13.14%。引进节目中：古典音乐 68 种、17.88 万张，占激光唱片种数 2.73%，数量 1.97%；现代音乐 38 种、21.56 万张，占激光唱片种数 1.53%，数量 2.38%；流行歌曲 399 种、79.59 万张，占激光唱片种数 16.02%，数量 8.78%；其他类 1 种、0.1 万张，占激光唱片种数 0.04%，数量 0.01%。

对外合作节目 56 种、13.64 万张，占激光唱片种数 2.25%，数量 1.5%。

二、录像制品

全国共出版录像制品 9721 种，出版数量 6436.62 万盒（张），发行数量 5002.73 万盒（张），发行总金额 5.13 亿元。与上年相比品种增长 8.13%，出版数量增长 8.06%，发行数量增长 8.17%，发行总金额增长 0.21%。

各类录像制品的出版数量及占总量的比重如下：

1、盒式录像带（VT）2437 种、90.52 万盒（新出 743 种、62.63 万盒；再版 1694 种、27.89 万盒）。与上年相比种数下降 28.7%，数量下降 50.57%，其中：

自编节目 2387 种、85.87 万盒，占录像带种数 97.95%，数量 94.87%。自编节目中：故事片 17 种、2.44 万盒，占录像带种数 0.7%，数量 2.7%；戏曲片 4 种、0.65 万盒，占录像带种数 0.16%，数量 0.72%；音乐舞蹈 54 种、4.86 万盒，占录像带种数 2.22%，数量 5.37%；社会科学 24 种、0.80 万盒，占录像带种数 0.98%，数量 0.88%；教育 1489 种、60.88 万盒，占录像带种数 61.1%，数量 67.26%；语言 15 种、0.68 万盒，占录像带种数 0.62%，数量 0.75%；文体 71 种、1.23 万盒，占录像带种数 2.91%，数量 1.36%；科技 165 种、2.41 万盒，占录像带种数 6.77%，数量 2.66%；经济 22 种、1.58 万盒，占录像带种数 0.9%，数量 1.74%；医药卫生 469 种、4.27 万盒，占录像带种数 19.24%，数量 4.71%；少儿 35 种、2.54

万盒，占录像带种数1.44%，数量2.81%；其他类22种、3.53万盒，占录像带种数0.9%，数量3.9%。

引进节目45种、4.50万盒，占录像带种数1.85%，数量4.97%。引进节目中：故事片36种、4.21万盒，占录像带种数1.48%，数量4.65%；文教9种、0.29万盒，占录像带种数0.37%，数量0.32%。

对外合作节目5种、0.15万盒，占录像带种数0.21%，数量0.16%。

2、激光视盘（LD）32种、4.19万张（新出14种、1.3万张；再版18种、2.89万张）。与上年相比种数增长113.33%，数量增长48.74%，其中：

自编节目32种、4.19万张，占激光视盘种数100%，数量100%。自编节目中：卡拉OK、MTV30种、4.05万张，占激光视盘种数93.75%，数量96.55%；教育2种、0.14万张，占激光视盘种数6.25%，数量3.45%。

3、数码激光视盘（VCD）7252种、6341.91万张（新出6128种、5379.25万张；再版1124种、962.65万张）。与上年相比种数增长30.5%，数量增长9.9%，其中：

自编节目5792种、5045.24万张，占VCD种数79.87%，数量79.55%。自编节目中：故事片497种、1122.52万张，占VCD种数6.85%，数量17.7%；戏曲片1315种、1015.45万张，占VCD种数18.13%，数量16.01%；音乐舞蹈676种、491.43万张，占VCD种数9.32%，数量7.75%；卡拉OK、MTV802种、556.11万张，占VCD种数11.06%，数量8.77%；社会科学52种、47.7万张，占VCD种数0.72%，数量0.75%；教育1159种、852.02万张，占VCD种数15.98%，出版数量13.43%；语言36种、28.37万张，占VCD种数0.5%，数量0.45%；文体224种、92.22万张，占VCD种数3.09%，数量1.45%；科技76种、38.51万张，占VCD种数1.05%，数量0.61%；经济37种、25.71万张，占VCD种数0.51%，出版数量0.41%；医药卫生100种、22.72万张，占VCD种数1.38%，数量0.36%；少儿235种、164.45万张，占VCD种数3.24%，数量2.59%；其他类583种、588.04万张，占VCD种数8.04%，数量9.27%。

引进节目1420种、1164.53万张，占VCD种数19.58%，数量18.36%。引进节目中：故事片1215种、898.44万张，占VCD种数16.75%，数量14.17%；文教76种、90.68万张，占VCD种数1.05%，数量1.43%；其他类129种、175.4万张，占VCD种数1.78%，数量2.77%。

对外合作节目40种、132.14万张，占VCD种数0.55%，数量2.08%。

图书发行

1999年全国共有图书发行网点76632处，比上年减少3237处。在图书发行网点中售书点73898处，比上年减少3192处；国有书店2734处，比上年减少45处；国有售书点10839处，比上年减少7处；其他类型售书点63059处，比上年减少3185处。在其他类型售书点中：供销社售书点17707处，比上年减少2858处；出版社自办售书点722处，比上年增加19处；集、个体书店摊35282处，比上年减少168处；其他9348处，比上年减少178处。

新华书店系统共有发行网点13023处，比上年减少103处，其中：书店2647处，比上年减少12处；售书点10376处，比上年减少91处。

全国图书发行行业共有从业人员244434人，比上年增加762人，其中售书点从业人员177707人，比上年减少142人。新华书店系统共有职工142268人，比上年增加4878人，其中新华书店售书点职工79457人，比上年增加3190人。

一、图书购进

全国图书发行全行业总购进174.11亿册，865.82亿元，与上年相比册数增长3.16%，金额增长10.58%。其中：从生产者购进95.26亿册，比上年增长15.4%，购进金额532.07亿元，比上年增长21.24%。新华书店系统购进135.38亿册，比上年下降6.48%，购进金额591.7亿元，比上年增长2.38%。

二、图书销售

(一) 全国图书发行总销售170.38亿册、825.31亿元，与上年相比册数增长2.8%，金额增长10.36%。其中：新华书店系统总销售133.49亿册、579.18亿元，与上年相比册数下降6.38%，金额增长2.38%。新华书店系统总销售占全行业的比重为：册数78%，金额70.2%。

(二) 全行业纯销售73.29亿册、355.03亿元，与上年相比册数减少4.8%，金额增长2.1%。

(三) 全国图书总销售中各类图书的销售数量和金额、所占总量的比重及与上年相比增减百分比如下：

1、哲学、社会科学类4.61亿册、42.92亿元，占销售数量2.7%（增长9.42%），销售金额5.2%（增长5.94%）；

2、文化、教育类53.55亿册、230.36亿元，占销售数量31.4%（增长1.54%），销售金额27.9%（增长13.11%）；

3、文学、艺术类4.56亿册、43.60亿元，占销售数量2.7%（下降21.91%），销售金额5.3%（增长0.86%）；

4、自然科学、技术类4.93亿册、57.13亿元，占销售数量2.9%（下降6.53%），销售金额6.9%（增长6.39%）；

5、少儿读物类4.86亿册、26.07亿元，占销售数量2.9%（增长2.6%），销售金额3.2%（增长11.64%）；

6、大中专教材类4.3亿册、40.3亿元，占销售数量2.5%（增长22.88%），销售金额4.9%（增长20.32%）；

7、课本类91.35亿册、355.62亿元，占销售数量53.6%（增长4.9%），销售金额43.1%（增长10.84%）；

8、图片类1.04亿册、6.1亿元，占销售数量0.6%（下降8.33%），销售金额0.7%（下降7.5%）；

9、其他出版物1.18亿册、10.57亿元，占销售数量0.7%（下降2.73%），销售金额1.3%（增长4.19%）；

10、非图书商品类12.63亿元，占销售金额1.5%（增长2.67%）。

(四) 全行业批发销售总额552.24亿元，比上年增长12.7%，批零比重为67：33。其中：

批给供销社 28.87 亿元，比上年下降 17%；批给国有商业部门（含新华书店系统内批发）470.28 亿元，比上年增长 17.5%；批给集、个体书店（摊）52.27 亿元，比上年下降 4%；出口 0.82 亿元，比上年增长 94.7%。

(五) 对居民和社会团体零售总额 273.07 亿元，比上年增长 5.85%。其中城市零售 199.04 亿元，农村零售 74.04 亿元，城乡零售比重为 73：27。

三、图书库存

全行业年末库存 34.62 亿册、241.63 亿元，与上年相比册数增长 1.31%，金额增长 16.8%。

书刊印刷

1999 年全国共有书刊印刷两级定点企业 1185 家，比上年减少 3 家。其中：国家定点厂 304 家（出版系统国家定点厂 84 家），比上年减少 42 家；省级定点厂 881 家，比上年增加 45 家。

全国两级定点企业全部职工年平均人数 30.91 万人（其中国家定点厂年平均人数 15.16 万人），全部职工工资总额 23.95 亿元，比上年增长 6.44%，人均年工资 7747.26 元，比上年增加 791.89 元／人，增长 11.39%。

国家定点企业工资总额 12.66 亿元，人均年工资 8348.10 元，比上年增加 337.23 元／人，增长 4.21%；省级定点企业工资总额 11.29 亿元，人均年工资 7168.7 元，比上年增加 1430.59 元／人，增长 24.93%。

一、产值产量

全国书刊印刷两级定点工业企业主要生产指标完成情况及与上年相比增减百分比如下：

1、工业总产值 128.67 亿元（按 1990 年不变价格计算），比上年增长 7.01%。其中国家定点厂完成 59.1 亿元（占工业总产值 45.93%），下降 4.65%；出版系统国家定点厂完成 18.75 亿元（占工业总产值的 14.57%），增长 3.73%；省级定点厂完成 69.57 亿元（占工业总产值 54.07%），增长 19.43%。

在总产值中，书刊产品产值 79.65 亿元，占总产值 61.9%，比上年增长 15.74%。其中国家定点厂完成 38.76 亿元（占书刊产品产值 48.67%），增长 5.92%；出版系统国家定点厂完成 16.09 亿元（占书刊产品产值 20.2%），增长 6.06%；省级定点厂完成 40.89 亿元（占书刊产品产值 51.33%），增长 26.88%。

2、工业销售产值 122.99 亿元（按 1990 年不变价格计算），比上年增长 6.76%。其中国家定点厂完成 57.01 亿元（占工业销售产值 46.36%），下降 5.02%；出版系统国家定点厂完成 18.29 亿元（占工业销售产值 14.87%），增长 4.7%；省级定点厂完成 65.97 亿元（占工业销售产值 53.64%），增长 19.56%。

3、书刊排字 187.99 亿字，比上年增长 0.83%。其中国家定点厂排字 79.02 亿字（占总字数 42.03%），下降 12.3%；出版系统国家定点厂排字 28.06 亿元（占总字数 14.93%），下降 8.91%；省级定点厂排字 108.97 亿字（占总字数 57.97%），增长 13.11%。

4、书刊印刷 6157.22 万令，比上年增长 21.42%。其中国家定点厂完成 3117.48 万令（占总量 50.63%），增长 11.11%；出版系统国家定点厂完成 1343.93 万令（占总量 21.83%），增长 4.79%；省级定点厂完成 3039.71 万令（占总量 49.37%），增长 34.17%。

5、胶印印刷 11043.93 万对开色令，比上年增长 21.95%。其中国家定点厂完成 5817.93 万对开色令（占总量 52.68%），增长 7.11%；出版系统国家定点厂完成 2930.35 万对开色令（占总量 26.53%），增长 6.61%；省级定点厂完成 5225.96 万对开色令（占总量 47.32%），增长 44.2%。

6、零件印刷 1837.75 万千印，比上年下降 9.96%。其中国家定点厂完成 567.01 万千印（占总量 30.85%），下降 4.58%；出版系统国家定点厂完成 111.24 万千印（占总量 6.05%），下降 3.79%；省级定点厂完成 1270.75 万千印（占总量 69.15%），下降 12.18%。

7、书刊装订 4618.31 万令，比上年增长 13.41%。其中国家定点厂完成 2734.92 万令（占总量 59.22%），增长 7.71%；出版系统国家定点厂完成 1469.42 万令（占总量 31.82%），增长 9.82%；省级定点厂完成 1883.37 万令（占总量 40.78%），增长 22.85%。

8、全年印刷用纸 8652.07 万令，比上年增长 17.85%。其中国家定点厂用纸 4532.33 万令（占总量 52.38%），增长 9.78%；出版系统国家定点厂用纸 1915.18 万令（占总量 22.14%），增长 6.55%；省级定点厂用纸 4119.74 万令（占总量 47.62%），增长 28.21%。

二、国家定点厂主要经济指标

1、产品销售收入 65.02 亿元，比上年下降 10.05%，其中出版系统国家定点厂产品销售收入 25.09 亿元（占总量 38.59%），下降 5.24%。

2、产品销售成本 48.37 亿元，比上年下降 9.67%，其中出版系统国家定点厂产品销售成本 17.97 亿元（占总量 37.15%），增长 3.15%。

3、产品销售费用 1.39 亿元，比上年增长 13.27%，其中出版系统国家定点厂产品销售费用 0.34 亿元（占总量 24.69%），增长 25.6%。

4、产品销售税金及附加 0.53 亿元，比上年下降 44.75%，其中出版系统国家定点厂产品销售税金及附加 0.23 亿元（占总量 43.71%），下降 52.13%。

5、管理费用 14.09 亿元，比上年下降 7%，其中出版系统国家定点厂管理费用 6.47 亿元（占总量 45.97%），增长 4.41%。

6、财务费用 2.31 亿元，比上年下降 11.92%，其中出版系统国家定点厂财务费用 0.67 亿元（占总量 28.82%），下降 23.67%。在财务费用中利息支出 2.32 亿元，比上年下降 9.34%；出版系统国家定点厂利息支出 0.67 亿元（占总量 29.04%），下降 19.61%。

7、平均流动资产 53.56 亿元，比上年下降 4.95%，其中出版系统国家定点厂平均流动资产 18.46 亿元（占总量 34.47%），增长 6.7%。

8、产成品存货 10.14 亿元，比上年下降 17.07%，其中出版系统国家定点厂产成品存货 3.85 亿元（占总量 37.98%），下降 21.84%。

9、固定资产净值平均余额 77.05 亿元，比上年下降 22.12%，其中出版系统国家定点厂固定资产净值平均余额 34.82 亿元（占总量 45.18%），下降 18.07%。

10、平均营运资金 2.47 亿元，比上年下降 30.64%，其中出版系统国家定点厂平均营运资金 0.71 亿元（占总量 28.7%），下降 23.16%。

11、工业中间物质消耗价值 41.41 亿元，比上年下降 13.63%，其中出版系统国家定点厂工业中间物耗价值13.8亿元（占总量33.33%），增长0.6%。

12、工业增加值（现价）31.09亿元，比上年下降11.29%，其中出版系统国家定点厂工业增加值13.67亿元（占总量43.95%），增长7.89%。

13、国家定点厂中盈利单位共225家，比上年减少16家，利润总额3.47亿元，比上年下降34.46%；其中出版系统国家定点厂盈利单位73家，比上年减少3家，利润总额0.74亿元（占总量21.4%），增长3.48%。

14、国家定点厂中亏损单位76家，比上年减少26家，亏损额1.55亿元，比上年下降13.61%，其中出版系统国家定点厂亏损单位11家，比上年增加1家，亏损额0.3亿元，（占亏损总额19.63%），下降3%。

15、盈亏相抵共实现利润1.92亿元，比上年减少1.58亿元，下降45.1%。

出版物进出口

一、图书、报纸、期刊出口

1999年全国图书、报纸、期刊累计出口743272种次，总数量483.95万册、万份，总金额1588.56万美元，与上年相比总数量下降6.91%，总金额增长7.27%。其中：

1、图书出口704842种次、224.20万册、1248万美元，占书、报、刊出口总种次94.83%、总数量46.33%、总金额78.56%；

2、期刊出口36393种次、168.7万册、231.31万美元，占书、报、刊出口总种次4.9%、总数量34.86%、总金额14.57%；

3、报纸出口2037种次、91.05万份、109.25万美元，占书、报、刊出口总种次0.27%、总数量18.81%、总金额6.87%。

各类图书出口的种次、数量、金额及所占图书总量的比重如下：

1、哲学、社会科学类316950种次、70.69万册、498.98万美元，占图书出口种次44.97%、数量31.53%、金额39.98%。

2、文化、教育类56143种次、36.91万册、186.17万美元，占图书出口种次7.97%、数量16.46%、金额14.92%。

3、文学、艺术类167691种次、56.53万册、266.47万美元，占图书出口种次23.79%、数量25.21%、金额21.35%。

4、自然、科学技术类34582种次、13.28万册、69.79万美元，占图书出口种次4.91%、数量5.92%、金额5.59%。

5、少儿读物类38314种次、23.85万册、70.02万美元，占图书出口种次5.44%、数量10.64%、金额5.61%。

6、综合类91162种次、22.94万册、156.57万美元，占图书出口种次12.93%、数量10.23%、金额12.55%。

二、图书、报纸、期刊进口

1999年全国图书、报纸、期刊累计进口473579种次，总数量257.09万册、万份，总金额5655.8万美元，与上年相比总数量增长2.63%，总金额增长13.68%。其中：

1、图书进口445563种次、152.22万册、2263.28万美元，占书、报、刊进口总种次94.08%、总数量59.21%、总金额40.01%；

2、期刊进口27478种次、19.32万册、2495.86万美元，占书、报刊进口总种次5.81%、总数量7.51%、总金额44.13%；

3、报纸进口538种次、85.55万份、896.66万美元，占书、报、刊进口总种次0.11%，总数量33.28%，总金额15.86%。

各类图书进口的种次、数量、金额及所占图书总量的比重如下：

1、哲学、社会科学类27760种次、5.74万册、178.17万美元，占图书进口种次6.23%、数量3.77%、金额7.87%。

2、文化、教育类23067种次、4.89万册、202.42万美元，占图书进口种次5.18%、数量3.21%、金额8.94%。

3、文学、艺术类115082种次、57.19万册、486.42万美元，占图书进口种次25.83%、数量37.57%、金额21.49%。

4、自然、科学技术类219396种次、62.54万册、1089.47万美元，占图书进口种次49.24%、数量41.09%、金额48.14%。

5、少儿读物类185种次、0.19万册、0.07万美元，占图书进口种次0.04%、数量0.12%、金额0.001%。

6、综合类60073种次、21.67万册、306.73万美元，占图书种次13.48%、数量14.24%、金额13.55%。

三、音像制品、电子出版物出口

1999年全国音像制品、电子出版物累计出口30059种次，总数量216988盒、张，总金额48.16万美元，与上年相比总数量增长216.96%，总金额增长49.06%。其中：

1、录音带1291种次、13726盒、4.25万美元，占音像电子制品出口种次4.3%、数量6.32%、金额8.82%；

2、激光唱片6170种次、35876张、5.96万美元，占音像电子制品出口种次20.53%、数量16.53%、金额12.38%；

3、录像带64种次、1209盒、1万美元，占音像电子制品出口种次0.21%、数量0.56%、金额2.07%；

4、VCD 22335种次、155984张、32.07万美元，占音像电子制品出口种次74.3%、数量71.89%、金额66.6%；

5、电子出版物199种次、10193张、4.88万美元，占音像电子制品出口种次0.66%、数量4.7%、金额10.13%。

四、音像制品、电子出版物进口

1999年全国音像制品、电子出版物累计进口4405种次，总数量504955盒、张，总金额358.93万美元，与上年相比总数量增长14.04%，总金额增长18.77%。其中：

1、录音带120种次、3100盒、1.9万美元，占音像电子制品进口种次2.72%、数量0.62%、金额0.53%；

2、激光唱片3633种次、100915张、73.49万美元，占音像电子制品进口种次82.47%、

数量 19.98%、金额 20.48%;

3、VCD17 种次、214 张、0.19 万美元，占音像电子制品种次 0.39%、数量 0.04%、金额 0.05%;

4、电子出版物 635 种次、400726 张、283.35 万美元，占音像电子制品种次 14.42%、数量 79.36%、金额 78.94%。

利　润

1999 年全国新闻出版系统企、事业单位共实现利润 53.24 亿元，比上年增长 14.53%。其中:

1、图书出版单位实现利润 38.97 亿元（占总利润 73.2%），比上年增长 17.5%;

2、印刷企业实现利润 0.52 亿元（占总利润 0.98%），比上年增长 20.56%;

3、图书发行企业实现利润 12.17 亿元（占总利润 22.86%），比上年增长 3.78%;

4、印刷物资供销企业实现利润 0.99 亿元（占总利润 1.86%），比上年增长 18.46%;

5、其他企业实现利润 0.59 亿元（占总利润 1.1%），比上年增长 80.25%。

全国各类图书出版数量及与上年相比增减百分比

(一) 种 数

	本版图书种数(种)			与上年相比增减%			租型图书种数(种)	与上年相比增减%
	合计	新出	重印	合计	新出	重印		
图 书 总 计	**141831**	**83095**	**58736**	**8.6**	**11.2**	**5.1**	**10592**	**7.1**
(一)使用《中国标准书号》部分合计	139339	81400	57939	8.6	11.7	4.6	10579	7.0
A 马克思主义、列宁主义、毛泽东思想	146	127	19	60.4	154.0	−53.7	12	
B 哲学	1346	1006	340	11.8	26.1	−16.3	5	400.0
C 社会科学总论	1509	1275	234	18.7	23.4	−1.7		−100.0
D 政治、法律	5567	4575	992	2.2	5.7	−11.3	146	62.2
E 军事	367	343	24	−2.4	0.0	−27.3		
F 经济	8274	6204	2070	0.6	0.3	1.6	4	
G 文化、科学、教育、体育	61837	25960	35877	18.6	25.1	14.3	10114	4.6
H 语言、文字	5190	2922	2268	7.5	17.7	−3.2		−100.0
I 文学	10699	8753	1946	−26.7	−22.4	−41.2	15	25.0
J 艺术	7975	5539	2436	−1.5	5.1	−13.7	275	159.4
K 历史、地理	4104	3552	552	2.6	17.3	−43.2	6	100.0
N 自然科学总论	741	437	304	166.5	117.4	294.8		
O 数理科学、化学	2010	1024	986	−3.4	0.3	−7.0		
P 天文学、地球科学	674	602	72	8.2	8.3	7.5		
Q 生物科学	455	300	155	3.6	2.4	6.2		
R 医药、卫生	5750	3685	2065	2.3	7.9	−6.3	1	
S 农业科学	3328	2280	1048	8.3	21.0	−11.8		
T 工业技术	14428	9026	5402	6.2	10.5	−0.4		
U 交通运输	1308	816	492	107.6	80.5	176.4		
V 航空、航天	84	81	3	33.3	28.6			
X 环境科学	363	291	72	11.7	5.1	50.0		
Z 综合性图书	3184	2602	582	148.9	167.7	89.6	1	0.0
(二)不使用《中国标准书号》部分——图片合计	2492	1695	797	5.4	−9.1	59.7	13	550.0
其中：年画	132	111	21	−41.1	−38.7	−51.2		
附录(不使用《中国标准书号》)合计								
1.国标(GB)、部标(BB)等标准类文件印品								
2.影印书								
3.活页文选、活页歌篇、小件印品等								

全国各类图书出版数量及与上年相比增减百分比

(二) 总 印 数

	本年图书总印数(万册、张)				与上年相比增减%	
	合计	新出	重印	租型	合 计	租 型
图 书 总 计	**731629**	**156958**	**348484**	**226187**	**1.1**	**0.5**
(一)使用《中国标准书号》部分合计	726805	154554	346150	226101	0.9	0.4
A 马克思主义、列宁主义、毛泽东思想	300	231	48	21	294.7	
B 哲学	935	674	260	1	1.1	0.0
C 社会科学总论	1023	765	258		10.6	−100.0
D 政治、法律	7946	5617	2021	308	−12.1	−1.0
E 军事	346	332	14		−8.5	
F 经济	6807	4643	2161	3	−12.8	
G 文化、科学、教育、体育	640207	108210	308907	223090	1.0	−0.1
H 语言、文字	10158	3409	6749		−1.7	−100.0
I 文学	9839	6807	2918	114	−34.4	1325.0
J 艺术	15056	6177	6491	2388	15.9	56.9
K 历史、地理	4046	2062	1809	175	−13.7	3400.0
N 自然科学总论	4326	967	3359		1717.6	
O 数理科学、化学	2380	700	1680		−7.6	
P 天文学、地球科学	200	174	26		−21.6	
Q 生物科学	200	97	103		−18.0	
R 医药、卫生	4663	2444	2218	1	−6.3	0.0
S 农业科学	2984	2067	917		−2.7	
T 工业技术	10512	5789	4723		−4.0	
U 交通运输	1239	876	363		69.3	
V 航空、航天	26	26			36.8	
X 环境科学	559	320	239		163.7	
Z 综合性图书	3053	2167	886		110.3	−100.0
(二)不使用《中国标准书号》部分——图片合计	4824	2404	2334	86	50.1	
其中：年画	86	70	16		−57.0	
附录(不使用《中国标准书号》)合计						
1.国标(GB)、部标(BB)等标准类文件印品						
2.影印书						
3.活页文选、活页歌篇、小件印品等						

全国各类图书出版数量及与上年相比增减百分比

(三) 总　印　张

	本年图书总印张(千印张)				与上年相比增减%	
	合计	新出	重印	租型	合　计	租　型
图　书　总　计	**39135314**	**11286020**	**15307374**	**12541920**	**4.7**	**3.5**
(一)使用《中国标准书号》部分合计	38929416	11142868	15245422	12541126	4.9	3.5
A 马克思主义、列宁主义、毛泽东思想	28731	23114	4913	704	142.0	
B 哲学	106855	74361	32410	84	−8.6	−69.3
C 社会科学总论	129584	100219	29365		13.3	−100.0
D 政治、法律	850887	628993	215566	6328	−0.6	−14.5
E 军事	39475	38112	1363		−2.8	
F 经济	954793	672850	281510	433	−5.3	
G 文化、科学、教育、体育	29537878	5639382	11450363	12448133	7.1	3.3
H 语言、文字	1340690	410371	930319		−5.5	−100.0
I 文学	1181695	859709	317277	4709	−30.1	311.3
J 艺术	650644	333513	242724	74407	7.8	45.8
K 历史、地理	423464	314691	102503	6270	7.3	2591.0
N 自然科学总论	173137	102777	70360		680.6	
O 数理科学、化学	293283	85611	207672		−9.5	
P 天文学、地球科学	22762	18301	4461		11.0	
Q 生物科学	29909	13798	16111		−11.6	
R 医药、卫生	691727	340901	350805	21	−3.0	−38.2
S 农业科学	195785	122800	72985		−8.2	
T 工业技术	1725902	980256	745646		3.5	
U 交通运输	141081	92647	48434		62.6	
V 航空、航天	3568	3485	83		57.1	
X 环境科学	33118	19423	13695		95.0	
Z 综合性图书	374448	267554	106857	37	111.2	−87.7
(二)不使用《中国标准书号》部分——图片合计	156487	106969	48799	719	−10.8	1309.8
其中：年画	3930	2517	1413		−4.5	
附录(不使用《中国标准书号》)合计	49411	36183	13153	75	−35.4	−99.1
1.国标(GB)、部标(BB)等标准类文件印品	30969	21842	9127		9.7	
2.影印书	406	406			70.6	
3.活页文选、活页歌篇、小件印品等	18036	13935	4026	75	−62.5	−99.1

全国各类图书出版数量及与上年相比增减百分比

（四） 图书总定价、排版字数

	图书总定价（万元）					新出图书排版字数（万字）	
	合计	增减%	新出	重印	租型	合计	增减%
图书总计	**4363344**	**9.6**	**1765193**	**1584985**	**1013166**	**2592296**	**20.9**
(一)使用《中国标准书号》部分合计	4286882	9.8	1707100	1566740	1013042	2582786	21.0
A 马克思主义、列宁主义、毛泽东思想	4955	274.5	4245	620	90	4611	205.6
B 哲学	16264	8.5	12518	3733	13	29408	18.5
C 社会科学总论	21802	10.9	18262	3540		51679	24.9
D 政治、法律	133608	9.2	109867	22847	894	196220	18.0
E 军事	8585	−5.7	8389	196		12152	−15.7
F 经济	156429	0.4	122256	34117	56	232145	3.0
G 文化、科学、教育、体育	2742829	9.3	627263	1114018	1001548	538292	29.6
H 语言、文字	152046	4.3	55539	96507		116919	29.9
I 文学	163343	−31.1	126329	36445	569	294379	−15.0
J 艺术	225641	34.4	170099	46133	9409	63878	88.0
K 历史、地理	94340	16.5	77828	16056	456	165993	31.5
N 自然科学总论	33712	863.2	25747	7965		12266	77.4
O 数理科学、化学	30443	−3.2	11024	19419		37005	11.9
P 天文学、地球科学	4430	27.3	3768	662		19574	3.9
Q 生物科学	4918	−3.1	3210	1708		11959	−2.1
R 医药、卫生	99994	3.0	57158	42833	3	155548	18.7
S 农业科学	27856	3.7	19253	8603		48284	20.1
T 工业技术	257669	13.1	167039	90630		406627	19.0
U 交通运输	22583	84.7	15966	6617		31882	107.2
V 航空、航天	804	63.7	791	13		3177	23.3
X 环境科学	5298	75.9	3868	1430		10197	24.2
Z 综合性图书	79333	170.7	66681	12648	4	140591	257.7
(二)不使用《中国标准书号》部分——图片合计	60390	2.1	45396	14878	116	616	−17.0
其中：年画	1396	3.1	1010	386			
附录(不使用《中国标准书号》)合计	16072	−5.2	12697	3367	8	8894	2.3
1.国标(GB)、部标(BB)等标准类文件印品	8465	−16.3	6053	2412		7335	−3.1
2.影印书	89	187.1	89			136	580.0
3.活页文选、活页歌篇、小件印品等	7518	10.4	6555	955	8	1423	29.5

中央出版单位各类图书出版数量及与上年相比增减百分比

(一) 种 数

	本版图书种数(种)			与上年相比增减%			租型图书种数(种)	与上年相比增减%
	合计	新出	重印	合计	新出	重印		
图 书 总 计	**52529**	**34472**	**18057**	**10.4**	**14.4**	**3.5**	**1**	**-98.6**
(一)使用《中国标准书号》部分合计	51780	34074	17706	10.2	14.9	2.3	1	-98.6
A 马克思主义、列宁主义、毛泽东思想	54	47	7	31.7	235.7	-74.1		
B 哲学	568	425	143	13.4	47.1	-32.5		
C 社会科学总论	790	685	105	30.1	39.5	-9.5		
D 政治、法律	3744	2978	766	5.5	10.5	-10.3		-100.0
E 军事	281	264	17	3.3	4.3	-10.5		
F 经济	4573	3506	1067	2.4	1.9	3.9		
G 文化、科学、教育、体育	13768	7527	6241	40.2	48.0	31.9	1	-98.5
H 语言、文字	2323	1314	1009	0.6	19.5	-16.6		
I 文学	2758	2220	538	-46.0	-42.4	-56.9		
J 艺术	1730	1182	548	-14.7	-13.1	-18.1		-100.0
K 历史、地理	1561	1277	284	-12.0	12.6	-55.6		
N 自然科学总论	102	67	35	7.4	-13.0	94.4		
O 数理科学、化学	1026	462	564	-16.9	-8.7	-22.6		
P 天文学、地球科学	450	409	41	4.9	8.5	-21.2		
Q 生物科学	285	172	113	-8.4	-12.2	-1.7		
R 医药、卫生	2883	1942	941	6.1	13.0	-5.8		
S 农业科学	1747	1103	644	1.9	10.5	-10.1		
T 工业技术	10204	6303	3901	12.5	18.5	4.1		
U 交通运输	979	601	378	151.0	116.2	237.5		
V 航空、航天	67	66	1	48.9	46.7			
X 环境科学	238	191	47	0.8	-2.6	17.5		
Z 综合性图书	1649	1333	316	546.7	497.8	887.5		
(二)不使用《中国标准书号》部分——图片合计	749	398	351	24.4	-16.4	178.6		
其中：年画				-100.0	-100.0	-100.0		
附录(不使用《中国标准书号》)合计								
1.国标(GB)、部标(BB)等标准类文件印品								
2.影印书								
3.活页文选、活页歌篇、小件印品等								

中央出版单位各类图书出版数量及与上年相比增减百分比

(二) 总 印 数

	本年图书总印数(万册、张)				与上年相比增减%	
	合计	新出	重印	租型	合 计	租 型
图 书 总 计	**107512**	**40679**	**66832**	**1**	**4.0**	**-99.5**
(一)使用《中国标准书号》部分合计	105227	40016	65210	1	2.8	-99.5
A 马克思主义、列宁主义、毛泽东思想	141	120	21		206.5	
B 哲学	480	358	122		-4.6	
C 社会科学总论	616	470	146		17.8	
D 政治、法律	6102	4341	1761		-8.5	-100.0
E 军事	282	276	6		7.2	
F 经济	4542	3174	1368		-13.6	
G 文化、科学、教育、体育	63873	16387	47485	1	10.0	-99.5
H 语言、文字	5879	2145	3734		7.4	
I 文学	2728	2008	720		-49.7	
J 艺术	1595	913	682		-24.5	-100.0
K 历史、地理	2203	800	1403		-20.3	
N 自然科学总论	100	52	48		-6.5	
O 数理科学、化学	1649	365	1284		-18.0	
P 天文学、地球科学	101	87	14		-34.0	
Q 生物科学	131	51	80		-21.6	
R 医药、卫生	2514	1365	1149		-2.2	
S 农业科学	1754	1093	661		-11.5	
T 工业技术	7777	4106	3671		4.3	
U 交通运输	901	656	245		80.6	
V 航空、航天	19	19			72.7	
X 环境科学	252	198	54		157.1	
Z 综合性图书	1588	1032	556		602.7	
(二)不使用《中国标准书号》部分——图片合计	2285	663	1622		137.5	
其中：年画					-100.0	
附录(不使用《中国标准书号》)合计						
1.国标(GB)、部标(BB)等标准类文件印品						
2.影印书						
3.活页文选、活页歌篇、小件印品等						

中央出版单位各类图书出版数量及与上年相比增减百分比

(三) 总　印　张

	本年图书总印张(千印张)				与上年相比增减%	
	合计	新出	重印	租型	合　计	租　型
图　书　总　计	**8989788**	**4676040**	**4313670**	**78**	**9.1**	**−99.0**
(一)使用《中国标准书号》部分合计	8912759	4634317	4278364	78	9.2	−99.0
A 马克思主义、列宁主义、毛泽东思想	12522	9858	2664		59.8	
B 哲学	53231	38269	14962		−12.5	
C 社会科学总论	83211	64478	18733		16.6	
D 政治、法律	686831	498607	188224		1.1	−100.0
E 军事	32608	31681	927		14.3	
F 经济	648994	479241	169753		−1.3	
G 文化、科学、教育、体育	3452806	1456779	1995949	78	35.1	−99.0
H 语言、文字	793815	237188	556627		−7.2	
I 文学	363863	256511	107352		−46.7	−100.0
J 艺术	132984	85086	47898		−19.5	−100.0
K 历史、地理	204269	136142	68127		−4.5	
N 自然科学总论	12439	6981	5458		4.2	
O 数理科学、化学	202715	42988	159727		−17.1	
P 天文学、地球科学	12580	10491	2089		−10.3	
Q 生物科学	22284	9055	13229		−10.7	
R 医药、卫生	418150	217080	201070		−1.2	
S 农业科学	131573	75568	56005		−7.7	
T 工业技术	1330148	738391	591757		8.7	
U 交通运输	106027	71807	34220		76.8	
V 航空、航天	2698	2679	19		66.1	
X 环境科学	13609	9814	3795		29.6	
Z 综合性图书	195402	155623	39779		620.8	
(二)不使用《中国标准书号》部分——图片合计	41958	16667	25291		6.3	
其中：年画					−100.0	
附录(不使用《中国标准书号》)合计	35071	25056	10015		−2.0	
1.国标(GB)、部标(BB)等标准类文件印品	30969	21842	9127		9.7	
2.影印书	406	406				
3.活页文选、活页歌篇、小件印品等	3696	2808	888		−51.1	

中央出版单位各类图书出版数量及与上年相比增减百分比

(四) 图书总定价、排版字数

	图书总定价(万元)					新出图书排版字数(万字)	
	合计	增减%	新出	重印	租型	合计	增减%
图书总计	**1310706**	**13.2**	**813663**	**497034**	**9**	**1347284**	**23.5**
(一)使用《中国标准书号》部分合计	1282533	13.5	797566	484958	9	1339021	23.7
A 马克思主义、列宁主义、毛泽东思想	2514	170.6	2178	336		1929	402.3
B 哲学	9410	17.8	7629	1781		13420	62.9
C 社会科学总论	14677	10.0	12362	2315		31769	28.5
D 政治、法律	107172	8.6	87368	19804		138899	20.0
E 军事	7571	−1.3	7427	144		9815	−9.8
F 经济	111881	3.5	91481	20400		148262	7.3
G 文化、科学、教育、体育	408560	34.6	188879	219672	9	208179	47.9
H 语言、文字	95023	2.0	33368	61655		49503	17.1
I 文学	55800	−46.9	42676	13124		84920	−34.9
J 艺术	50004	−10.4	40854	9150		16600	16.9
K 历史、地理	47684	4.2	37481	10203		64139	21.6
N 自然科学总论	1844	0.8	1209	635		2446	−27.4
O 数理科学、化学	20497	−11.7	5880	14617		16968	3.1
P 天文学、地球科学	2611	3.2	2350	261		13769	5.4
Q 生物科学	3572	−6.7	2181	1391		7633	−1.6
R 医药、卫生	57420	0.5	35049	22371		87837	20.4
S 农业科学	18236	1.6	11895	6341		27064	10.0
T 工业技术	199069	19.5	128126	70943		300898	27.2
U 交通运输	16831	106.0	12282	4549		23512	135.7
V 航空、航天	636	71.9	633	3		2356	11.3
X 环境科学	2594	28.1	2093	501		5982	5.9
Z 综合性图书	48927	672.7	44165	4762		83121	629.0
(二)不使用《中国标准书号》部分——图片合计	18197	16.1	8740	9457		405	36.4
其中：年画		−100.0					
附录(不使用《中国标准书号》)合计	9976	−17.0	7357	2619		7858	−5.2
1.国标(GB)、部标(BB)等标准类文件印品	8465	−16.3	6053	2412		7335	−3.1
2.影印书	89		89			136	
3.活页文选、活页歌篇、小件印品等	1422	−25.6	1215	207		387	−46.0

地方出版单位各类图书出版数量及与上年相比增减百分比

(一) 种 数

	本版图书种数(种)			与上年相比增减%			租型图书种数(种)	与上年相比增减%
	合计	新出	重印	合计	新出	重印		
图 书 总 计	**89302**	**48623**	**40679**	**7.5**	**9.0**	**5.8**	**10591**	**7.9**
(一)使用《中国标准书号》部分合计	87559	47326	40233	7.7	9.6	5.7	10578	7.8
A 马克思主义、列宁主义、毛泽东思想	92	80	12	84.0	122.2	−14.3	12	
B 哲学	778	581	197	10.7	14.1	1.5	5	400.0
C 社会科学总论	719	590	129	8.3	8.9	5.7		−100.0
D 政治、法律	1823	1597	226	−3.9	−2.1	−14.7	146	65.9
E 军事	86	79	7	−17.3	−12.2	−50.0		
F 经济	3701	2698	1003	−1.5	−1.7	−0.7	4	
G 文化、科学、教育、体育	48069	18433	29636	13.6	17.7	11.2	10113	5.3
H 语言、文字	2867	1608	1259	13.9	16.3	11.0		−100.0
I 文学	7941	6533	1408	−16.2	−12.0	−31.6	15	25.0
J 艺术	6245	4357	1888	3.0	11.4	−12.4	275	161.9
K 历史、地理	2543	2275	268	14.3	20.2	−19.3	6	100.0
N 自然科学总论	639	370	269	249.2	198.4	355.9		
O 数理科学、化学	984	562	422	16.3	9.1	27.5		
P 天文学、地球科学	224	193	31	15.5	7.8	106.7		
Q 生物科学	170	128	42	32.8	32.0	35.5		
R 医药、卫生	2867	1743	1124	−1.2	2.7	−6.7	1	
S 农业科学	1581	1177	404	16.4	32.8	−14.4		
T 工业技术	4224	2723	1501	−6.6	−4.4	−10.4		
U 交通运输	329	215	114	37.1	23.6	72.7		
V 航空、航天	17	15	2	−5.6	−16.7			
X 环境科学	125	100	25	40.4	23.5	212.5		
Z 综合性图书	1535	1269	266	49.9	69.4	−3.3	1	0.0
(二)不使用《中国标准书号》部分——图片合计	1743	1297	446	−1.1	−6.6	19.6	13	550.0
其中：年画	132	111	21	−32.0	−29.7	−41.7		
附录(不使用《中国标准书号》)合计								
1.国标(GB)、部标(BB)等标准类文件印品								
2.影印书								
3.活页文选、活页歌篇、小件印品等								

地方出版单位各类图书出版数量及与上年相比增减百分比

(二) 总 印 数

	本年图书总印数(万册、张)				与上年相比增减%	
	合计	新出	重印	租型	合 计	租 型
图 书 总 计	**624117**	**116279**	**281652**	**226186**	**0.6**	**0.6**
(一)使用《中国标准书号》部分合计	621578	114538	280940	226100	0.5	0.5
A 马克思主义、列宁主义、毛泽东思想	159	111	27	21	430.0	
B 哲学	455	316	138	1	7.8	0.0
C 社会科学总论	407	295	112		1.2	−100.0
D 政治、法律	1844	1276	260	308	−22.0	−0.6
E 军事	64	56	8		−44.3	
F 经济	2265	1469	793	3	−11.0	
G 文化、科学、教育、体育	576334	91823	261422	223089	0.1	0.0
H 语言、文字	4279	1264	3015		−12.0	−100.0
I 文学	7111	4799	2198	114	−25.7	1325.0
J 艺术	13461	5264	5809	2388	23.7	57.0
K 历史、地理	1843	1262	406	175	−4.3	3400.0
N 自然科学总论	4226	915	3311		3126.0	
O 数理科学、化学	731	335	396		29.4	
P 天文学、地球科学	99	87	12		−2.9	
Q 生物科学	69	46	23		−10.4	
R 医药、卫生	2149	1079	1069	1	−10.8	0.0
S 农业科学	1230	974	256		13.4	
T 工业技术	2735	1683	1052		−21.7	
U 交通运输	338	220	118		45.1	
V 航空、航天	7	7			−12.5	
X 环境科学	307	122	185		169.3	
Z 综合性图书	1465	1135	330		19.5	−100.0
(二)不使用《中国标准书号》部分——图片合计	2539	1741	712	86	12.7	
其中：年画	86	70	16		−52.5	
附录(不使用《中国标准书号》)合计						
1.国标(GB)、部标(BB)等标准类文件印品						
2.影印书						
3.活页文选、活页歌篇、小件印品等						

地方出版单位各类图书出版数量及与上年相比增减百分比

(三) 总　印　张

	本年图书总印张(千印张)				与上年相比增减%	
	合计	新出	重印	租型	合　计	租　型
图　书　总　计	**30145526**	**6609980**	**10993704**	**12541842**	**3.5**	**3.5**
(一)使用《中国标准书号》部分合计	30016657	6508551	10967058	12541048	3.7	3.6
A 马克思主义、列宁主义、毛泽东思想	16209	13256	2249	704	301.5	
B 哲学	53624	36092	17448	84	−4.3	−69.3
C 社会科学总论	46373	35741	10632		7.7	−100.0
D 政治、法律	164056	130386	27342	6328	−7.2	−13.6
E 军事	6867	6431	436		−43.3	
F 经济	305799	193609	111757	433	−12.7	
G 文化、科学、教育、体育	26085072	4182603	9454414	12448055	4.3	3.3
H 语言、文字	546875	173183	373692		−3.0	−100.0
I 文学	817832	603198	209925	4709	−18.9	312.7
J 艺术	517660	248427	194826	74407	18.2	45.9
K 历史、地理	219195	178549	34376	6270	21.1	2591.0
N 自然科学总论	160698	95796	64902		1468.4	
O 数理科学、化学	90568	42623	47945		13.6	
P 天文学、地球科学	10182	7810	2372		57.3	
Q 生物科学	7625	4743	2882		−13.9	
R 医药、卫生	273577	123821	149735	21	−5.6	−38.2
S 农业科学	64212	47232	16980		−9.3	
T 工业技术	395754	241865	153889		−10.9	
U 交通运输	35054	20840	14214		30.8	
V 航空、航天	870	806	64		34.5	
X 环境科学	19509	9609	9900		200.9	
Z 综合性图书	179046	111931	67078	37	19.2	−87.7
(二)不使用《中国标准书号》部分——图片合计	114529	90302	23508	719	−15.7	1309.8
其中：年画	3930	2517	1413		0.1	
附录(不使用《中国标准书号》)合计	14340	11127	3138	75	−64.8	−99.1
1.国标(GB)、部标(BB)等标准类文件印品						
2.影印书					−100.0	
3.活页文选、活页歌篇、小件印品等	14340	11127	3138	75	−64.6	−99.1

地方出版单位各类图书出版数量及与上年相比增减百分比

（四） 图书总定价、排版字数

	图书总定价（万元）					新出图书排版字数（万字）	
	合计	增减%	新出	重印	租型	合计	增减%
图书总计	**3052638**	**8.2**	**951530**	**1087951**	**1013157**	**1245012**	**18.2**
(一)使用《中国标准书号》部分合计	3004349	8.3	909534	1081782	1013033	1243765	18.2
A 马克思主义、列宁主义、毛泽东思想	2441	519.5	2067	284	90	2682	138.4
B 哲学	6854	−2.1	4889	1952	13	15988	−3.6
C 社会科学总论	7125	12.8	5900	1225		19910	19.7
D 政治、法律	26436	11.7	22499	3043	894	57321	13.6
E 军事	1014	−29.5	962	52		2337	−34.0
F 经济	44548	−6.5	30775	13717	56	83883	−3.9
G 文化、科学、教育、体育	2334269	5.9	438384	894346	1001539	330113	20.2
H 语言、文字	57023	8.4	22171	34852		67416	41.3
I 文学	107543	−18.4	83653	23321	569	209459	−2.9
J 艺术	175637	56.7	129245	36983	9409	47278	139.0
K 历史、地理	46656	32.4	40347	5853	456	101854	38.7
N 自然科学总论	31868	1808.3	24538	7330		9820	177.0
O 数理科学、化学	9946	20.5	5144	4802		20037	20.6
P 天文学、地球科学	1819	91.5	1418	401		5805	0.4
Q 生物科学	1346	7.8	1029	317		4326	−3.0
R 医药、卫生	42574	6.5	22109	20462	3	67711	16.5
S 农业科学	9620	8.1	7358	2262		21220	36.1
T 工业技术	58600	−4.5	38913	19687		105729	0.5
U 交通运输	5752	41.8	3684	2068		8370	54.6
V 航空、航天	168	38.8	158	10		821	78.9
X 环境科学	2704	174.0	1775	929		4215	64.5
Z 综合性图书	30406	32.4	22516	7886	4	57470	106.0
(二)不使用《中国标准书号》部分——图片合计	42193	−2.9	36656	5421	116	211	−52.6
其中：年画	1396	8.1	1010	386			
附录(不使用《中国标准书号》)合计	6096	23.7	5340	748	8	1036	157.7
1.国标(GB)、部标(BB)等标准类文件印品							
2.影印书		−100.0					−100.0
3.活页文选、活页歌篇、小件印品等	6096	24.5	5340	748	8	1036	171.2

全国出版图书用纸量

	图书总计		书籍		课本		图片	
	印张数（千印张）	合吨数（吨）	印张数（千印张）	合吨数（吨）	印张数（千印张）	合吨数（吨）	印张数（千印张）	合吨数（吨）
全国	39135314	921918	19901368	467682	19077459	448320	156487	5915
中央	8989788	211860	6674798	156858	2273032	53416	41958	1586
地方	30145526	710058	13226570	310824	16804427	394904	114529	4329

注:从 1982 年开始，书籍、课本、附录按每千印张 0.0235 吨计算，图片按每千印张 0.0378 吨计算。

全国出版图书用纸量与上年相比增减百分比

	图书总计		书籍		课本		图片	
	印张数	吨数	印张数	吨数	印张数	吨数	印张数	吨数
全国	4.75	4.70	5.39	5.39	4.24	4.24	−10.78	−10.78
中央	9.13	9.12	15.69	15.69	−6.41	−6.41	6.31	6.31
地方	3.51	3.45	0.85	0.85	5.87	5.87	−15.74	−15.74

使用《中国标准书号》图书出版数量中各类图书所占比重

	种数		租型	总印数		总印张		新出图书排版字数	定价总金额	
	合计	新出	种数	合计	租型	合计	租型		合计	租型
使用《中国标准书号》部分合计	**100.00**	**100.00**	**100.00**	**100.00**	**100.00**	**100.00**	**100.00**	**100.00**	**100.00**	**100.00**
A 马克思主义、列宁主义、毛泽东思想	0.10	0.16	0.11	0.04	0.01	0.07	0.01	0.18	0.12	0.01
B 哲学	0.97	1.24	0.05	0.13	0.00	0.27	0.00	1.14	0.38	0.00
C 社会科学总论	1.08	1.57		0.14		0.33		2.00	0.51	
D 政治、法律	4.00	5.62	1.38	1.09	0.14	2.19	0.05	7.60	3.12	0.09
E 军事	0.26	0.42		0.05		0.10		0.47	0.20	
F 经济	5.94	7.62	0.04	0.94	0.00	2.45	0.00	8.99	3.65	0.01
G 文化、科学、教育、体育	44.38	31.89	95.60	88.09	98.67	75.88	99.26	20.84	63.98	98.87
H 语言、文字	3.72	3.59		1.40		3.44		4.53	3.55	
I 文学	7.68	10.75	0.14	1.35	0.05	3.04	0.04	11.40	3.81	0.06
J 艺术	5.72	6.80	2.60	2.07	1.06	1.67	0.59	2.47	5.26	0.93
K 历史、地理	2.95	4.36	0.06	0.56	0.08	1.09	0.05	6.43	2.20	0.05
N 自然科学总论	0.53	0.54		0.60		0.44		0.47	0.79	
O 数理科学、化学	1.44	1.26		0.33		0.75		1.43	0.71	
P 天文学、地球科学	0.48	0.74		0.03		0.06		0.76	0.10	
Q 生物科学	0.33	0.37		0.03		0.08		0.46	0.11	
R 医药、卫生	4.13	4.53	0.01	0.64	0.00	1.78	0.00	6.02	2.33	0.00
S 农业科学	2.39	2.80		0.41		0.50		1.87	0.65	
T 工业技术	10.35	11.09		1.45		4.43		15.74	6.01	
U 交通运输	0.94	1.00		0.17		0.36		1.23	0.53	
V 航空、航天	0.06	0.10		0.00		0.01		0.12	0.02	
X 环境科学	0.26	0.36		0.08		0.09		0.39	0.12	
Z 综合性图书	2.29	3.20	0.01	0.42		0.96	0.00	5.44	1.85	0.00

全国各地区图书出版总量

	图			书			总			计		
	种　数（种）		租型种数（种）	总印数(万册、张)			总 印 张(千 印 张)			定价总金额(万元)		
	合 计	新 出		合 计	新 出	租 型	合 计	新 出	租 型	合 计	新 出	租 型
全 国 总 计	**141831**	**83095**	**10592**	**731629**	**156958**	**226187**	**39135314**	**11286020**	**12541920**	**4363344**	**1765193**	**1013166**
中　　央	**52529**	**34472**	**1**	**107512**	**40679**	**1**	**8989788**	**4676040**	**78**	**1310706**	**813663**	**9**
地　　方	**89302**	**48623**	**10591**	**624117**	**116279**	**226186**	**30145526**	**6609980**	**12541842**	**3052638**	**951530**	**1013157**
北　　京	2254	1227	158	5843	1746	1336	348385	150188	79675	44683	22711	7787
天　　津	2688	1525	192	8721	2080	1455	489480	127268	119909	60330	24058	10955
河　　北	2494	1280	700	41414	6582	14944	1785945	267143	832502	150046	29407	58687
山　　西	2098	1433	379	15484	4068	7258	800400	232677	423208	75716	23882	38525
内 蒙 古	1578	912	461	8274	1051	5247	510795	163509	274186	44383	16047	22400
辽　　宁	5239	2694	457	22621	3520	6212	1088265	254165	373324	127509	39355	31656
吉　　林	4256	2413	332	13706	3110	2635	861584	308984	163252	89583	46291	11774
黑 龙 江	2268	1357	409	12168	2252	5519	613433	107556	361082	61538	21177	23815
上　　海	11373	5878	34	26819	8936	71	1863281	722582	4064	240133	121121	374
江　　苏	5068	2869	340	47101	21673	9528	2298279	1016893	591847	238337	111699	48627
浙　　江	3884	1947	126	28770	3828	1978	1274311	217176	132963	143804	34871	9604
安　　徽	2245	1103	290	34997	2526	13167	1411915	101039	659638	126966	16477	60285
福　　建	2933	1666	294	21862	7243	7942	1021053	339807	459406	106890	43644	39218
江　　西	1556	1033	399	20532	6514	9631	891662	189503	544840	83796	24637	43657
山　　东	3686	2002	460	41627	2773	19089	1972795	193829	1037510	177363	27749	85081
河　　南	2661	1393	518	40651	3261	23588	1783738	182809	1149622	153246	22695	92170
湖　　北	4369	2163	465	33870	3844	10097	1630658	244609	625585	155148	32699	47718
湖　　南	3316	1857	209	30768	3894	10496	1400803	228007	615562	131717	28494	45496
广　　东	4477	2495	239	30299	3252	12651	1574160	230817	766527	202182	79102	63008
广　　西	2791	1460	416	27159	4915	9716	1203031	221847	558019	117701	29509	45939
海　　南	780	475	201	3017	497	1809	221080	64591	94870	29082	11099	11301
重　　庆	1501	712	415	12250	1724	6237	596830	123607	306154	51078	12728	23746
四　　川	4085	2218	445	29856	5784	14345	1533104	297957	790020	141979	39554	60097
贵　　州	1064	636	314	13053	1115	6742	501571	48824	330268	39314	6483	23088
云　　南	2067	1285	503	16188	2133	8518	703867	112063	414293	64931	17160	30763
西　　藏	343	59	168	492	65	72	24041	3845	4815	2614	468	458
陕　　西	3478	1808	272	18312	3977	6783	793194	177981	374988	92390	26597	36941
甘　　肃	1044	774	356	7650	1673	4990	342167	74423	238436	34559	9449	22085
青　　海	447	162	341	1126	246	702	68790	24737	38267	6365	3161	2679
宁　　夏	456	266	284	1852	357	1098	104020	23049	62151	9121	2542	5113
新　　疆	2803	1521	414	7635	1640	2330	432889	158495	114859	50134	26664	10110
台　　湾												

全国各地区、各类图书出版数量

	(一)使用《中国标准书号》部分合计											
	种数(种)		租型种数(种)	总印数(万册、张)			总印张(千印张)			定价总金额(万元)		
	合计	新出		合计	新出	租型	合计	新出	租型	合计	新出	租型
全国总计	**139339**	**81400**	**10579**	**726805**	**154554**	**226101**	**38929416**	**11142868**	**12541126**	**4286882**	**1707100**	**1013042**
中央	**51780**	**34074**	**1**	**105227**	**40016**	**1**	**8912759**	**4634317**	**78**	**1282533**	**797566**	**9**
地方	**87559**	**47326**	**10578**	**621578**	**114538**	**226100**	**30016657**	**6508551**	**12541048**	**3004349**	**909534**	**1013033**
北京	2253	1227	158	5840	1746	1336	348377	150188	79675	44674	22711	7787
天津	2499	1453	191	8548	2051	1455	480070	126262	119894	57604	23020	10950
河北	2490	1276	700	41414	6582	14944	1785923	267121	832502	150005	29366	58687
山西	2092	1427	379	15477	4061	7258	799876	232168	423208	75304	23473	38525
内蒙古	1577	911	461	8273	1050	5247	510700	163414	274186	44352	16016	22400
辽宁	5228	2685	457	22617	3516	6212	1086149	252473	373324	127179	39112	31656
吉林	4216	2374	332	13680	3085	2635	860090	307499	163252	88700	45410	11774
黑龙江	2218	1318	409	11980	2176	5519	610607	106756	361082	60273	20562	23815
上海	11236	5782	34	26563	8779	71	1850460	712004	4064	235981	117522	374
江苏	4977	2833	331	47005	21633	9527	2290055	1014114	591635	236453	110679	48597
浙江	3753	1826	124	28467	3629	1893	1255961	200212	132475	139255	30551	9524
安徽	2232	1091	290	34984	2514	13167	1411551	100679	659638	126869	16382	60285
福建	2711	1452	294	21683	7065	7942	1007249	326225	459406	97656	34463	39218
江西	1530	1016	399	20507	6501	9631	891177	189177	544840	82960	23968	43657
山东	3600	1937	460	41526	2692	19089	1968440	191118	1037510	176169	26838	85081
河南	2642	1379	518	40629	3247	23588	1782957	182220	1149622	152601	22118	92170
湖北	4335	2148	465	33827	3828	10097	1627977	243468	625585	154238	32196	47718
湖南	3216	1763	209	30502	3639	10496	1391756	219267	615562	130160	26981	45496
广东	4378	2459	239	30136	3189	12651	1571433	229226	766527	200938	78315	63008
广西	2710	1402	416	27043	4828	9716	1195389	215705	558019	115024	27280	45939
海南	779	474	201	3016	496	1809	221076	64587	94870	29074	11091	11301
重庆	1496	707	415	12247	1721	6237	596580	123432	306079	50933	12591	23738
四川	3982	2129	444	29696	5667	14345	1530782	295942	790016	139713	37411	60096
贵州	1048	632	314	13037	1105	6742	501467	48786	330268	39256	6445	23088
云南	1987	1221	503	16099	2052	8518	697140	105409	414293	64782	17029	30763
西藏	340	58	168	489	64	72	23991	3835	4815	2590	463	458
陕西	3427	1765	272	18265	3939	6783	791237	176227	374988	91523	25815	36941
甘肃	1015	745	356	7634	1657	4990	339512	71768	238436	33697	8587	22085
青海	442	158	341	1116	238	702	68625	24582	38267	6323	3123	2679
宁夏	456	266	284	1852	357	1098	104020	23049	62151	9121	2542	5113
新疆	2694	1412	414	7426	1431	2330	416030	141638	114859	40942	17474	10110
台湾												

全国各地区、各类图书出版数量

	马克思主义、列宁主义、毛泽东思想											
	种数(种)		租型种数(种)	总印数(万册、张)			总印张(千印张)			定价总金额(万元)		
	合计	新出		合计	新出	租型	合计	新出	租型	合计	新出	租型
全国总计	**146**	**127**	**12**	**300**	**231**	**21**	**28731**	**23114**	**704**	**4955**	**4245**	**90**
中央	**54**	**47**		**141**	**120**		**12522**	**9858**		**2514**	**2178**	
地方	**92**	**80**	**12**	**159**	**111**	**21**	**16209**	**13256**	**704**	**2441**	**2067**	**90**
北京	2	2		2	2		255	255		34	34	
天津	2	2		1	1		169	169		23	23	
河北	1	1		2	2		770	770		600	600	
山西												
内蒙古												
辽宁	5	4		6	6		577	538		72	68	
吉林	1	1					10	10		2	2	
黑龙江	5	5		1	1		119	119		19	19	
上海	10	8		12	9		1565	1251		201	163	
江苏	10	8		14	12		1661	1555		188	176	
浙江	3	3		4	4		498	498		59	59	
安徽	1	1		2	2		286	286		30	30	
福建	3			1			97			13		
江西	2	2		4	4		634	634		82	82	
山东	5	5		6	6		866	866		104	104	
河南	2	2		1	1		116	116		15	15	
湖北	4	4		28	28		3086	3086		344	344	
湖南	8	7		19	8		1987	811		229	77	
广东	12	9	12	43	12	21	2174	953	704	257	102	90
广西												
海南	2	2		1	1		109	109		13	13	
重庆	3	3		6	6		620	620		80	80	
四川	1	1		1	1		68	68		8	8	
贵州	7	7		5	5		501	501		60	60	
云南												
西藏												
陕西	1	1					10	10		2	2	
甘肃	1	1					22	22		4	4	
青海												
宁夏												
新疆	1	1					9	9		2	2	
台湾												

全国各地区、各类图书出版数量

	哲学											
	种数(种)		租型种数(种)	总印数(万册、张)			总印张(千印张)			定价总金额(万元)		
	合计	新出		合计	新出	租型	合计	新出	租型	合计	新出	租型
全国总计	**1346**	**1006**	**5**	**935**	**674**	**1**	**106855**	**74361**	**84**	**16264**	**12518**	**13**
中央	**568**	**425**		**480**	**358**		**53231**	**38269**		**9410**	**7629**	
地方	**778**	**581**	**5**	**455**	**316**	**1**	**53624**	**36092**	**84**	**6854**	**4889**	**13**
北京	25	20		10	8		1350	912		187	133	
天津	12	8		6	2		717	215		87	31	
河北	5	1		2	1		184	55		23	7	
山西												
内蒙古	9	9		5	5		781	781		106	106	
辽宁	34	29		28	24		2186	1726		344	278	
吉林	25	24		16	16		1765	1672		224	217	
黑龙江	31	22		16	12		1280	983		183	147	
上海	146	89		119	49		16526	7182		1913	1013	
江苏	41	20		19	14		2533	1825		335	206	
浙江	38	22		24	15		2771	1527		339	204	
安徽	10	10		5	5		674	674		79	79	
福建	23	21		9	7		609	522		94	83	
江西	25	21		11	10		803	695		116	101	
山东	16	12		10	7		1154	821		159	123	
河南	10	9		7	7		889	862		111	108	
湖北	65	46		33	23		3504	2565		447	343	
湖南	22	18		10	9		1457	1124		160	127	
广东	66	47		52	41		4985	3847		709	516	
广西	20	19		7	6		477	413		66	59	
海南	4	4		10	10		761	761		108	108	
重庆	14	14		3	3		454	454		66	66	
四川	48	43		15	14		2049	1932		284	265	
贵州	8	5		3	1		468	293		61	36	
云南	8	7	3	6	3	1	517	281	33	68	42	5
西藏	1	1	1	1	1		113	99	14	18	14	4
陕西	20	18		13	11		2109	1734		235	194	
甘肃	17	17		4	4		787	787		111	111	
青海	16	8	1	6	4		1040	768	37	131	95	4
宁夏	11	10		2	2		311	291		48	45	
新疆	8	7		3	2		370	291		42	32	
台湾												

全国各地区、各类图书出版数量

	社会科学总论											
	种数(种)		租型种数(种)	总印数(万册、张)			总印张(千印张)			定价总金额(万元)		
	合计	新出		合计	新出	租型	合计	新出	租型	合计	新出	租型
全国总计	**1509**	**1275**		**1023**	**765**		**129584**	**100219**		**21802**	**18262**	
中央	**790**	**685**		**616**	**470**		**83211**	**64478**		**14677**	**12362**	
地方	**719**	**590**		**407**	**295**		**46373**	**35741**		**7125**	**5900**	
北京	20	18		18	4		1576	1091		353	300	
天津	14	14		4	4		632	632		109	109	
河北	7	7		1	1		159	159		19	19	
山西	2	2					18	18		2	2	
内蒙古	10	10		6	6		869	869		134	134	
辽宁	58	56		27	23		3075	2912		450	427	
吉林	17	17		7	7		1743	1743		571	571	
黑龙江	15	13		34	33		2421	2296		245	229	
上海	98	75		74	38		7671	4526		990	684	
江苏	26	18		12	10		1655	1406		214	186	
浙江	26	16		13	7		1856	1136		317	244	
安徽	29	28		11	11		1965	1932		237	234	
福建	9	9		1	1		151	151		22	22	
江西	7	5		3	2		414	251		61	40	
山东	19	16		8	8		1067	1008		145	138	
河南	30	29		10	9		1270	1223		190	184	
湖北	60	40		43	28		4484	2600		530	334	
湖南	30	25		10	8		1242	1000		167	140	
广东	58	38		38	21		4087	2437		619	391	
广西	10	9		4	4		462	314		57	44	
海南	24	20		10	8		1306	1025		196	165	
重庆	9	7		3	3		357	285		42	33	
四川	54	35		28	20		2920	2033		510	370	
贵州	7	7					116	116		18	18	
云南	6	6		1	1		131	131		21	21	
西藏												
陕西	39	36		23	20		2599	2362		436	395	
甘肃	15	14		5	5		694	652		257	253	
青海	2	2		1	1		90	90		14	14	
宁夏	4	4		1	1		70	70		13	13	
新疆	14	14		11	11		1273	1273		186	186	
台湾												

全国各地区、各类图书出版数量

	政治、法律											
	种数(种)		租型种数(种)	总印数(万册、张)			总印张(千印张)			定价总金额(万元)		
	合计	新出		合计	新出	租型	合计	新出	租型	合计	新出	租型
全国总计	**5567**	**4575**	**146**	**7946**	**5617**	**308**	**850887**	**628993**	**6328**	**133608**	**109867**	**894**
中央	**3744**	**2978**		**6102**	**4341**		**686831**	**498607**		**107172**	**87368**	
地方	**1823**	**1597**	**146**	**1844**	**1276**	**308**	**164056**	**130386**	**6328**	**26436**	**22499**	**894**
北京	50	47		29	28		4032	3834		578	556	
天津	28	24	5	16	11	2	1330	1078	40	183	149	5
河北	28	27	6	23	15	8	4217	3972	153	903	873	20
山西	21	20		12	11		4077	4030		1600	1595	
内蒙古	24	20	7	15	7	2	1960	1208	41	307	216	6
辽宁	102	87		183	134		14248	10136		2578	2055	
吉林	93	90		62	40		9994	8201		1665	1499	
黑龙江	34	33	4	25	22	3	3872	3816	48	2337	2328	8
上海	148	110	13	140	70	44	10650	6780	830	1461	985	120
江苏	144	118	16	145	72	54	13623	9803	1150	1674	1244	157
浙江	66	58	11	316	206	82	15853	12430	1444	1873	1442	218
安徽	50	45	1	33	27	2	3505	3156	44	472	422	6
福建	74	71	6	33	22	7	3028	2349	148	460	380	21
江西	48	42	7	43	20	14	3145	2204	271	449	336	41
山东	102	93	18	167	134	30	10405	9265	732	1746	1607	98
河南	71	64	8	38	23	13	3871	3247	302	576	490	41
湖北	165	124	9	98	57	10	11074	6495	244	1348	895	32
湖南	86	78		63	52		7759	6379		981	823	
广东	124	103		98	76		11583	8781		1684	1353	
广西	40	40	6	75	70	5	4872	4773	99	578	564	13
海南	15	15		10	10		1427	1427		189	189	
重庆	22	16	5	73	63	5	3390	3123	71	368	335	11
四川	68	58	7	34	18	10	4423	3617	207	806	708	29
贵州	11	10	3	12	6	5	828	661	76	97	73	12
云南	58	56		24	22		3128	2862		401	379	
西藏	1	1	1	1		1	154	38	116	20	4	16
陕西	64	62	10	32	22	8	3146	2572	247	474	408	30
甘肃	17	17		5	5		586	586		105	105	
青海	6	6		1	1		93	93		13	13	
宁夏	5	5	3	5	2	3	172	107	65	27	17	10
新疆	58	57		33	30		3611	3363		483	456	
台湾												

全国各地区、各类图书出版数量

	军事											
	种数(种)		租型种数(种)	总印数(万册、张)			总印张(千印张)			定价总金额(万元)		
	合计	新出		合计	新出	租型	合计	新出	租型	合计	新出	租型
全国总计	**367**	**343**		**346**	**332**		**39475**	**38112**		**8585**	**8389**	
中央	**281**	**264**		**282**	**276**		**32608**	**31681**		**7571**	**7427**	
地方	**86**	**79**		**64**	**56**		**6867**	**6431**		**1014**	**962**	
北京												
天津												
河北												
山西												
内蒙古												
辽宁	11	11		5	5		593	593		88	88	
吉林	2	2		1	1		195	195		20	20	
黑龙江	7	6		4	3		407	340		63	45	
上海	4	4		4	4		315	315		48	48	
江苏	1	1		1	1		78	78		9	9	
浙江	2	2		4	4		509	509		65	65	
安徽	1	1					26	26		3	3	
福建	1	1					12	12		2	2	
江西	2	1		2	1		136	68		17	9	
山东	7	7		12	12		1499	1499		230	230	
河南												
湖北	9	9		4	4		490	490		54	54	
湖南	12	11		5	5		586	522		74	68	
广东	1						27			4		
广西	1	1		2	2		92	92		18	18	
海南	1	1		1	1		127	127		20	20	
重庆	3	2		1	1		107	67		12	7	
四川	3	3		4	4		695	695		93	93	
贵州	2	2		4	4		253	253		32	32	
云南	2			6			170			11		
西藏												
陕西	4	4		3	3		326	326		35	35	
甘肃	2	2					14	14		4	4	
青海												
宁夏												
新疆	8	8		1	1		210	210		112	112	
台湾												

全国各地区、各类图书出版数量

	经						济					
	种数(种)		租型种数(种)	总印数(万册、张)			总印张(千印张)			定价总金额(万元)		
	合计	新出		合计	新出	租型	合计	新出	租型	合计	新出	租型
全国总计	**8274**	**6204**	**4**	**6807**	**4643**	**3**	**954793**	**672850**	**433**	**156429**	**122256**	**56**
中央	**4573**	**3506**		**4542**	**3174**		**648994**	**479241**		**111881**	**91481**	
地方	**3701**	**2698**	**4**	**2265**	**1469**	**3**	**305799**	**193609**	**433**	**44548**	**30775**	**56**
北京	108	74		77	49		11686	7469		1763	1223	
天津	100	64		38	19		4820	2319		634	331	
河北	30	30		12	12		1498	1498		235	235	
山西	165	143		80	65		9394	7880		1387	1169	
内蒙古	28	28		9	9		1117	1117		190	190	
辽宁	378	232		397	259		54829	36254		7339	5044	
吉林	39	38		18	18		2469	2363		573	561	
黑龙江	64	60		20	19		2662	2507		421	404	
上海	773	472	1	571	284	1	80433	38456	152	11508	6221	20
江苏	179	121		86	55		11328	6590		1410	903	
浙江	113	73	1	67	44	1	8575	5559	166	1179	844	21
安徽	33	31	1	18	13	1	2703	1906	72	340	260	10
福建	61	53		17	15		2144	1767		334	286	
江西	51	49		29	25		2672	2518		384	369	
山东	90	84	1	41	38		4986	4633	43	814	776	5
河南	51	46		22	20		2690	2512		454	432	
湖北	254	186		151	90		21601	12036		2540	1610	
湖南	123	88		45	30		6092	4100		741	551	
广东	371	266		229	158		30496	20960		5097	3816	
广西	21	21		7	7		801	801		148	148	
海南	39	36		30	26		5245	4783		879	815	
重庆	34	19		11	5		1765	944		213	126	
四川	303	201		196	120		23886	13218		3933	2488	
贵州	17	17		8	8		925	925		224	224	
云南	63	62		18	17		2467	2418		413	408	
西藏												
陕西	100	93		36	35		4979	4708		641	614	
甘肃	47	47		14	14		1441	1441		281	281	
青海	1	1		1	1		25	25		8	8	
宁夏	10	10		2	2		205	205		61	61	
新疆	55	53		16	13		1865	1697		404	377	
台湾												

全国各地区、各类图书出版数量

	文化、科学、教育、体育											
	种数(种)		租型种数(种)	总印数(万册、张)			总印张(千印张)			定价总金额(万元)		
	合计	新出		合计	新出	租型	合计	新出	租型	合计	新出	租型
全国总计	**61837**	**25960**	**10114**	**640207**	**108210**	**223090**	**29537878**	**5639382**	**12448133**	**2742829**	**627263**	**1001548**
中央	**13768**	**7527**	**1**	**63873**	**16387**	**1**	**3452806**	**1456779**	**78**	**408560**	**188879**	**9**
地方	**48069**	**18433**	**10113**	**576334**	**91823**	**223089**	**26085072**	**4182603**	**12448055**	**2334269**	**438384**	**1001539**
北京	1413	609	158	5189	1245	1336	268834	87295	79675	30401	10595	7787
天津	1166	512	186	7795	1594	1453	401182	78590	119854	38858	8660	10945
河北	1710	606	694	40387	6207	14936	1727366	225967	832349	139332	21493	58667
山西	1514	886	379	15152	3756	7258	765162	199477	423208	67343	15805	38525
内蒙古	1038	399	430	7619	703	4952	377799	40902	265817	33381	6414	21271
辽宁	2760	843	417	19727	1999	5541	825271	100643	344988	85032	11699	27868
吉林	3072	1392	302	11982	2115	2524	712776	194503	158867	59250	19773	11324
黑龙江	1017	372	395	10407	1539	5419	529093	54338	357941	42064	7702	23373
上海	4737	2048	18	15270	5158	25	792741	296203	2999	82904	34051	211
江苏	2622	1420	311	42716	20410	9376	2020764	894015	587152	193937	91882	47981
浙江	2124	771	93	26601	2520	1771	1112181	114841	128726	113381	13304	9026
安徽	1193	258	287	34083	1903	13163	1335774	52216	659504	115035	7530	60266
福建	1795	719	288	20972	6729	7935	955584	295021	459258	88607	28190	39197
江西	813	484	392	18272	5034	9617	819011	139744	544569	70624	14658	43616
山东	1852	462	441	40203	1716	19059	1832787	94610	1036735	153482	8433	84978
河南	1469	497	460	39454	2614	23350	1691316	119230	1145170	138441	11627	91714
湖北	2153	611	456	32293	2885	10087	1440493	141552	625341	128312	15500	47686
湖南	1426	580	209	28918	2808	10496	1234211	139364	615562	105889	11208	45496
广东	1974	674	227	28352	1905	12630	1380717	89833	765823	126305	11300	62918
广西	1774	651	410	26235	4191	9711	1138377	172445	557920	104317	18599	45926
海南	440	187	201	2735	246	1809	175740	22329	94870	20558	3002	11301
重庆	794	216	373	11261	1290	5831	509960	66275	295700	40958	6237	22690
四川	1929	574	437	28254	4770	14335	1392458	201708	789809	114494	18865	60067
贵州	630	227	307	12586	820	6601	474637	25982	328201	34928	2643	22879
云南	1203	476	499	15634	1653	8482	648359	63577	410060	55618	8497	30508
西藏	319	37	163	479	56	70	22427	2480	4606	2382	286	427
陕西	1993	684	262	17206	3109	6775	687079	102554	374741	76685	14340	36911
甘肃	667	418	311	6928	1424	4527	310495	55345	226775	28906	5457	20536
青海	337	65	340	1062	188	702	54702	11092	38230	4308	1157	2675
宁夏	316	130	281	1782	291	1095	99283	18539	62086	8035	1486	5103
新疆	1819	625	386	6780	945	2223	348493	81933	111519	30502	7991	9667
台湾												

全国各地区、各类图书出版数量

	语言、文字											
	种数(种)		租型种数(种)	总印数(万册、张)			总印张(千印张)			定价总金额(万元)		
	合计	新出		合计	新出	租型	合计	新出	租型	合计	新出	租型
全国总计	**5190**	**2922**		**10158**	**3409**		**1340690**	**410371**		**152046**	**55539**	
中央	**2323**	**1314**		**5879**	**2145**		**793815**	**237188**		**95023**	**33368**	
地方	**2867**	**1608**		**4279**	**1264**		**546875**	**173183**		**57023**	**22171**	
北京	26	21		17	13		3137	2190		630	499	
天津	131	71		68	33		9032	4729		1118	610	
河北	2	2		2	1		269	185		35	26	
山西												
内蒙古	26	23		22	22		2165	2113		376	368	
辽宁	166	117		231	125		30951	15616		3328	1781	
吉林	86	69		90	58		12522	8852		1686	1161	
黑龙江	70	47		37	25		6000	4089		1064	826	
上海	832	331		2489	388		321881	56584		30744	6926	
江苏	122	69		199	51		19980	7011		2144	866	
浙江	30	15		20	11		2270	1195		255	147	
安徽	93	50		133	36		15806	4138		1558	490	
福建	40	33		12	11		1618	1403		232	208	
江西	30	20		12	8		1524	1009		174	119	
山东	129	88		96	54		14144	7350		1581	902	
河南	16	12		6	2		647	249		74	36	
湖北	280	153		210	107		30324	16109		3174	1830	
湖南	111	53		91	28		9996	3726		959	431	
广东	182	113		141	81		14236	8791		1959	1310	
广西	22	16		17	13		1796	1357		224	172	
海南	10	10		9	9		1754	1754		422	422	
重庆	58	23		54	13		7339	2153		802	283	
四川	119	62		132	41		17198	6567		1938	812	
贵州	7	7		3	3		555	555		64	64	
云南	15	13		6	3		895	370		225	167	
西藏												
陕西	217	146		156	104		17247	11598		1792	1260	
甘肃	9	8		3	2		240	208		26	23	
青海	3	3		1	1		92	92		9	9	
宁夏	2	2					22	22		3	3	
新疆	33	31		22	21		3235	3168		427	420	
台湾												

全国各地区、各类图书出版数量

	文学											
	种数(种)		租型种数(种)	总印数(万册、张)			总印张(千印张)			定价总金额(万元)		
	合计	新出		合计	新出	租型	合计	新出	租型	合计	新出	租型
全国总计	**10699**	**8753**	**15**	**9839**	**6807**	**114**	**1181695**	**859709**	**4709**	**163343**	**126329**	**569**
中央	**2758**	**2220**		**2728**	**2008**		**363863**	**256511**		**55800**	**42676**	
地方	**7941**	**6533**	**15**	**7111**	**4799**	**114**	**817832**	**603198**	**4709**	**107543**	**83653**	**569**
北京	242	162		159	113		23160	17154		3027	2297	
天津	233	169		137	105		15773	11486		5827	5206	
河北	329	297		716	126		26305	15544		3730	2065	
山西	168	167		67	66		7671	7627		1269	1265	
内蒙古	196	187		176	174		97610	97101		4668	4609	
辽宁	458	434		307	278		29649	23824		4681	4050	
吉林	339	312	7	541	363	14	51609	43637	1137	9402	8637	86
黑龙江	245	225		117	107		15900	14355		2137	1934	
上海	1055	745		1014	691		114022	69769		15137	10096	
江苏	438	259	4	846	477	97	72230	38037	3333	8291	4628	459
浙江	310	233		355	231		30465	19266		3821	2581	
安徽	209	183		117	94		12597	11025		1917	1744	
福建	240	214		137	125		11179	9899		1358	1214	
江西	134	119		68	58		7194	5955		1084	919	
山东	345	320		169	143		21619	18701		3361	3078	
河南	271	229		275	202		39048	26483		5354	3714	
湖北	289	221		244	112		36119	15283		4675	2363	
湖南	296	223		271	165		42163	17952		3955	2156	
广东	261	229		197	178		23262	20908		3159	2850	
广西	265	218		288	204		23012	15519		3245	2372	
海南	114	81		120	103		20295	18697		3321	3095	
重庆	79	78		26	25		2691	2631		378	369	
四川	342	297		187	161		24016	20758		3492	3126	
贵州	139	131		118	115		11279	10995		1934	1907	
云南	188	165		92	81		8813	7977		1383	1253	
西藏	10	10	1	5	5		714	693	21	101	97	4
陕西	211	154		92	62		9739	5867		1220	817	
甘肃	77	72		23	21		2568	2243		411	372	
青海	37	34		27	25		8945	8867		1245	1239	
宁夏	49	48		18	18		1614	1604		263	261	
新疆	372	317	3	202	171	3	26571	23341	218	3697	3339	20
台湾												

全国各地区、各类图书出版数量

	艺术											
	种数(种)		租型种数(种)	总印数(万册、张)			总印张(千印张)			定价总金额(万元)		
	合计	新出		合计	新出	租型	合计	新出	租型	合计	新出	租型
全国总计	**7975**	**5539**	**275**	**15056**	**6177**	**2388**	**650644**	**333513**	**74407**	**225641**	**170099**	**9409**
中央	**1730**	**1182**		**1595**	**913**		**132984**	**85086**		**50004**	**40854**	
地方	**6245**	**4357**	**275**	**13461**	**5264**	**2388**	**517660**	**248427**	**74407**	**175637**	**129245**	**9409**
北京	95	52		111	84		5971	4331		1881	1598	
天津	306	257		211	114		9517	6251		4139	3538	
河北	130	92		109	82		6016	4639		2119	1499	
山西	50	48		32	32		2247	2216		1833	1820	
内蒙古	38	38	24	319	25	293	11563	3235	8328	1856	732	1123
辽宁	411	293	40	1087	244	671	50789	12746	28336	10641	4879	3788
吉林	203	148	23	613	150	97	23878	6374	3248	5075	3096	364
黑龙江	225	169	10	1070	268	97	23895	8416	3093	6363	3189	434
上海	852	441	2	696	281	1	53088	22182	83	15752	10464	23
江苏	395	174		2261	151		58051	8956		13666	3418	
浙江	560	345	19	693	404	39	36862	18801	2139	10184	6379	259
安徽	184	145	1	344	281	1	8259	6562	18	2751	2354	3
福建	99	74		217	33		4607	2008		1608	1102	
江西	170	86		1879	1252		42264	27085		7830	5848	
山东	245	208		128	98		9450	7698		4651	4281	
河南	160	96	50	435	49	225	11597	2891	4150	1954	946	415
湖北	190	152		128	109		7757	5820		2501	2030	
湖南	376	252		597	222		33083	17031		8691	6002	
广东	476	403		374	323		34399	31923		47782	47076	
广西	194	139		154	129		8377	7097		3269	2911	
海南	57	51		38	35		3758	3596		1642	1620	
重庆	180	141	37	526	88	401	19305	4730	10308	3525	1510	1037
四川	256	218		245	209		11492	9632		4981	4457	
贵州	6	6		1	1		58	58		53	53	
云南	78	75		39	37		2649	2513		2371	2340	
西藏	2	2					41	41		5	5	
陕西	173	125		361	336		15001	12906		3313	2895	
甘肃	44	39	45	599	134	463	15037	3200	11661	2368	797	1549
青海	7	7		2	2		123	123		72	72	
宁夏	20	19		28	27		338	260		352	344	
新疆	63	62	24	164	64	100	8188	5106	3043	2409	1990	414
台湾												

全国各地区、各类图书出版数量

	历史、地理											
	种数(种)		租型种数(种)	总印数(万册、张)			总印张(千印张)			定价总金额(万元)		
	合计	新出		合计	新出	租型	合计	新出	租型	合计	新出	租型
全国总计	**4104**	**3552**	**6**	**4046**	**2062**	**175**	**423464**	**314691**	**6270**	**94340**	**77828**	**456**
中央	**1561**	**1277**		**2203**	**800**		**204269**	**136142**		**47684**	**37481**	
地方	**2543**	**2275**	**6**	**1843**	**1262**	**175**	**219195**	**178549**	**6270**	**46656**	**40347**	**456**
北京	55	55		50	50		9681	9681		2347	2347	
天津	39	37		15	15		1541	1454		783	773	
河北	49	47		12	12		2236	2163		363	354	
山西	58	58		24	24		2578	2578		635	635	
内蒙古	63	58		18	16		3422	3149		816	783	
辽宁	97	92		56	51		6699	6149		1441	1367	
吉林	74	72		65	64		18602	18454		5861	5848	
黑龙江	73	55		62	37		4512	3294		1048	748	
上海	306	253		200	134		38129	23942		7132	5407	
江苏	155	141		66	61		11161	10149		1990	1871	
浙江	52	51		26	26		6493	6471		1565	1561	
安徽	79	70		39	33		4242	3683		915	850	
福建	83	78		30	28		3112	2814		798	766	
江西	22	20		10	9		1231	1195		186	181	
山东	97	88		53	50		6743	5633		1389	1003	
河南	88	78		40	36		6098	5281		1144	1057	
湖北	113	108		62	42		10189	6974		1450	1137	
湖南	101	94		91	84		9662	7940		2124	1981	
广东	234	214		193	167		17776	15788		4595	4065	
广西	70	66		40	37		3436	3232		494	472	
海南	20	20		12	12		3408	3408		587	587	
重庆	16	12		5	3		645	473		86	66	
四川	168	91		269	53		9684	4247		3196	1415	
贵州	46	46	4	148	12	136	3990	1999	1991	617	420	197
云南	84	82	1	55	18	35	7666	2994	4200	965	649	250
西藏	1	1					24	24		2	2	
陕西	147	141		76	69		8896	8648		1929	1859	
甘肃	43	43		9	9		1896	1896		573	573	
青海	13	12		5	5		984	901		150	143	
宁夏	13	12		2	2		655	601		151	144	
新疆	84	80	1	110	103	4	13804	13334	79	1324	1283	9
台湾												

全国各地区、各类图书出版数量

	自然科学总论											
	种数(种)		租型种数(种)	总印数(万册、张)			总印张(千印张)			定价总金额(万元)		
	合计	新出		合计	新出	租型	合计	新出	租型	合计	新出	租型
全国总计	**741**	**437**		**4326**	**967**		**173137**	**102777**		**33712**	**25747**	
中央	**102**	**67**		**100**	**52**		**12439**	**6981**		**1844**	**1209**	
地方	**639**	**370**		**4226**	**915**		**160698**	**95796**		**31868**	**24538**	
北京	3	3		1	1		218	218		35	35	
天津	36	21		13	7		1115	431		160	81	
河北	11	10		6	5		675	498		204	186	
山西												
内蒙古	4	4		2	2		425	425		65	65	
辽宁	3	3		4	4		746	746		163	163	
吉林	2	2					17	17		3	3	
黑龙江	10	9		4	4		277	245		42	38	
上海	371	172		4043	780		148290	87874		29270	22604	
江苏	9	4		9	3		1079	514		351	193	
浙江												
安徽	5	4		1	1		223	151		28	20	
福建	2	2					29	29		9	9	
江西	1	1					29	29		6	6	
山东	9	7		4	3		345	245		199	189	
河南	1	1					48	48		6	6	
湖北	55	39		77	65		2862	1906		588	466	
湖南	33	13		19	6		1556	329		295	107	
广东	16	15		11	6		605	405		86	68	
广西	49	44		22	21		1150	1032		224	211	
海南	2	1		3	1		361	112		52	19	
重庆												
四川	2	2		1	1		92	92		14	14	
贵州	1	1					10	10		2	2	
云南	1	1					9	9		2	2	
西藏												
陕西	2	2					89	89		10	10	
甘肃	11	9		6	5		448	342		54	41	
青海												
宁夏												
新疆												
台湾												

全国各地区、各类图书出版数量

	数理科学、化学											
	种数(种)		租型种数(种)	总印数(万册、张)			总印张(千印张)			定价总金额(万元)		
	合计	新出		合计	新出	租型	合计	新出	租型	合计	新出	租型
全国总计	**2010**	**1024**		**2380**	**700**		**293283**	**85611**		**30443**	**11024**	
中央	**1026**	**462**		**1649**	**365**		**202715**	**42988**		**20497**	**5880**	
地方	**984**	**562**		**731**	**335**		**90568**	**42623**		**9946**	**5144**	
北京	1	1					29	29		5	5	
天津	48	27		24	10		3537	1524		379	188	
河北	5	4		3	3		327	300		37	34	
山西	3	2		1	1		103	88		11	9	
内蒙古	4	4		2	2		266	266		29	29	
辽宁	38	24		34	23		5187	3251		593	366	
吉林	15	14		5	4		863	803		242	236	
黑龙江	35	20		13	7		1386	647		154	82	
上海	239	112		294	120		33166	15099		3570	1761	
江苏	101	58		59	36		8226	4256		913	492	
浙江	38	10		47	2		3312	396		317	47	
安徽	37	32		16	12		2417	2041		255	207	
福建	8	7		2	1		224	161		31	22	
江西	6	4		6	5		593	483		69	56	
山东	47	32		28	18		3726	1801		400	217	
河南	10	10		3	3		436	436		53	53	
湖北	97	50		84	26		12247	3237		1197	335	
湖南	59	27		28	8		3764	1326		395	153	
广东	27	13		6	3		1036	435		148	64	
广西	17	13		13	11		801	597		121	99	
海南	1	1		1	1		47	47		4	4	
重庆	33	16		13	6		1773	699		193	83	
四川	43	31		17	13		2013	1475		219	164	
贵州	1	1		1	1		130	130		16	16	
云南	14	14		3	3		249	249		44	44	
西藏												
陕西	51	30		28	16		4555	2716		530	360	
甘肃	3	3					103	103		14	14	
青海												
宁夏												
新疆	3	2					52	28		7	4	
台湾												

全国各地区、各类图书出版数量

	天文学、地球科学											
	种数(种)		租型种数(种)	总印数(万册、张)			总印张(千印张)			定价总金额(万元)		
	合计	新出		合计	新出	租型	合计	新出	租型	合计	新出	租型
全国总计	**674**	**602**		**200**	**174**		**22762**	**18301**		**4430**	**3768**	
中央	**450**	**409**		**101**	**87**		**12580**	**10491**		**2611**	**2350**	
地方	**224**	**193**		**99**	**87**		**10182**	**7810**		**1819**	**1418**	
北京	2	2		1	1		89	89		15	15	
天津	21	12		21	14		2940	1594		455	262	
河北	4	4		6	6		174	174		26	26	
山西												
内蒙古												
辽宁	5	4		1	1		216	192		32	28	
吉林	2	2		2	2		137	137		18	18	
黑龙江	4	4					53	53		8	8	
上海	16	12		6	5		694	403		228	123	
江苏	15	14		2	2		231	217		51	45	
浙江	6	6		3	3		219	219		25	25	
安徽	16	15		6	6		324	250		114	107	
福建	3	3					64	64		11	11	
江西												
山东	27	25		9	9		378	306		112	105	
河南	5	5		1	1		103	103		30	30	
湖北	41	34		5	3		688	489		117	84	
湖南	6	5		1			155	74		24	10	
广东	12	9		3	2		472	325		98	82	
广西	6	6		16	16		374	374		65	65	
海南	2	1		1	1		1938	1934		198	198	
重庆	1	1		1	1		31	31		4	4	
四川	15	14		2	2		426	306		83	67	
贵州	7	7		11	11		189	189		34	34	
云南	1	1					38	38		9	9	
西藏												
陕西	3	3					50	50		14	14	
甘肃												
青海												
宁夏												
新疆	4	4		1	1		199	199		48	48	
台湾												

全国各地区、各类图书出版数量

	生物科学											
	种数（种）		租型种数（种）	总印数(万册、张)			总印张(千印张)			定价总金额(万元)		
	合计	新出		合计	新出	租型	合计	新出	租型	合计	新出	租型
全国总计	**455**	**300**		**200**	**97**		**29909**	**13798**		**4918**	**3210**	
中央	**285**	**172**		**131**	**51**		**22284**	**9055**		**3572**	**2181**	
地方	**170**	**128**		**69**	**46**		**7625**	**4743**		**1346**	**1029**	
北京	1	1					15	15		3	3	
天津	1	1					42	42		7	7	
河北	1	1					67	67				
山西												
内蒙古	2	2					23	23		7	7	
辽宁	4	2					75	42		10	5	
吉林	6	2		3	1		338	45		31	5	
黑龙江	3	3		1	1		103	103		14	14	
上海	32	19		22	14		2026	1009		347	232	
江苏	10	8		2	2		558	321		80	53	
浙江	11	8		2	1		397	275		61	45	
安徽	12	11		7	3		777	292		92	47	
福建	6	6					144	144		22	22	
江西												
山东	13	10		2	1		441	349		119	108	
河南	4	4		1	1		252	252		168	168	
湖北	10	7		2	2		415	352		46	40	
湖南	9	4		3	1		483	252		47	27	
广东	8	6		2	1		255	149		40	26	
广西	8	8		13	13		585	585		115	115	
海南												
重庆	4	4		1	1		76	76		10	10	
四川	8	6		2	1		182	89		39	28	
贵州	3	3		1	1		54	54		7	7	
云南	8	8		1	1		90	90		40	40	
西藏												
陕西	3	3					73	73		14	14	
甘肃	1	1		1	1		44	44		6	6	
青海												
宁夏												
新疆	2			3			110			21		
台湾												

全国各地区、各类图书出版数量

	医药卫生											
	种数(种)		租型种数(种)	总印数(万册、张)			总印张(千印张)			定价总金额(万元)		
	合计	新出		合计	新出	租型	合计	新出	租型	合计	新出	租型
全国总计	**5750**	**3685**	**1**	**4663**	**2444**	**1**	**691727**	**340901**	**21**	**99994**	**57158**	**3**
中央	**2883**	**1942**		**2514**	**1365**		**418150**	**217080**		**57420**	**35049**	
地方	**2867**	**1743**	**1**	**2149**	**1079**	**1**	**273577**	**123821**	**21**	**42574**	**22109**	**3**
北京	67	60		50	44		5203	4582		1028	951	
天津	158	88		68	36		10630	6241		1708	1042	
河北	51	30		32	16		5328	2094		558	277	
山西	28	25		8	7		1371	1260		190	175	
内蒙古	56	53		24	24		2783	2658		422	406	
辽宁	146	81		70	35		10766	7162		2412	1698	
吉林	44	37		29	25		3762	3237		567	505	
黑龙江	78	53		39	20		3940	2307		608	396	
上海	635	313		531	191		78273	24246		11714	5110	
江苏	221	83		243	61		30898	8698		5879	1178	
浙江	66	36		108	40		10425	3072		1244	574	
安徽	63	38		71	19		8925	2199		957	328	
福建	51	27		42	19		3771	1416		794	271	
江西	65	40		29	19		2897	2008		481	286	
山东	181	135		128	71		18606	8640		2282	1401	
河南	134	97		178	164		12937	10502		1825	1485	
湖北	75	66		25	22		4698	3899		1025	902	
湖南	151	62		106	46		16430	5905		2101	879	
广东	200	97		159	65		18820	7641		3065	1465	
广西	63	41		64	46		4775	2382		845	470	
海南	19	18		9	9		1564	1514		253	247	
重庆	29	17		15	11		2178	1624		280	213	
四川	93	65		45	22		6540	3648		885	622	
贵州	29	28		17	14		1744	969		313	153	
云南	37	36		16	16		1161	1127		262	239	
西藏	4	4	1	2	1	1	437	416	21	53	50	3
陕西	24	23		10	10		1015	1005		205	204	
甘肃	22	16		5	2		687	506		88	66	
青海	5	5					186	186		29	29	
宁夏	2	2		1	1		136	136		16	16	
新疆	70	67		25	23		2691	2541		485	471	
台湾												

全国各地区、各类图书出版数量

	农业科学											
	种数(种)		租型种数(种)	总印数(万册、张)			总印张(千印张)			定价总金额(万元)		
	合计	新出		合计	新出	租型	合计	新出	租型	合计	新出	租型
全国总计	**3328**	**2280**		**2984**	**2067**		**195785**	**122800**		**27856**	**19253**	
中央	**1747**	**1103**		**1754**	**1093**		**131573**	**75568**		**18236**	**11895**	
地方	**1581**	**1177**		**1230**	**974**		**64212**	**47232**		**9620**	**7358**	
北京	13	6		39	35		1756	1385		262	216	
天津	25	25		8	8		364	364		55	55	
河北	65	60		39	37		3918	3472		430	369	
山西	19	19		15	15		592	592		96	96	
内蒙古	15	14		9	9		1454	1446		262	257	
辽宁	54	37		115	106		3705	3231		534	470	
吉林	53	24		84	72		2585	2027		294	235	
黑龙江	57	48		15	12		1269	1037		260	224	
上海	95	39		72	24		6947	2318		1153	501	
江苏	64	50		90	83		2740	2365		377	333	
浙江	35	21		14	9		1062	715		234	165	
安徽	55	38		25	16		2103	1493		318	238	
福建	54	30		49	11		3455	1000		507	237	
江西	80	68		38	33		1526	1036		195	132	
山东	95	88		80	77		4611	4387		612	575	
河南	140	62		79	46		4233	2479		598	365	
湖北	52	38		25	20		1782	1284		267	214	
湖南	123	78		75	57		4301	3130		561	411	
广东	48	31		29	17		2106	1369		450	314	
广西	79	60		51	34		2490	1870		409	336	
海南												
重庆	39	39		29	29		649	649		66	66	
四川	70	66		52	50		1284	1045		208	181	
贵州	88	88		103	87		4148	3613		515	443	
云南	45	45		34	34		1759	1759		484	484	
西藏	1	1					4	4		1	1	
陕西	35	34		18	18		698	677		110	105	
甘肃	15	14		9	8		460	389		75	66	
青海	5	5		3	3		167	167		21	21	
宁夏	11	11		8	8		779	779		84	84	
新疆	51	38		23	16		1265	1150		182	164	
台湾												

全国各地区、各类图书出版数量

	工业技术											
	种数(种)		租型种数(种)	总印数(万册、张)			总印张(千印张)			定价总金额(万元)		
	合计	新出		合计	新出	租型	合计	新出	租型	合计	新出	租型
全国总计	**14428**	**9026**		**10512**	**5789**		**1725902**	**980256**		**257669**	**167039**	
中央	**10204**	**6303**		**7777**	**4106**		**1330148**	**738391**		**199069**	**128126**	
地方	**4224**	**2723**		**2735**	**1683**		**395754**	**241865**		**58600**	**38913**	
北京	75	63		34	29		5855	5215		977	884	
天津	153	96		107	62		15091	7524		2824	1703	
河北	42	38		35	32		3315	2954		692	654	
山西	21	19		4	4		652	599		102	91	
内蒙古	9	9		5	5		1295	1295		608	608	
辽宁	345	227		263	149		34327	18123		5372	3149	
吉林	25	20		13	7		1941	1022		251	157	
黑龙江	189	135		66	43		9439	5753		2224	1714	
上海	607	360		499	302		60853	33533		10775	6849	
江苏	306	194		177	96		26928	14405		3753	2175	
浙江	213	128		146	90		19091	11966		3594	2381	
安徽	120	91		57	40		8350	6332		1214	919	
福建	110	63		133	40		13690	4729		1943	948	
江西	54	40		24	17		4625	3402		794	648	
山东	179	131		113	85		16968	12656		2423	1880	
河南	131	92		55	46		5904	4892		1216	1021	
湖北	310	171		162	71		26259	10806		3199	1597	
湖南	185	98		98	56		13741	6067		2154	1333	
广东	217	111		142	75		18240	9275		3086	1836	
广西	21	19		11	9		1651	1344		281	251	
海南	9	9		6	6		838	838		127	127	
重庆	143	69		199	157		43462	37176		3564	2903	
四川	378	289		170	131		24762	18685		3238	2489	
贵州	19	19		10	10		977	878		168	147	
云南	26	26		9	9		4335	4335		210	210	
西藏												
陕西	311	180		189	104		31876	16772		3599	2027	
甘肃	8	8		3	3		421	421		87	87	
青海	2	2					98	98		15	15	
宁夏	4	4		1	1		147	147		27	27	
新疆	12	12		4	4		623	623		83	83	
台湾												

全国各地区、各类图书出版数量

	交通运输											
	种数(种)		租型种数(种)	总印数(万册、张)			总印张(千印张)			定价总金额(万元)		
	合计	新出		合计	新出	租型	合计	新出	租型	合计	新出	租型
全国总计	**1308**	**816**		**1239**	**876**		**141081**	**92647**		**22583**	**15966**	
中央	**979**	**601**		**901**	**656**		**106027**	**71807**		**16831**	**12282**	
地方	**329**	**215**		**338**	**220**		**35054**	**20840**		**5752**	**3684**	
北京	1	1		2	2		225	225		33	33	
天津	6	5		2	2		254	235		32	29	
河北	5	5		17	17		1467	1467		431	431	
山西												
内蒙古	1	1					22	22		5	5	
辽宁	92	65		35	25		6429	4750		1073	832	
吉林	12	3		6	1		772	279		114	48	
黑龙江	23	9		35	9		2572	789		646	183	
上海	75	43		185	122		13595	5767		2032	1030	
江苏	3	1		1	1		172	123		22	14	
浙江	5	5		5	5		316	316		77	77	
安徽	7	6		3	3		322	269		48	41	
福建	20	13		12	8		2233	1332		278	171	
江西	4	4		2	2		459	459		66	66	
山东	8	4		4	2		646	262		91	43	
河南	1	1					27	27		5	5	
湖北	8	8		2	2		472	472		94	94	
湖南	9	4		3	2		657	249		88	44	
广东	12	10		5	3		855	662		339	316	
广西	1	1					172	172		27	27	
海南												
重庆	3	2		1	1		167	79		17	8	
四川	25	18		12	8		2760	2449		171	134	
贵州												
云南	4	2		2	1		117	92		26	16	
西藏												
陕西												
甘肃												
青海												
宁夏												
新疆	4	4		4	4		343	343		37	37	
台湾												

全国各地区、各类图书出版数量

	航空、航天											
	种数(种)		租型种数(种)	总印数(万册、张)			总印张(千印张)			定价总金额(万元)		
	合计	新出		合计	新出	租型	合计	新出	租型	合计	新出	租型
全国总计	**84**	**81**		**26**	**26**		**3568**	**3485**		**804**	**791**	
中央	**67**	**66**		**19**	**19**		**2698**	**2679**		**636**	**633**	
地方	**17**	**15**		**7**	**7**		**870**	**806**		**168**	**158**	
北京												
天津												
河北												
山西												
内蒙古												
辽宁												
吉林												
黑龙江												
上海	3	1		1	1		327	263		70	60	
江苏	2	2					53	53		9	9	
浙江												
安徽												
福建												
江西												
山东	1	1		1	1		55	55		7	7	
河南												
湖北	1	1					44	44		8	8	
湖南	4	4		1	1		106	106		14	14	
广东	1	1					2	2		1	1	
广西	1	1		2	2		92	92		18	18	
海南												
重庆	3	3		2	2		131	131		16	16	
四川												
贵州												
云南	1	1					60	60		25	25	
西藏												
陕西												
甘肃												
青海												
宁夏												
新疆												
台湾												

全国各地区、各类图书出版数量

	环境科学											
	种数（种）		租型种数（种）	总印数（万册、张）			总印张（千印张）			定价总金额（万元）		
	合计	新出		合计	新出	租型	合计	新出	租型	合计	新出	租型
全国总计	**363**	**291**		**559**	**320**		**33118**	**19423**		**5298**	**3868**	
中央	**238**	**191**		**252**	**198**		**13609**	**9814**		**2594**	**2093**	
地方	**125**	**100**		**307**	**122**		**19509**	**9609**		**2704**	**1775**	
北京	2	1		4	3		1422	1382		509	504	
天津	7	7		3	3		387	387		49	49	
河北	6	6		3	3		167	167		27	27	
山西												
内蒙古	1	1					19	19		2	2	
辽宁	7	4		3			247	134		39	23	
吉林	1	1					24	24		3	3	
黑龙江	3	2					78	35		10	6	
上海	15	12		16	6		1670	1195		226	161	
江苏	5	5		2	2		224	224		56	56	
浙江	3	2		1			112	86		16	13	
安徽	2	2					243	243		40	40	
福建	4	4		2	2		169	169		25	25	
江西	5	2		71			1533	67		222	11	
山东	11	8		170	76		10392	3209		849	295	
河南												
湖北	22	13		7	3		1044	508		155	88	
湖南	4	4		1	1		229	229		36	36	
广东	11	10		8	7		446	428		78	74	
广西	1	1					24	24		4	4	
海南	1	1		1	1		36	36		7	7	
重庆	4	4		2	2		81	81		21	21	
四川	3	3		12	12		824	824		300	300	
贵州	3	3		1	1		62	62		10	10	
云南	1	1					7	7		6	6	
西藏												
陕西	3	3					69	69		14	14	
甘肃												
青海												
宁夏												
新疆												
台湾												

全国各地区、各类图书出版数量

	综合性图书											
	种数(种)		租型种数(种)	总印数(万册、张)			总印张(千印张)			定价总金额(万元)		
	合计	新出		合计	新出	租型	合计	新出	租型	合计	新出	租型
全国总计	**3184**	**2602**	**1**	**3053**	**2167**		**374448**	**267554**	**37**	**79333**	**66681**	**4**
中央	**1649**	**1333**		**1588**	**1032**		**195402**	**155623**		**48927**	**44165**	
地方	**1535**	**1269**	**1**	**1465**	**1135**		**179046**	**111931**	**37**	**30406**	**22516**	**4**
北京	52	29		47	35		3883	2836		606	483	
天津	13	13		11	11		997	997		174	174	
河北	9	8		7	4		1465	976		241	191	
山西	43	38		82	80		6011	5803		836	811	
内蒙古	53	51		42	41		7127	6785		1118	1085	
辽宁	54	40		38	25		5584	3705		957	642	
吉林	105	104		143	141		14088	13904		2848	2815	
黑龙江	30	28		14	14		1329	1234		363	326	
上海	187	123		305	108		67598	13107		8806	3033	
江苏	108	65		55	33		5882	3513		1104	742	
浙江	52	21		18	7		2694	934		649	394	
安徽	33	32		13	9		2030	1805		466	439	
福建	25	24		14	13		1329	1235		508	494	
江西	11	8		4	2		487	335		120	101	
山东	122	113		94	83		7552	7124		1413	1343	
河南	48	45		24	23		1475	1387		387	376	
湖北	82	67		144	129		8345	7461		2167	1928	
湖南	42	35		47	42		2096	1651		475	403	
广东	67	60		54	48		4854	4314		1377	1290	
广西	47	28		22	13		1573	1190		499	325	
海南	19	16		19	16		2362	2090		498	453	
重庆	25	21		15	11		1399	1131		232	155	
四川	54	52		18	16		3010	2854		821	805	
贵州	17	17		5	5		543	543		103	103	
云南	144	144		153	153		14520	14520		2198	2198	
西藏	1	1	1	1	1		77	40	37	8	4	4
陕西	26	23		22	20		1681	1491		265	248	
甘肃	16	16		20	20		3569	3569		327	327	
青海	8	8		8	8		2080	2080		308	308	
宁夏	9	9		2	2		288	288		41	41	
新疆	33	30		24	22		3118	3029		491	479	
台湾												

全国各地区、各类图书出版数量

	(二)不使用《中国标准书号》部分——图片合计											
	种数(种)		租型种数(种)	总印数(万册、张)			总印张(千印张)			定价总金额(万元)		
	合计	新出		合计	新出	租型	合计	新出	租型	合计	新出	租型
全国总计	**2492**	**1695**	**13**	**4824**	**2404**	**86**	**156487**	**106969**	**719**	**60390**	**45396**	**116**
中　央	**749**	**398**		**2285**	**663**		**41958**	**16667**		**18197**	**8740**	
地　方	**1743**	**1297**	**13**	**2539**	**1741**	**86**	**114529**	**90302**	**719**	**42193**	**36656**	**116**
北　京	1			3			8			9		
天　津	189	72	1	173	29		9231	1006	15	2690	1038	5
河　北	4	4					22	22		41	41	
山　西	6	6		7	7		392	392		325	325	
内蒙古	1	1		1	1		60	60		28	28	
辽　宁	11	9		4	4		1122	1087		96	83	
吉　林	40	39		26	25		1494	1485		883	881	
黑龙江	50	39		188	76		2802	794		1251	611	
上　海	137	96		256	157		12455	10212		4127	3574	
江　苏	91	36	9	96	40	1	8224	2779	212	1884	1020	30
浙　江	131	121	2	303	199	85	18144	16758	488	4530	4301	80
安　徽	13	12		13	12		221	217		69	67	
福　建	222	214		179	178		11609	11409		5423	5375	
江　西	26	17		25	13		244	185		122	63	
山　东	86	65		101	81		3372	2668		1083	897	
河　南	19	14		22	14		681	589		620	577	
湖　北	34	15		43	16		2681	1141		910	503	
湖　南	100	94		266	255		3282	2975		1161	1117	
广　东	99	36		163	63		2577	1591		1232	787	
广　西	81	58		116	87		5812	5535		2238	2166	
海　南	1	1		1	1		4	4		8	8	
重　庆	5	5		3	3		175	175		137	137	
四　川	103	89	1	160	117		2299	1992	4	2230	2107	1
贵　州	16	4		16	10		104	38		58	38	
云　南	80	64		89	81		6722	6649		133	115	
西　藏	3	1		3	1		50	10		24	5	
陕　西	51	43		47	38		1842	1639		859	774	
甘　肃	29	29		16	16		2279	2279		835	835	
青　海	5	4		10	8		50	40		37	33	
宁　夏												
新　疆	109	109		209	209		16571	16571		9150	9150	
台　湾												

全国各地区、各类图书出版数量

	其中：年画											
	种数(种)		租型种数(种)	总印数(万册、张)			总印张(千印张)			定价总金额(万元)		
	合计	新出		合计	新出	租型	合计	新出	租型	合计	新出	租型
全国总计	132	111		86	70		3930	2517		1396	1010	
中央												
地方	132	111		86	70		3930	2517		1396	1010	
北京												
天津												
河北												
山西												
内蒙古												
辽宁												
吉林												
黑龙江												
上海												
江苏												
浙江	21	21		20	20		168	168		51	51	
安徽												
福建												
江西												
山东												
河南												
湖北	16	9		24	13		2411	1046		839	461	
湖南	1			1			15			2		
广东												
广西												
海南												
重庆												
四川												
贵州												
云南	74	61		31	27		271	238		56	50	
西藏												
陕西	20	20		10	10		1065	1065		448	448	
甘肃												
青海												
宁夏												
新疆												
台湾												

全国各地区、各类图书出版数量

	附录(不使用《中国标准书号》部分)合计						国标（GB）、部标（BB）等标准类文件印品					
	总印张（千印张）			定价总金额（万元）			总印张（千印张）			定价总金额（万元）		
	合计	新出	租型	合计	新出	租型	合计	新出	租型	合计	新出	租型
全国总计	**49411**	**36183**	**75**	**16072**	**12697**	**8**	**30969**	**21842**		**8465**	**6053**	
中　央	**35071**	**25056**		**9976**	**7357**		**30969**	**21842**		**8465**	**6053**	
地　方	**14340**	**11127**	**75**	**6096**	**5340**	**8**						
北　京												
天　津	179			36								
河　北												
山　西	132	117		87	84							
内蒙古	35	35		3	3							
辽　宁	994	605		234	160							
吉　林												
黑龙江	24	6		14	4							
上　海	366	366		25	25							
江　苏												
浙　江	206	206		19	19							
安　徽	143	143		28	28							
福　建	2195	2173		3811	3806							
江　西	241	141		714	606							
山　东	983	43		111	14							
河　南	100			25								
湖　北												
湖　南	5765	5765		396	396							
广　东	150			12								
广　西	1830	607		439	63							
海　南												
重　庆	75		75	8		8						
四　川	23	23		36	36							
贵　州												
云　南	5	5		16	16							
西　藏												
陕　西	115	115		8	8							
甘　肃	376	376		27	27							
青　海	115	115		5	5							
宁　夏												
新　疆	288	286		42	40							
台　湾												

全国各地区、各类图书出版数量

	影印书						活页文选、活页歌篇、小件印品等					
	总印张（千印张）			定价总金额（万元）			总印张（千印张）			定价总金额（万元）		
	合计	新出	租型	合计	新出	租型	合计	新出	租型	合计	新出	租型
全国总计	**406**	**406**		**89**	**89**		**18036**	**13935**	**75**	**7518**	**6555**	**8**
中央	**406**	**406**		**89**	**89**		**3696**	**2808**		**1422**	**1215**	
地方							**14340**	**11127**	**75**	**6096**	**5340**	**8**
北京												
天津							179			36		
河北												
山西							132	117		87	84	
内蒙古							35	35		3	3	
辽宁							994	605		234	160	
吉林												
黑龙江							24	6		14	4	
上海							366	366		25	25	
江苏												
浙江							206	206		19	19	
安徽							143	143		28	28	
福建							2195	2173		3811	3806	
江西							241	141		714	606	
山东							983	43		111	14	
河南							100			25		
湖北												
湖南							5765	5765		396	396	
广东							150			12		
广西							1830	607		439	63	
海南												
重庆							75		75	8		8
四川							23	23		36	36	
贵州												
云南							5	5		16	16	
西藏												
陕西							115	115		8	8	
甘肃							376	376		27	27	
青海							115	115		5	5	
宁夏												
新疆							288	286		42	40	
台湾												

全国各出版社图书出版数量

中央出版社

	图书总计											
	种数(种)		租型种数(种)	总印数(万册、张)			总印张(千印张)			定价总金额(万元)		
	合计	新出		合计	新出	租型	合计	新出	租型	合计	新出	租型
中央出版社合计:	**52529**	**34472**	**1**	**107512**	**40679**	**1**	**8989788**	**4676040**	**78**	**1310706**	**813663**	**9**
其中:直属出版社	**3394**	**2290**		**6513**	**3407**		**705132**	**284051**		**93192**	**46460**	
人民出版社	335	285		319	245		37252	26098		5858	4189	
人民文学出版社	393	173		379	152		57599	24005		7247	3184	
商务印书馆	403	226		1573	108		302674	17830		30389	2711	
东方出版中心	187	137		220	128		29772	18000		3718	2441	
中华书局	169	101		535	477		40292	27398		5837	4280	
人民美术出版社	207	140		460	92		16835	6977		5828	3565	
人民音乐出版社	326	112		592	38		30273	4273		4061	899	
中国大百科全书出版社	508	469		1549	1499		100091	93455		14204	13279	
中国对外翻译出版社	105	89		74	65		11639	11136		2351	2293	
印刷工业出版社	44	29		27	22		3943	3262		923	835	
现代出版社	74	73		100	99		8412	8189		1710	1698	
中国盲文书社	218	174		138	137		9813	9711		1355	1286	
荣宝斋出版社	52	30		35	19		2469	1517		1368	683	
连环画出版社	38	27		70	47		2571	1642		622	326	
生活·读书·新知三联书店	137	71		229	93		30401	10997		4688	1951	
中国书籍出版社	146	105		157	132		15994	14504		1916	1735	
商务印书馆国际有限公司	52	49		56	54		5102	5057		1117	1105	
中国戏剧出版社	151	151		82	82		11221	11221		1796	1796	
中国社会科学出版社	250	242		144	143		23275	22905		4142	4093	
中国财政经济出版社	640	397		1281	828		168288	114400		22359	16067	
企业管理出版社	179	160		251	229		43861	40488		9426	8915	
民族出版社	343	316		131	114		17578	15230		3227	2987	
中国青年出版社	337	297		526	443		56028	45009		8464	7006	
中国少年儿童出版社	858	486		2748	1744		163522	110695		21071	14487	
中国工人出版社	206	188		121	112		10590	9981		1766	1686	
人民体育出版社	409	225		382	186		35088	17087		4870	2752	
中国协和医科大学出版社	91	76		67	62		16818	16180		2835	2715	
文物出版社	104	60		114	29		8265	4220		6097	5065	
中国电影出版社	133	118		122	117		9091	8537		2547	2466	
人民日报出版社	103	100		110	108		17115	16931		3643	3613	
新华出版社	407	363		368	330		41783	38468		17105	16618	
世界知识出版社	235	206		361	309		38497	31733		6545	5573	

	图			书			总			计		
	种数(种)		租型种数(种)	总印数(万册、张)			总印张(千印张)			定价总金额(万元)		
	合计	新出		合计	新出	租型	合计	新出	租型	合计	新出	租型
北京图书馆出版社	130	110		59	53		9494	8378		6157	5754	
群众出版社	308	257		196	144		28376	21222		3735	2911	
北京大学出版社	703	433		1070	499		128737	72596		17626	11330	
中国人民大学出版社	661	429		1167	609		174367	93523		20591	12011	
外语教学与研究出版社	483	172		1317	371		196132	48149		21581	5537	
人民教育出版社	2013	321		6890	1286		699236	139543		58100	12198	
中国农业出版社	1252	773		1515	1104		113537	67425		15268	10171	
中国轻工业出版社	456	295		394	324		36631	27843		8577	6994	
中国纺织出版社	276	193		138	98		15058	10473		4572	3831	
煤炭工业出版社	217	165		81	65		10152	7801		2145	1865	
石油工业出版社	372	353		149	142		19555	18348		2971	2816	
中国水利水电出版社	490	387		369	324		54457	47268		8764	7748	
原子能出版社	130	125		50	41		3247	2692		475	402	
科学出版社	1476	1059		2257	1650		246872	211479		29623	25001	
科学普及出版社	526	395		556	370		47099	31513		7728	5441	
科学技术文献出版社	307	197		204	136		27139	20242		4209	3234	
机械工业出版社	1418	814		766	444		126067	81893		19381	13323	
冶金工业出版社	254	162		85	63		15098	10710		2817	2085	
化学工业出版社	495	298		277	182		44959	27132		7019	4637	
中国建筑工业出版社	914	381		473	178		104915	41919		19568	10535	
中国铁道出版社	557	405		502	428		58434	49232		8314	7033	
人民交通出版社	634	389		431	279		63322	37756		11884	8198	
中国标准出版社	223	215		74	66		20400	18256		6932	6153	
中国计量出版社	175	113		142	69		14204	7407		1970	1141	
人民邮电出版社	1038	738		751	554		150934	113054		24769	19384	
海洋出版社	227	220		97	94		13321	13127		2245	2218	
地质出版社	313	247		1407	173		50785	10624		8754	2974	
地震出版社	115	106		41	37		7134	6558		1999	1887	
气象出版社	250	204		165	119		11387	8556		1859	1382	
中国地图出版社	566	70		26714	140		497205	4070		73386	1983	
人民卫生出版社	747	360		1141	348		218246	61783		24589	8296	
国防工业出版社	382	284		1112	216		52768	20339		8317	3352	
万国学术出版社	22	22		1	1		512	512		186	186	
中国旅游出版社	156	104		127	78		6494	5087		3312	2749	
中国对外经济贸易出版社	106	86		72	62		13148	11672		5103	4894	
新世界出版社	81	68		109	94		12145	10073		1935	1609	
外文出版社	446	344		755	579		53316	37829		11589	7035	

	图书总计											
	种数(种)		租型种数(种)	总印数(万册、张)			总印张(千印张)			定价总金额(万元)		
	合计	新出		合计	新出	租型	合计	新出	租型	合计	新出	租型
解放军出版社	141	109		531	339		47110	32146		3844	3462	
解放军文艺出版社	221	209		156	148		17989	16914		2580	2458	
语文出版社	409	162		2066	723		138023	63415		12238	6463	
中国文史出版社	61	60		47	46		5898	5783		1819	1795	
中共中央党校出版社	282	202		663	490		70882	51493		10542	8215	
法律出版社	602	506		1032	757		94676	79598		13485	11524	
中国统计出版社	188	188		50	50		13357	13357		5737	5737	
中国摄影出版社	62	58		28	27		2269	2082		2096	2068	
中国林业出版社	386	254		176	120		20191	11930		3575	2624	
时事出版社	43	42		22	21		2696	2556		429	404	
文化艺术出版社	50	50		34	34		4002	4002		711	711	
教育科学出版社	315	128		2100	346		109949	27570		12723	3654	
清华大学出版社	959	556		1042	483		203959	96460		26604	14552	
中国广播电视出版社	205	175		102	86		13866	12038		2756	2494	
中国商业出版社	400	203		254	122		26322	11930		3366	1724	
中国劳动社会保障出版社	591	209		1134	301		107471	27264		11940	4230	
中国环境科学出版社	502	261		898	335		39510	14965		6496	3447	
知识产权出版社	63	60		106	103		13409	12918		1947	1882	
北京师范大学出版社	1175	500		5231	1197		338335	105457		36555	12261	
宇航出版社	124	105		112	91		14050	12006		1868	1627	
工商出版社	74	74		62	62		8543	8543		2019	2019	
作家出版社	150	127		328	277		48522	42420		6223	5385	
中医古籍出版社	63	61		25	24		2664	2553		397	385	
中国物资出版社	161	141		179	165		33511	32142		8578	8387	
光明日报出版社	124	122		208	208		25196	24802		3504	3392	
长征出版社	72	72		205	205		21772	21772		2571	2571	
中国妇女出版社	94	84		88	71		6642	5653		1030	902	
中国金融出版社	201	148		249	173		23119	16510		4148	3166	
长城出版社	104	104		138	138		19595	19595		6949	6949	
红旗出版社	82	82		232	232		14205	14205		3490	3490	
中国世界语出版社	48	47		79	73		7662	7580		1976	1928	
中国档案出版社	108	91		65	52		7958	6497		5573	5306	
电子工业出版社	845	562		834	441		155662	92071		22243	14584	
朝华出版社	83	62		41	29		2738	2039		1848	1165	
中央广播电视大学出版社	470	124		742	118		101490	16808		13188	2403	
中国友谊出版公司	27	25		24	20		3456	2957		530	452	
人民军医出版社	218	153		122	94		23551	19012		3664	2943	

	图			书			总			计		
	种数(种)		租型种数(种)	总印数(万册、张)			总印张(千印张)			定价总金额(万元)		
	合计	新出		合计	新出	租型	合计	新出	租型	合计	新出	租型
军事科学出版社	63	50		46	40		7412	6750		1428	1333	
金盾出版社	676	280		1496	581		100066	45233		12000	5630	
经济科学出版社	442	353		753	457		103013	64840		15464	10285	
中国文联出版社	342	288		233	208		27932	26756		8513	8158	
高等教育出版社	2431	820		5613	1480		726657	192112		75126	23006	
紫禁城出版社	14	14		5	5		678	678		395	395	
中共党史出版社	92	92		47	47		8157	8157		1381	1381	
对外经济贸易大学出版社	95	38		62	21		8777	2907		1132	409	
经济管理出版社	153	153		89	89		11838	11838		2082	2082	
军事谊文出版社	34	34		60	60		4917	4917		691	691	
国际文化出版公司	69	44		44	30		6306	4604		988	679	
中国画报出版社	55	55		45	45		4766	4766		3178	3178	
中国经济出版社	193	152		99	87		12549	11707		2667	2531	
中国石化出版社	99	70		159	152		15063	13961		1800	1663	
中央民族大学出版社	170	146		129	113		12396	10049		1964	1667	
北京语言学院出版社	148	101		94	64		10434	6571		2608	1971	
中国政法大学出版社	278	164		445	256		71299	39788		7782	4756	
中国人民公安大学出版社	242	183		193	121		32374	23874		6525	5523	
社会科学文献出版社	166	129		70	53		10193	8093		1800	1521	
中国农业科技出版社	142	142		37	37		6296	6296		1483	1483	
北京航空航天大学出版社	162	106		102	63		16894	11098		2302	1591	
北京理工大学出版社	264	162		1333	483		93951	60625		9139	6161	
中国国际广播出版社	116	115		73	73		12136	12064		1310	1299	
中国农业大学出版社	172	139		93	76		9928	8308		1499	1276	
航空工业出版社	170	164		125	110		21206	19771		3005	2881	
北京广播学院出版社	115	65		90	20		7555	2825		997	448	
北京体育大学出版社	245	87		182	64		15253	6169		2793	1379	
经济日报出版社	81	80		87	87		12853	12765		2080	2073	
兵器工业出版社	203	178		141	128		14349	12640		2500	2212	
华艺出版社	26	21		90	83		9188	7966		1809	1655	
中国和平出版社	346	228		741	436		43736	25893		5084	3295	
华夏出版社	546	352		914	406		59223	37265		8603	5900	
中国医药科技出版社	291	220		148	114		24711	18752		4395	3527	
国防大学出版社	81	76		48	47		5985	5725		859	824	
人民法院出版社	286	208		140	108		33905	24980		5023	3805	
中国藏学出版社	40	40		11	11		3395	3395		948	948	
中国文学出版社	63	49		45	34		4968	3588		663	489	

	图书总计											
	种数(种)		租型种数(种)	总印数(万册、张)			总印张(千印张)			定价总金额(万元)		
	合计	新出		合计	新出	租型	合计	新出	租型	合计	新出	租型
今日中国出版社	12	11		6	5		1588	1371		2452	2419	
中国计划出版社	145	113		121	104		31810	26290		6199	5192	
中央文献出版社	77	71		140	136		11709	11331		1641	1571	
海潮出版社	125	116		65	63		7135	6877		2145	2119	
学苑出版社	130	99		88	64		12578	9681		2157	1864	
北京邮电大学出版社	95	64		116	93		11555	9745		1527	1319	
旅游教育出版社	68	44		89	66		9530	7800		1164	983	
团结出版社	119	110		384	343		39593	34598		9986	9527	
华文出版社	139	139		74	74		9042	9042		1536	1536	
人民中国出版社	20	19		16	12		4966	4678		2344	1984	
中国物价出版社	148	148		69	69		19061	19061		6133	6133	
中国民族摄影艺术出版社	39	39		32	32		4020	4020		1599	1599	
中国华侨出版社	100	85		76	58		10801	7170		1923	1455	
中信出版社	58	54		72	69		7896	7524		1354	1285	
改革出版社	147	147		219	219		28273	28273		11120	11120	
中国人事出版社	102	102		171	171		30562	30562		6518	6518	
开明出版社	159	126		175	132		20145	15841		2053	1729	
中国人口出版社	45	36		69	27		4988	2814		815	513	
中国民主法制出版社	84	84		127	127		16463	16463		4123	4123	
中国审计出版社	142	134		316	310		15781	15249		1995	1914	
蓝天出版社	162	114		229	192		21090	17235		3986	3514	
世界图书出版公司	529	377	1	492	352	1	51013	36708	78	9362	6842	9
群言出版社	37	35		48	34		5319	3819		804	644	
北京医科大学出版社	124	71		134	80		19575	11989		2944	1918	
警官教育出版社	242	174		164	128		19934	15542		2972	2371	
华龄出版社												
金城出版社	33	33		37	37		7586	7586		1805	1805	
中国法制出版社	113	111		137	136		9383	9089		1767	1724	
新星出版社	227	227		229	229		3689	3689		1344	1344	
中国检察出版社	111	111		97	97		23052	23052		6589	6589	
中国发展出版社	47	47		47	47		4802	4802		762	762	
中国中医药出版社	287	145		156	88		28243	17778		3906	2468	
中国社会出版社	219	170		232	211		32227	29279		5996	5512	
中国建材工业出版社	125	118		95	92		21575	21103		6062	5989	
当代中国出版社	81	80		53	52		13535	13508		4865	4860	
大众文艺出版社	279	225		218	187		28823	24716		5629	5124	
中国致公出版社	116	97		147	132		14454	11553		1540	1356	

	图			书			总			计		
	种数(种)		租型种数(种)	总印数(万册、张)			总印张(千印张)			定价总金额(万元)		
	合计	新出		合计	新出	租型	合计	新出	租型	合计	新出	租型
中国大地出版社	76	75		36	36		4714	4699		1326	1324	
党建读物出版社	76	56		353	301		28254	23743		2767	2299	
中国城市出版社	130	108		365	349		47320	45279		7161	6870	
中华工商联合出版社	116	116		164	164		16701	16701		3045	3045	
中国三峡出版社	40	30		47	42		4212	3560		1366	1155	
线装书局	4	4		1	1		159	159		287	287	
星球地图出版社	84	47		1782	245		26586	5071		8616	1216	
中国方正出版社	125	103		217	123		24087	15837		3297	2319	
民主与建设出版社	69	68		51	50		3676	3628		598	590	
五洲传播出版社	132	132		30	30		1957	1957		20	20	
中国民航出版社	99	99		54	54		9291	9291		1462	1462	
九洲图书出版社	44	44		37	37		7111	7111		3448	3448	
当代世界出版社	105	98		106	102		15331	14824		3974	3897	
中央编译出版社	79	72		40	37		4784	4282		721	650	
西苑出版社	104	94		66	57		9312	8610		3666	3564	
学习出版社	44	37		111	85		5373	3091		686	431	
中国税务出版社	85	79		179	170		24884	22773		4042	3704	
方志出版社	100	100		22	22		7960	7960		2212	2212	
中国电力出版社	452	268		215	135		39458	24933		6645	4531	
军事医学科学出版社	74	70		34	32		3757	3660		787	772	
中国言实出版社	47	47		32	32		6767	6767		2450	2450	
宗教文化出版社	88	75		66	53		8825	6752		1422	1131	
国家行政学院出版社	76	70		52	51		10049	9745		1986	1888	
台海出版社	21	21		50	50		5780	5780		1212	1212	

全国各出版社图书出版数量

地 方 出 版 社

	图			书			总			计		
	种　数（种）		租型种数（种）	总印数(万册、张)			总 印 张(千 印 张)			定价总金额(万元)		
	合 计	新 出		合 计	新 出	租 型	合 计	新 出	租 型	合 计	新 出	租 型
地方出版社合计:	**89302**	**48623**	**10591**	**624117**	**116279**	**226186**	**30145526**	**6609980**	**12541842**	**3052638**	**951530**	**1013157**
北京出版社	1074	530	157	4120	918	1335	219681	64708	79636	27394	9932	7783
北京科学技术出版社	162	109		198	141		17947	14888		3006	2634	
北京燕山出版社	82	71		43	37		8962	7794		2168	2059	
同心出版社	169	84		256	127		14779	8829		1834	1220	
北京工艺美术出版社	45	23		128	70		2685	1882		722	551	
京华出版社	89	70		89	68		10543	8617		1777	1621	
中国书店	43	28		21	13		2802	1775		532	421	
北京工业大学出版社	173	110		118	65		10166	7791		1381	1102	
首都经济贸易大学出版社	184	63		426	44		21606	6446		2359	791	
首都师范大学出版社	233	139	1	444	263	1	39214	27458	39	3510	2380	4
天津人民出版社	157	99	5	1688	84	2	60913	9566	40	7030	1111	5
天津教育出版社	634	116	4	3196	258	36	162520	15882	602	14887	1602	86
天津科学技术出版社	280	197		179	140		18221	12354		2861	2007	
新蕾出版社	317	285		955	759		35459	29134		3836	3212	
百花文艺出版社	197	114		192	92		12843	7314		1897	1040	
天津人民美术出版社	245	185		244	76		9294	4226		3877	2933	
天津古籍出版社	66	63		355	353		14344	14223		6158	6139	
天津科技翻译出版公司	145	82		78	50		6176	3412		884	531	
天津社会科学院出版社	32	32		15	15		1517	1517		256	256	
天津杨柳青画社	140	68		44	22		1737	933		1275	1079	
南开大学出版社	236	136		156	73		21479	9128		3006	1440	
天津大学出版社	239	148		202	158		25710	19579		3499	2708	
河北人民出版社	272	167	87	4868	2087	391	184292	76481	21288	16989	9035	1535
河北教育出版社	996	322	50	11523	759	90	470249	34038	6257	36459	3569	440
河北科学技术出版社	279	201	61	1979	484	246	77607	23992	10314	7766	2798	873
河北少年儿童出版社	394	163		5034	494		132099	31159		17986	2531	
花山文艺出版社	161	153	59	756	144	607	37315	9412	27376	3828	1510	2271
河北美术出版社	215	178		2733	2448		90228	85298		10204	8785	
河北大学出版社	177	96		911	166		26888	6763		3246	1179	
山西人民出版社	173	129	379	7372	75	7258	435075	9871	423208	42856	3989	38525
山西教育出版社	825	498		3363	2322		197132	136068		15831	11016	
山西科学技术出版社	153	99		1082	39		23646	3582		3467	592	
希望出版社	594	376		3446	1426		121491	61614		9723	4664	

	图书总计											
	种数(种)		租型种数(种)	总印数(万册、张)			总印张(千印张)			定价总金额(万元)		
	合计	新出		合计	新出	租型	合计	新出	租型	合计	新出	租型
北岳文艺出版社	117	117		44	44		5749	5749		1006	1006	
山西古籍出版社	72	72		97	97		7926	7926		1449	1449	
山西经济出版社	164	142		80	65		9381	7867		1384	1166	
内蒙古人民出版社	546	388	7	847	330	2	133938	118116	41	9648	7925	6
内蒙古教育出版社	664	177	454	6610	343	5245	335142	14687	274145	26457	1132	22394
内蒙古科学技术出版社	48	44		34	33		3914	3698		574	547	
内蒙古少年儿童出版社	76	76		45	45		3976	3976		655	655	
内蒙古文化出版社	69	67		33	33		5418	5311		625	613	
远方出版社	78	78		211	211		14336	14336		4652	4652	
内蒙古大学出版社	97	82		494	56		14071	3385		1772	523	
辽宁人民出版社	278	217		458	223	1	32635	21605	60	4588	3211	6
辽宁教育出版社	1170	345		4664	963		173103	42848		20824	5980	
辽宁科学技术出版社	383	190		195	90		26351	14326		4659	2706	
辽宁少年儿童出版社	184	79		761	110		22831	5861		2859	900	
春风文艺出版社	231	218		269	253		16650	13203		2411	2110	
辽宁美术出版社	403	233		1018	287		27707	9890		7189	3423	
辽宁民族出版社	210	166		375	214		17720	12213		2220	1654	
辽宁画报出版社	63	39		116	26		4768	2004		1214	680	
辽海出版社	860	280	457	12891	414	6211	573808	22605	373264	55442	2956	31650
沈阳出版社	333	111		688	152		45567	11871		6941	2163	
大连出版社	123	91		89	59		10238	7953		2120	1877	
东北财经大学出版社	266	131		366	215		49162	29984		6321	3892	
东北大学出版社	105	77		53	40		6738	4557		995	761	
辽宁大学出版社	251	210		284	235		29910	25521		3673	3101	
辽宁师范大学出版社	7	6		4	4		325	297		43	40	
大连海事大学出版社	110	99		28	25		5183	4369		869	729	
大连理工大学出版社	198	139		309	162		41470	21234		4237	2293	
白山出版社	64	63		53	48		4099	3824		904	879	
吉林人民出版社	232	232		171	171		26501	26501		3193	3193	
吉林教育出版社	396	229		2651	485		142981	36125		10372	3251	
吉林科学技术出版社	219	66		506	95		20949	4667		2277	772	
延边教育出版社	1154	372	25	1576	386	15	125046	37892	1907	10251	3437	154
北方妇女儿童出版社	116	53	11	537	82	19	21333	4719	1151	2194	533	91
吉林文史出版社	240	159		563	171		28113	11716		3467	1696	
吉林美术出版社	239	125		1341	78		36093	4487		5929	2257	
吉林摄影出版社	70	69		54	54		10583	10577		2428	2427	
时代文艺出版社	79	60		265	50		13463	6830		1724	1203	

	图书总计											
	种数(种)		租型种数(种)	总印数(万册、张)			总印张(千印张)			定价总金额(万元)		
	合计	新出		合计	新出	租型	合计	新出	租型	合计	新出	租型
长春出版社	221	160		262	156		25484	18010		3447	2798	
延边人民出版社	364	274		666	552		70795	64441		16913	16249	
东北师范大学出版社	732	421		2404	721		164438	67438		13884	6503	
吉林大学出版社	98	98		54	54		8176	8176		951	951	
延边大学出版社	96	95		55	55		7435	7405		1024	1021	
黑龙江人民出版社	186	174	4	87	80	3	12431	11813	48	2485	2403	8
黑龙江教育出版社	605	190		3916	1113		135322	36705		14865	5579	
黑龙江科学技术出版社	208	150		73	52		8340	6045		2423	1971	
黑龙江少年儿童出版社	302	112		912	325		22393	9327		2113	897	
北方文艺出版社	108	95		55	51		6477	5710		923	824	
黑龙江朝鲜民族出版社	75	73		24	23		2768	2638		448	431	
黑龙江美术出版社	207	153		964	260		19242	7279		5241	2593	
哈尔滨出版社	136	129		73	68		12431	11501		3628	3462	
哈尔滨地图出版社	89	61		264	104		6791	2390		2502	1173	
东北林业大学出版社	112	79		122	80		8018	4688		896	567	
哈尔滨工程大学出版社	106	84		87	68		8201	5915		1011	749	
哈尔滨工业大学出版社	134	57		75	28		9985	3545		1196	528	
上海人民出版社	458	284	14	624	246	45	68365	32897	982	10076	5799	140
上海教育出版社	1867	591	19	7341	2196	26	303581	91872	3067	29021	9835	217
上海科学技术出版社	885	357		1734	506		172546	43241		20206	7960	
上海科技教育出版社	718	272		4877	575		118685	27297		13902	3646	
上海科学普及出版社	290	152		291	130		22452	8655		3620	1779	
少年儿童出版社	545	339		1292	891		95055	69583		14104	9649	
上海文艺出版社	644	312		745	268		69815	30545		9499	4602	
上海辞书出版社	144	81		222	135		69365	40774		21329	17265	
上海人民美术出版社	214	133		268	126		9084	5650		4208	3513	
上海古籍出版社	250	153		209	104		32500	15972		5044	3354	
上海译文出版社	290	150		360	106		71367	15582		7177	1993	
上海书画出版社	307	176		1860	869		45528	28311		6714	4250	
上海书店	215	139		120	68		13314	8775		3422	2421	
上海科学技术文献出版社	234	123		242	58		32194	8350		4568	1839	
上海画报出版社	55	55	1	43	43		2278	2263	15	1260	1243	17
立信会计出版社	196	73		178	47		23395	5800		3226	852	
汉语大词典出版社	120	77		200	139		29170	21194		3649	2752	
上海远东出版社	254	141		276	114		29887	13360		3408	1588	
上海三联书店	170	131		181	144		19824	15487		3983	3377	
文汇出版社	196	168		272	246		21368	17790		3166	2656	

	图书总计											
	种数(种)		租型种数(种)	总印数(万册、张)			总印张(千印张)			定价总金额(万元)		
	合计	新出		合计	新出	租型	合计	新出	租型	合计	新出	租型
学林出版社	201	182		105	93		12495	11148		2127	1950	
上海社会科学院出版社	123	122		41	41		7373	7325		1728	1722	
复旦大学出版社	463	263		445	217		60623	29855		7323	3846	
华东理工大学出版社	195	90		118	55		15499	6622		1981	972	
华东师范大学出版社	419	244		941	481		95911	54215		9336	5655	
上海交通大学出版社	394	204		432	223		43930	19887		6168	2971	
上海外语教育出版社	651	245		2798	384		309330	43266		28301	5011	
上海医科大学出版社	130	83		75	46		10677	6615		2021	1422	
上海中医学院出版社	101	51		39	27		4658	3175		741	507	
同济大学出版社	180	120		105	65		17066	10824		2793	2065	
中国纺织大学出版社	53	40		21	16		1809	1300		445	358	
上海财经大学出版社	166	117		121	78		16759	10123		2746	1780	
上海大学出版社	70	69		44	43		4518	4487		694	690	
百家出版社	133	103		181	141		10524	8365		1660	1373	
上海第二军医大学出版社	42	38		18	15		2336	1977		487	426	
江苏人民出版社	336	272	16	1564	1025	54	90961	68792	1150	10253	7716	157
江苏教育出版社	1216	628		14303	8083		646681	384369		63381	37337	
江苏科学技术出版社	453	184		2704	756		106839	28430		15279	3805	
江苏少年儿童出版社	472	122	4	7660	2511	97	243504	83451	3333	32068	10606	459
江苏文艺出版社	132	82		389	312		23472	17020		2910	2204	
江苏美术出版社	165	80		205	57		8934	4395		3109	2065	
江苏古籍出版社	151	81		293	130		21363	10092		2620	1441	
古吴轩出版社	76	65		57	52		3063	2849		1325	1278	
南京出版社	182	93		265	71		17226	3898		1727	613	
译林出版社	324	153		1412	393		105808	35912		10118	3740	
东南大学出版社	260	135		125	63		19014	9723		2632	1547	
河海大学出版社	179	140		115	82		13482	9763		1861	1431	
南京大学出版社	256	145		177	87		25296	12164		2827	1510	
苏州大学出版社	209	125		421	127		44091	14838		4640	1820	
中国矿业大学出版社	203	186		107	101		12322	11518		1640	1550	
南京师范大学出版社	273	197		462	358		51921	42741		4760	3860	
浙江人民出版社	287	251	12	392	262	83	32184	24333	1610	5346	4272	239
浙江教育出版社	557	259		4375	1421		215661	58633		21681	6158	
浙江科学技术出版社	301	162		410	138		32298	14614		5029	2784	
浙江少年儿童出版社	555	302		1806	864		61155	31670		9065	4521	
浙江文艺出版社	200	158		230	166		25653	16237		3337	2260	
浙江人民美术出版社	221	141		239	161		13635	9962		4504	3506	

	图			书			总			计		
	种　数（种）		租型种数（种）	总印数（万册、张）			总 印 张（千 印 张）			定价总金额（万元）		
	合 计	新 出		合　计	新　出	租　型	合　计	新　出	租　型	合　计	新　出	租　型
浙江摄影出版社	162	133		184	174		12370	11835		3341	3062	
浙江古籍出版社	140	82		258	169		16365	10262		2010	1292	
杭州出版社	76	55		52	39		5929	4580		885	733	
西泠出版社	88	79		65	61		6528	6307		1661	1584	
宁波出版社	126	81		175	88		20060	7178		2530	1143	
杭州大学出版社	47	47		18	18		2707	2707		353	353	
浙江大学出版社	306	135		538	216		38540	14584		3903	1623	
中国美术学院出版社	100	62		83	51		6184	4274		2020	1580	
安徽人民出版社	114	105	2	106	93	3	13331	11827	116	1935	1774	16
安徽教育出版社	990	198		14262	987		491489	28863		39779	4007	
安徽科学技术出版社	323	193		452	103		44007	9644		4801	1690	
安徽少年儿童出版社	269	116		5569	77		148041	3496		10840	631	
安徽文艺出版社	99	96		48	47		5918	5803		918	896	
安徽美术出版社	101	81		666	520		11074	6793		2821	2308	
黄山书社	116	106		567	559		19195	17953		3305	3161	
中国科学技术大学出版社	114	101		62	53		10123	8830		1112	991	
安徽大学出版社	119	107		101	87		9215	7830		1186	1019	
福建人民出版社	582	247		3331	846		93500	23711		10789	2649	
福建教育出版社	455	286		5049	2795		157901	102584		15986	9992	
福建科学技术出版社	302	149		298	135		22157	9794		3327	1604	
福建少年儿童出版社	298	143		696	190		22324	9301		2508	1164	
海峡文艺出版社	183	124		146	96		8918	6625		915	696	
福建美术出版社	151	149		65	65		5602	5570		3456	3446	
海潮摄影艺术出版社	104	104		93	93		9717	9717		6693	6693	
福建省地图出版社	61	52		107	83		3527	1867		986	817	
鹭江出版社	602	258		4055	2894		228600	165407		21583	15604	
厦门大学出版社	165	124		70	36		8621	4451		1265	815	
海风出版社	30	30		10	10		780	780		164	164	
江西人民出版社	155	114	7	548	50	14	22902	5329	271	2475	875	41
江西教育出版社	428	333		5344	3618		178083	102493		14890	9001	
江西科学技术出版社	231	170		666	318		35738	15923		3981	2033	
百花洲文艺出版社	118	89		358	55		21518	6090		1753	697	
二十一世纪出版社	297	148		1914	1128		33342	24367		7742	5260	
江西美术出版社	145	67		1866	1242		41360	26521		7712	5770	
江西高校出版社	182	112		219	103		14150	8780		1627	1001	
山东人民出版社	217	142	11	2607	399	24	66135	39663	645	6140	3379	85
山东教育出版社	644	218	19	7914	247	236	423598	20247	10815	31229	2168	828

	图			书			总			计		
	种数(种)		租型种数(种)	总印数(万册、张)			总印张(千印张)			定价总金额(万元)		
	合计	新出		合计	新出	租型	合计	新出	租型	合计	新出	租型
山东科学技术出版社	353	237		2257	156		106136	15283		9182	2458	
明天出版社	469	95		1685	236		71629	10536		7795	1589	
山东文艺出版社	150	101		191	42		10843	6374		1609	1101	
山东美术出版社	243	123		3971	506		86356	11405		13811	3288	
山东画报出版社	104	89		343	83		12114	4866		2905	1941	
山东省地图出版社	57	57		52	52		998	998		442	442	
山东友谊出版社	167	131		630	356		29267	20390		2859	2029	
齐鲁书社	75	49		86	34		6832	3147		863	530	
济南出版社	130	91		202	48		17327	6072		1923	1025	
泰山出版社	38	20		223	16		4725	1244		635	161	
青岛出版社	524	214	8	2299	340	6	69135	22439	130	8581	3478	18
山东大学出版社	176	138		119	65		13302	7856		1620	1041	
石油大学出版社	137	107		75	50		11390	7068		1236	825	
青岛海洋大学出版社	116	104		65	58		7795	6948		929	840	
黄河出版社	86	86		85	85		9293	9293		1454	1454	
河南人民出版社	255	189	8	803	357	13	27183	17542	302	4792	2510	41
河南科学技术出版社	267	162		851	401		42843	26345		5223	3228	
海燕出版社	544	138		8154	406		201057	9588		18409	1802	
河南文艺出版社	82	56		411	107		28485	11554		3451	1503	
河南美术出版社	119	75	50	364	43	225	7862	2335	4150	1917	1297	415
文心出版社	141	48		1057	72		44967	4390		3210	450	
中州古籍出版社	118	96		49	41		7542	5933		1252	1044	
中原农民出版社	201	113		299	101		18950	11247		2433	1609	
大象出版社	464	223		3418	1034		145528	51268		10029	3965	
黄河水利出版社	125	96		34	30		3817	3345		800	698	
河南大学出版社	171	111		219	67		17883	7909		1974	1088	
河南医科大学出版社	86	63		44	35		7598	6061		1086	899	
湖北人民出版社	401	316	9	417	183	10	35286	22280	244	4644	3580	32
湖北教育出版社	885	200		7217	1043		339240	41325		31261	5266	
湖北科学技术出版社	299	165		1302	100		43712	8904		5586	1882	
湖北少年儿童出版社	379	108		7781	409		191718	14328		17312	1771	
长江文艺出版社	217	147		1400	558		73443	29562		9861	4218	
湖北辞书出版社	73	38		75	42		8710	4910		918	520	
湖北美术出版社	229	129		2312	177		51377	6009		11328	2279	
武汉出版社	328	235		1641	722		76366	45733		7809	5168	
华中理工大学出版社	443	233		296	152		40207	19732		4370	2297	
华中师范大学出版社	314	112		647	109		52891	11933		4911	1341	

	图书总计											
	种数(种)		租型种数(种)	总印数(万册、张)			总印张(千印张)			定价总金额(万元)		
	合计	新出		合计	新出	租型	合计	新出	租型	合计	新出	租型
武汉测绘科技大学出版社	105	76		118	108		11653	10311		1070	930	
武汉大学出版社	315	150		264	87		39064	11647		3915	1290	
武汉工业大学出版社	192	119		135	77		19852	10040		2028	1132	
中国地质大学出版社	151	104		163	65		19717	6031		2167	765	
武汉水利电力大学出版社	38	31		15	12		2081	1864		282	260	
湖南出版社	328	258		264	181		31714	22113		3673	2744	
湖南教育出版社	664	197		8191	663		294227	35186		27081	2925	
湖南科学技术出版社	529	257		473	193		54086	22025		6485	3326	
湖南少年儿童出版社	325	190		2389	1247		63090	33587		6544	3279	
湖南文艺出版社	317	176		2461	185		92037	16892		12417	2467	
湖南美术出版社	250	141		4674	149		100942	12513		16659	5089	
湖南地图出版社	120	120		303	303		4930	4930		2227	2227	
岳麓书社	133	92		536	129		62263	15712		4251	1298	
湖南师范大学出版社	258	182		796	732		58359	50883		4133	3466	
中南工业大学出版社	160	80		75	30		9698	3833		1114	458	
湖南大学出版社	111	78		63	48		7171	5520		824	629	
国防科技大学出版社	121	86		47	34		6724	4813		813	586	
广东人民出版社	440	301	12	914	537	21	91271	35025	704	7440	5435	90
广东教育出版社	813	150		10043	759		402996	31408		40709	3905	
广东高等教育出版社	321	178		315	133		33446	14258		3695	2080	
广东科技出版社	253	116		223	91		23423	9448		4012	2047	
广东经济出版社	198	179		235	155		26698	21109		44173	43297	
广东省地图出版社	141	78		198	48		4737	2140		1887	1032	
广东旅游出版社	165	87		185	120		14710	9548		2851	2017	
岭南美术出版社	136	60		3134	218		53259	6127		10004	1615	
新世纪出版社	545	193	12	1693	306	358	54614	14222	6390	5996	1595	649
花城出版社	306	271		224	199		18116	16731		4249	3832	
海天出版社	276	276		180	177		18587	18315		3166	3130	
广州出版社	133	133		114	114		11018	11018		2997	2997	
珠海出版社	91	90		173	172		15448	15099		2355	2326	
华南理工大学出版社	193	92		114	53		11302	4743		1533	687	
汕头大学出版社	81	68		59	50		5369	4759		791	692	
中山大学出版社	240	128		127	59		16364	7877		2146	1101	
暨南大学出版社	145	95		96	61		13369	8990		1909	1314	
广西人民出版社	288	119	6	1260	157	5	50663	8126	99	5293	1128	13
广西教育出版社	470	181	31	2646	154	52	109522	11305	3277	11989	2606	331
广西科学技术出版社	451	283		1691	1376		73161	58872		8076	6654	

	图书总计											
	种数(种)		租型种数(种)	总印数(万册、张)			总印张(千印张)			定价总金额(万元)		
	合计	新出		合计	新出	租型	合计	新出	租型	合计	新出	租型
接力出版社	390	165		3500	952		105599	32371		11039	3146	
广西民族出版社	242	193		436	356		22887	17195		2585	2078	
广西美术出版社	346	177		2003	159		45377	10216		10745	4525	
漓江出版社	204	142	18	1667	459	1070	60566	29162	23349	7388	3745	2816
广西师范大学出版社	400	200		5367	1302		203962	54600		17807	5627	
海南出版社	364	186	1	845	280	10	86179	37073	901	11626	5957	70
南方出版社	202	123		218	114		19702	13013		3049	2345	
南海出版公司	214	166		155	103		21230	14505		3176	2797	
海南出版公司			200	1799		1799	93969		93969	11231		11231
重庆出版社	666	329	415	10595	1166	6237	455625	55334	306154	38777	5850	23746
西南师范大学出版社	441	189		1285	371		106680	50713		8281	4609	
重庆大学出版社	394	194		370	187		34525	17560		4020	2269	
四川人民出版社	433	355	7	628	272	10	41943	28551	207	6645	5363	29
四川教育出版社	745	168		6711	1196		293404	45033		24771	4045	
四川科学技术出版社	370	283		339	247		27657	20116		3302	2513	
四川少年儿童出版社	404	203		4512	3131		154939	128143		16183	11824	
四川文艺出版社	121	67		535	46		39798	5027		3465	722	
四川民族出版社	468	54	31	1261	44	3	64891	2184	123	5761	381	11
四川美术出版社	155	154		164	164		4400	4370		3890	3850	
四川辞书出版社	136	65		179	53		21464	6554		2782	1209	
天地出版社	144	131		340	196		20567	11511		2268	1545	
巴蜀书社	111	107		47	47		8588	8527		1486	1474	
成都地图出版社	152	66		358	102		7588	2057		2977	1106	
蜀蓉棋艺出版社	76	46		58	36		6060	3655		874	561	
成都科技大学出版社	125	83		55	34		7192	4310		928	564	
电子科技大学出版社	197	131		82	54		13171	8829		1579	1072	
四川大学出版社	70	27		33	8		4353	982		584	190	
西南财经大学出版社	241	147		158	92		18810	9865		3146	1894	
西南交通大学出版社	137	131		64	62		8589	8243		1281	1241	
贵州人民出版社	482	260	302	9983	184	6656	423674	16890	328464	31854	2860	22876
贵州教育出版社	287	133	12	2236	507	86	48998	12638	1804	4352	1402	212
贵州科学技术出版社	191	191		418	400		18327	17002		2039	1795	
贵州民族出版社	104	52		416	24		10572	2294		1069	426	
云南人民出版社	271	251	499	8676	152	8508	434378	17941	414119	34441	3446	30714
云南教育出版社	527	202	4	3595	995	10	118522	32030	174	13338	5132	49
云南科学技术出版社	173	173		235	235		22651	22651		2011	2011	
晨光出版社	509	115		3323	541		108354	21831		10163	1956	

	图书总计											
	种数(种)		租型种数(种)	总印数(万册、张)			总印张(千印张)			定价总金额(万元)		
	合计	新出		合计	新出	租型	合计	新出	租型	合计	新出	租型
德宏民族出版社	69	69		21	21		3259	3259		662	662	
云南美术出版社	186	143		218	69		5357	3005		1838	1475	
云南民族出版社	202	202		81	81		6847	6847		1475	1475	
云南大学出版社	130	130		39	39		4499	4499		1003	1003	
西藏人民出版社	343	59	168	492	65	72	24041	3845	4815	2614	468	458
陕西人民出版社	381	348	197	5729	1074	4519	331093	43874	282872	31491	6797	24174
陕西人民教育出版社	837	359	10	2112	564	22	73720	24116	298	8980	2886	41
陕西科学技术出版社	86	71	24	609	68	222	44353	4094	30759	4200	708	2117
未来出版社	583	139		3884	177		98781	9780		12923	1202	
太白文艺出版社	54	46		290	284		10179	9295		1359	1265	
陕西人民美术出版社	161	95		1610	1113		37979	24727		7284	5534	
陕西旅游出版社	25	25		22	22		1878	1878		457	457	
三秦出版社	77	49		119	99		5597	2560		703	415	
西安出版社	360	100		1261	200		41147	10077		4447	1316	
西安地图出版社	70	64		44	39		1660	1577		725	661	
陕西师范大学出版社	217	109		234	104		30605	13020		3102	1468	
西安电子科技大学出版社	232	132		146	81		25680	14179		2760	1607	
西安交通大学出版社	205	129		140	88		19410	11918		2085	1388	
西北大学出版社	58	58		15	15		2094	2094		333	333	
西北工业大学出版社	132	84		77	49		7959	4792		932	560	
甘肃人民出版社	174	163	356	5884	888	4990	275015	36204	238436	26321	4189	22085
甘肃教育出版社	232	79		332	44		13913	2364		1333	275	
甘肃科学技术出版社	46	35		20	14		1757	1345		260	211	
甘肃少年儿童出版社	293	204		1267	595		35594	19137		3730	1919	
甘肃文化出版社	102	102		31	31		2928	2928		695	695	
甘肃民族出版社	54	53		32	31		5140	5108		549	546	
甘肃人民美术出版社	40	40		15	15		1288	1288		795	795	
敦煌文艺出版社	20	19		7	6		1735	1564		132	114	
兰州大学出版社	83	79		62	49		4797	4485		744	705	
青海人民出版社	214	116	216	1018	228	667	63013	23051	36939	5827	2964	2571
青海民族出版社	233	46	125	108	18	35	5777	1686	1328	538	197	108
宁夏人民出版社	163	148	284	1196	51	1098	69609	5649	62151	6375	1105	5113
宁夏人民教育出版社	282	113		625	280		34108	17296		2601	1314	
宁夏少年儿童出版社	11	5		31	26		303	104		145	123	
新疆人民出版社	418	386		213	195		24099	22028		3852	3540	
新疆教育出版社	1064	160	398	5577	497	2318	273270	31418	113784	20847	2138	10006
新疆科技卫生出版社	270	139	13	424	58	11	17727	5699	1025	2058	851	93

	图书总计											
	种数(种)		租型种数(种)	总印数(万册、张)			总印张(千印张)			定价总金额(万元)		
	合计	新出		合计	新出	租型	合计	新出	租型	合计	新出	租型
新疆青少年出版社	533	422	3	494	397	1	63888	53812	50	8047	7135	11
新疆美术摄影出版社	258	158		756	325		34904	27168		12103	9843	
喀什维吾尔文出版社	65	64		43	42		4367	4340		646	643	
伊犁人民出版社	68	68		75	75		9349	9349		1823	1823	
新疆大学出版社	127	124		53	51		5285	4681		758	691	

全国各类少年儿童读物出版数量

	种数（种）		租型种数（种）	总印数（万册）			总印张（千印张）			定价总金额（万元）		
	合计	新出		合计	新出	租型	合计	新出	租型	合计	新出	租型
图书总计	**6111**	**3421**	**39**	**21508**	**5806**	**52**	**643858**	**264515**	**1528**	**116942**	**51237**	**166**
(一)使用《中国标准书号》部分合计	5971	3332	39	21280	5717	52	639431	263679	1528	115308	50368	166
A 马克思主义、列宁主义、毛泽东思想												
B 哲学	6	3		5	2		284	59		41	8	
C 社会科学总论	9	5		18	15		837	689		123	100	
D 政治、法律												
E 军事												
F 经济	1			1			31			5	1	
G 文化、科学、教育、体育	2995	1331	32	14605	3107	38	365278	113328	391	66612	24524	80
H 语言、文字	14	9		15	10		777	650		189	162	
I 文学	1501	1135	7	1863	1020	14	89580	59645	1137	14454	10116	86
J 艺术	1164	672		3899	949		108970	32323		23500	8212	
K 历史、地理	22	19		33	16		4077	1089		398	121	
N 自然科学总论	157	91		626	460		57145	48340		7690	6059	
O 数理科学、化学	3	2		3	2		264	204		27	21	
P 天文学、地球科学	11	8		8	7		668	558		84	69	
Q 生物科学	1	1		1	1		82	82		12	12	
R 医药、卫生	8	4		9	5		542	401		86	64	
S 农业科学	4	4		5	5		102	102		24	24	
T 工业技术	15	14		13	11		1167	1020		194	165	
U 交通运输												
V 航空、航天												
X 环境科学	9	7		95	78		3875	3245		369	303	
Z 综合性图书	51	27		81	29		5752	1944		1500	407	
(二)不使用《中国标准书号》部分——图片合计	59	23		140	25		3713	529		904	214	
其中：年画												
附录(不使用《中国标准书号》)合计							714	307		730	655	
1.国标(GB)、部标(BB)等标准类文件印品												
2.影印书												
3.活页文选、活页歌篇、小件印品等							714	307		730	655	

全国各地区少年儿童读物出版数量

	种数（种）		租型种数（种）	总印数（万册）			总印张（千印张）			定价总金额（万元）		
	合计	新出		合 计	新 出	租 型	合 计	新 出	租 型	合 计	新 出	租 型
全国总计	**6111**	**3421**	**39**	**21508**	**5806**	**52**	**643858**	**264515**	**1528**	**116942**	**51237**	**166**
中　　央	**996**	**676**		**3324**	**1437**		**133405**	**69001**		**26910**	**15564**	
地　　方	**5115**	**2745**	**39**	**18184**	**4369**	**52**	**510453**	**195514**	**1528**	**90032**	**35673**	**166**
北　　京	99	44		72	40		4902	2631		764	434	
天　　津	143	115		228	93		8387	3820		1580	735	
河　　北	214	161	11	1073	227	21	23414	8000	211	3693	1122	38
山　　西	165	105		363	117		8200	3831		1444	897	
内 蒙 古	109	87		430	133		14340	8547		3793	3050	
辽　　宁	200	176		187	141		8666	5602		1773	1311	
吉　　林	130	85	10	385	169	18	13830	6050	1147	2589	1562	90
黑 龙 江	88	42		203	33		3185	932		504	148	
上　　海	709	369		1764	871		100563	66926		15602	9608	
江　　苏	296	68		2720	193		71007	12612		12470	1385	
浙　　江	458	249		1378	704		67100	20479		10051	3599	
安　　徽	203	101		968	67		17126	2940		3379	572	
福　　建	195	107		1104	66		17585	3045		3706	613	
江　　西	173	119		387	140		5228	2716		2042	1169	
山　　东	224	102		574	186		18132	9846		2972	1626	
河　　南	156	60		1318	194		25665	3779		4539	818	
湖　　北	72	37		136	107		3650	1906		1024	605	
湖　　南	115	73		242	54		4808	1587		931	343	
广　　东	223	92		432	93		7888	2910		1345	463	
广　　西	159	115		153	104		5513	4248		1210	939	
海　　南	28	3		29	7		1277	194		257	101	
重　　庆	119	62		843	43		12796	775		2170	283	
四　　川	251	127		1217	321		22983	8286		4342	1572	
贵　　州	28	7	15	515	4	12	7236	76	120	942	15	27
云　　南	168	62		186	38		6049	1741		1051	294	
西　　藏												
陕　　西	258	96		1045	72		21060	3696		3884	674	
甘　　肃	32	6		134	71		2139	1384		385	249	
青　　海	6	5		2	1		120	84		16	12	
宁　　夏	4	4		24	24		60	60		115	115	
新　　疆	90	66	3	72	56	1	7544	6811	50	1459	1359	11
台　　湾												

全国各出版社少年儿童读物出版数量

中央出版社

	种数（种）		租型种数（种）	总印数（万册）			总印张（千印张）			定价总金额（万元）		
	合计	新出		合计	新出	租型	合计	新出	租型	合计	新出	租型
中　　　央	996	676		3324	1437		133405	69001		26910	15564	
其中：直属出版社	75	57		164	135		7396	6116		2017	1669	
人民音乐出版社	8	2		11	7		507	243		81	39	
中国大百科全书出版社	19	19		60	60		2251	2251		835	835	
现代出版社	6	6		4	4		721	721		120	120	
连环画出版社	34	24		64	41		2284	1364		573	279	
生活·读书·新知三联书店	8	6		25	23		1633	1537		408	396	
民族出版社	32	22		18	11		2128	1150		217	143	
中国青年出版社	2	2		1	1		92	92		13	13	
中国少年儿童出版社	229	154		708	509		38962	26107		7796	5235	
中国工人出版社	7	5		4	3		340	246		46	35	
中国电影出版社	31	31		39	39		1815	1815		604	604	
人民日报出版社	3	3		3	3		233	233		45	45	
人民教育出版社	17	14		15	14		512	497		135	132	
中国农业出版社	49	47		102	101		2422	2339		838	828	
中国轻工业出版社	1						10			2		
科学普及出版社	67	49		58	50		3287	2829		965	906	
人民邮电出版社	25	18		41	37		833	783		430	404	
海洋出版社	6	1		3	1		214	58		41	20	
地质出版社	1	1					9	9		2	2	
中国地图出版社	1			1			23			7		
国防工业出版社	35	13		709	115		20112	2033		3813	780	
外文出版社	66	49		107	87		3611	2725		1008	729	
语文出版社	14	10		15	10		1085	683		108	71	
教育科学出版社	46	8		752	24		19515	875		3338	196	
中国环境科学出版社	5	3		19	2		797	167		133	67	
北京师范大学出版社	24	10		33	8		2187	827		375	110	
宇航出版社	2	1		3	1		210	120		53	34	
作家出版社	13	12		32	31		2572	2336		514	480	
中国妇女出版社	22	17		15	12		1495	1367		205	190	
中国世界语出版社	2	2		2	2		238	238		37	37	
朝华出版社	13	13		11	11		410	410		277	277	
金盾出版社	84	40		300	118		9902	4910		1835	901	
中国和平出版社	59	39		106	62		5720	3834		944	688	
华夏出版社	21	18		29	21		2150	1801		321	260	
中国民族摄影艺术出版社	5	5		5	5		887	887		160	160	

	种数（种）		租型种数（种）	总印数（万册）			总印张（千印张）			定价总金额（万元）		
	合计	新出		合计	新出	租型	合计	新出	租型	合计	新出	租型
开明出版社	4	4		2	2		70	70		24	24	
大众文艺出版社	22	16		11	6		1281	603		192	115	
中国城市出版社	4	3		7	7		2021	1975		236	230	
中国三峡出版社	2	2		6	6		403	403		69	69	
五洲传播出版社	6	6		1	1		23	23				
中国税务出版社	1	1		2	2		440	440		110	110	

全国各出版社少年儿童读物出版数量

地方出版社

	种数(种)		租型种数(种)	总印数(万册)			总印张(千印张)			定价总金额(万元)		
	合计	新出		合计	新出	租型	合计	新出	租型	合计	新出	租型
地　　　方	5115	2745	39	18184	4369	52	510453	195514	1528	90032	35673	166
北京出版社	99	44		72	40		4902	2631		764	434	
天津教育出版社	26	8		149	21		5691	1205		1008	202	
天津科学技术出版社	13	7		8	3		147	101		52	34	
新蕾出版社	96	92		68	66		2440	2405		498	477	
天津科技翻译出版公司	8	8		3	3		109	109		22	22	
河北科学技术出版社	18	14	11	38	10	21	1204	636	211	298	69	38
河北少年儿童出版社	169	122		996	179		20642	5847		3175	841	
花山文艺出版社	7	7		7	7		579	579		89	89	
河北美术出版社	20	18		32	31		989	938		131	123	
山西教育出版社	17	16		7	6		600	480		76	61	
希望出版社	147	88		356	111		7577	3328		1365	833	
北岳文艺出版社	1	1					23	23		3	3	
内蒙古人民出版社	42	23		327	30		8716	2936		1199	457	
内蒙古教育出版社	18	15		8	8		88	75		10	9	
内蒙古科学技术出版社	1	1					191	191		29	29	
内蒙古少年儿童出版社	40	40		31	31		2162	2162		436	436	
远方出版社	8	8		64	64		3183	3183		2119	2119	
辽宁教育出版社	3			4			440			38		
辽宁少年儿童出版社	39	32		22	17		1535	1393		428	399	
春风文艺出版社	104	104		82	82		3034	3034		504	504	
辽宁美术出版社	39	25		71	34		3507	1025		669	274	
辽宁画报出版社	15	15		8	8		150	150		134	134	
延边教育出版社	12	12		8	8		168	168		55	55	
北方妇女儿童出版社	34	20	10	62	30	18	4854	1944	1147	514	213	90
吉林美术出版社	49	19		202	19		5714	904		1199	479	
延边人民出版社	25	24		103	102		2455	2395		638	632	
东北师范大学出版社	10	10		10	10		639	639		183	183	
黑龙江少年儿童出版社	58	17		138	19		1991	514		310	78	
黑龙江朝鲜民族出版社	2	2		1	1		132	132		14	14	
黑龙江美术出版社	28	23		64	13		1062	286		180	56	
上海教育出版社	15			26			380			72		
上海科技教育出版社	73	35		404	47		5058	835		1020	195	
少年儿童出版社	483	278		1171	773		88972	64109		13377	8983	
上海文艺出版社	2	2		1	1		40	40		23	23	

	种数（种）		租型种数（种）	总印数（万册）			总印张（千印张）			定价总金额（万元）		
	合计	新出		合计	新出	租型	合计	新出	租型	合计	新出	租型
上海辞书出版社	2	2		2	2		95	95		13	13	
上海人民美术出版社	52	27		61	26		1630	829		391	214	
上海译文出版社	3			3			440			33		
上海书画出版社	43	8		18	7		673	163		186	73	
上海远东出版社	30	17		42	15		1672	855		245	107	
上海外语教育出版社	6			36			1603			242		
江苏教育出版社	64	21		449	31		9117	2196		1301	239	
江苏少年儿童出版社	215	47		2164	162		59846	10416		10865	1146	
江苏美术出版社	13			104			1985			292		
南京师范大学出版社	4			3			59			12		
浙江教育出版社	99	44		398	97		32825	2490		3833	521	
浙江科学技术出版社	20			16			1405			196		
浙江少年儿童出版社	316	190		935	590		30999	17280		5730	2960	
浙江人民美术出版社	15	7		18	6		1563	401		244	70	
中国美术学院出版社	8	8		11	11		308	308		48	48	
安徽教育出版社	67	4		853	1		12893	38		2567	5	
安徽少年儿童出版社	126	91		104	63		3994	2772		748	545	
安徽文艺出版社	7	6		3	3		167	130		30	22	
安徽美术出版社	3			8			72			34		
福建人民出版社	56	1		970	1		12297	95		2813	14	
福建教育出版社	7	7		10	10		314	314		39	39	
福建少年儿童出版社	116	86		75	47		4161	2357		701	488	
海峡文艺出版社	1	1		1	1		65	65		4	4	
海潮摄影艺术出版社	2	2		2	2		25	25		10	10	
鹭江出版社	13	10		46	5		723	189		139	58	
二十一世纪出版社	173	119		387	140		5228	2716		2042	1169	
山东教育出版社	8	7		3	2		472	322		51	39	
明天出版社	147	55		363	61		11329	4845		2014	968	
山东美术出版社	2	2		1	1		15	15		4	4	
济南出版社	1						3			1		
青岛出版社	66	38		207	122		6313	4664		902	615	
海燕出版社	155	59		1316	192		25557	3671		4528	807	
中州古籍出版社	1	1		2	2		108	108		11	11	
湖北少年儿童出版社	61	37		132	107		3290	1906		958	605	
湖北美术出版社	11			4			360			66		
湖南教育出版社	5			7			136			22		
湖南少年儿童出版社	110	73		235	54		4672	1587		909	343	

	种 数（种）		租型种数（种）	总 印 数（万册）			总 印 张（千印张）			定价总金额（万元）		
	合计	新出		合 计	新 出	租 型	合 计	新 出	租 型	合 计	新 出	租 型
广东人民出版社	19			17			200			62		
广东教育出版社	34	20		26	16		1381	1111		170	125	
广东高等教育出版社	6	6		6	6		360	360		24	24	
广东省地图出版社	2	2		3	3		26	26		10	10	
岭南美术出版社	8			12			120			60		
新世纪出版社	152	62		366	66		5779	1391		1008	293	
广州出版社	2	2		2	2		22	22		11	11	
广西教育出版社	26	20		25	19		909	849		290	284	
广西科学技术出版社	18	14		9	8		645	550		87	77	
接力出版社	110	78		112	71		3774	2677		767	516	
广西美术出版社	4	2		6	5		153	140		45	41	
漓江出版社	1	1		1	1		32	32		21	21	
海南出版社	6	1		16	2		428	24		82	10	
南方出版社	1	1		3	3		130	130		83	83	
南海出版公司	21	1		10	2		719	40		92	8	
重庆出版社	119	62		843	43		12796	775		2170	283	
四川人民出版社	5	1		9	5		517	205		68	28	
四川科学技术出版社	2			2			219			22		
四川少年儿童出版社	199	88		1155	283		18858	5384		3660	1045	
四川文艺出版社	3	1		1			95	28		12	4	
四川民族出版社	6	1		18	1		669	44		95	10	
天地出版社	36	36		32	32		2625	2625		485	485	
贵州人民出版社	28	7	15	515	4	12	7236	76	120	942	15	27
晨光出版社	168	62		186	38		6049	1741		1051	294	
陕西人民教育出版社	7	2		8	2		395	245		49	26	
未来出版社	234	88		1030	67		20332	3179		3761	584	
陕西人民美术出版社	17	6		7	3		333	272		74	64	
甘肃少年儿童出版社	32	6		134	71		2139	1384		385	249	
青海人民出版社	6	5		2	1		120	84		16	12	
宁夏少年儿童出版社	4	4		24	24		60	60		115	115	
新疆青少年出版社	90	66	3	72	56	1	7544	6811	50	1459	1359	11

全国课本出版数量

	种数（种）		租型种数（种）	总印数（万册）		总印张（千印张）		定价总金额（万元）	
	合计	新出		合计	租型	合计	租型	合计	租型
课本合计	20755	5845	9597	380807	220722	19077459	12369445	1715006	997653
(1) 大专及大专以上课本	7715	2930		9841		1409241		151437	
(2) 中专、技校课本	2666	792		6914		848259		74862	
(3) 中学课本	3158	541	4109	141677	95551	9274111	7411777	654816	480682
(4) 小学课本	4130	894	4174	215157	121990	7029168	4711763	793394	501846
(5) 业余教育课本	255	111	39	618	126	53646	4799	5239	401
(6) 扫盲课本									
(7) 教学用书	2831	577	1275	6600	3055	463034	241106	35258	14724

全国课本出版数量与去年相比增减百分比

	种数		租型种数	总印数		总印张		定价总金额	
	合计	新出		合计	租型	合计	租型	合计	租型
课本合计	2.18	2.24	14.32	3.34	6.63	4.24	6.53	5.63	6.67
(1) 大专及大专以上课本	2.47	0.93		0.33		−3.12		4.26	
(2) 中专、技校课本	−4.99	11.71	−100.00	−11.95	−100.00	−8.29	−100.00	−8.50	−100.00
(3) 中学课本	20.12	18.90	19.17	17.20	21.87	11.11	11.41	13.84	13.32
(4) 小学课本	15.85	48.75	15.43	−3.05	−2.22	1.73	1.00	3.22	1.71
(5) 业余教育课本	−51.98	−56.64	77.27	−30.41	157.14	−62.14	39.42	−63.51	49.63
(6) 扫盲课本									
(7) 教学用书	−12.97	−27.24	−2.45	−7.67	−19.46	−11.75	−16.83	−8.03	−15.07

课本出版数量

中央出版社

	种数(种)		租型种数(种)	总印数(万册)		总印张(千印张)		定价总金额(万元)	
	合计	新出		合计	租型	合计	租型	合计	租型
课本合计	7878	1896		40860		2273032		245485	
(1) 大专及大专以上课本	3898	1128		4987		800783		87843	
(2) 中专、技校课本	2006	528		6063		746362		65530	
(3) 中学课本	692	76		18481		436592		54304	
(4) 小学课本	526	59		10549		233161		32223	
(5) 业余教育课本	107	43		146		18650		2256	
(6) 扫盲课本									
(7) 教学用书	649	62		634		37484		3329	

课本出版数量与去年相比增减百分比

中央出版社

	种数		租型种数	总印数		总印张		定价总金额	
	合计	新出		合计	租型	合计	租型	合计	租型
课本合计	-3.79	-14.75		0.14		-6.41		-2.61	
(1) 大专及大专以上课本	1.30	2.45		-5.06		-1.85		5.26	
(2) 中专、技校课本	-6.39	1.93		-11.28		-8.07		-8.73	
(3) 中学课本	23.79	-24.75		0.49		-4.84		-0.39	
(4) 小学课本	17.94	-41.58		16.36		24.71		18.64	
(5) 业余教育课本	-72.84	-75.98		-72.56		-79.70		-75.02	
(6) 扫盲课本									
(7) 教学用书	-18.67	-72.32		-13.03		-40.87		-45.52	

课本出版数量

地方出版社

	种数(种)		租型种数(种)	总印数(万册)		总印张(千印张)		定价总金额(万元)	
	合计	新出		合计	租型	合计	租型	合计	租型
课本合计	12877	3949	9597	339947	220722	16804427	12369445	1469521	997653
(1) 大专及大专以上课本	3817	1802		4854		608458		63594	
(2) 中专、技校课本	660	264		851		101897		9332	
(3) 中学课本	2466	465	4109	123196	95551	8837519	7411777	600512	480682
(4) 小学课本	3604	835	4174	204608	121990	6796007	4711763	761171	501846
(5) 业余教育课本	148	68	39	472	126	34996	4799	2983	401
(6) 扫盲课本									
(7) 教学用书	2182	515	1275	5966	3055	425550	241106	31929	14724

课本出版数量与去年相比增减百分比

地方出版社

	种数		租型	总印数		总印张		定价总金额	
	合计	新出	种数	合计	租型	合计	租型	合计	租型
课本合计	6.20	13.05	14.32	3.74	6.63	5.87	6.53	7.14	6.67
(1) 大专及大专以上课本	3.69			6.54		−4.73		2.91	
(2) 中专、技校课本	−0.45	38.22	−100.00	−16.40	−100.00	−9.91	−100.00	−6.81	−100.00
(3) 中学课本	19.13	31.36	19.17	20.20	21.87	12.04	11.41	15.33	13.32
(4) 小学课本	15.55	67.00	15.43	−3.88	−2.22	1.09	1.00	2.65	1.71
(5) 业余教育课本	8.03	−11.69	77.27	32.58	157.14	−29.79	39.42	−43.99	49.63
(6) 扫盲课本									
(7) 教学用书	−11.12	−9.49	−2.45	−7.06	−19.46	−7.75	−16.83	−0.92	−15.07

全国各地区课本出版总量

	课本合计								
	种数(种)		租型种数(种)	总印数(万册)		总印张(千印张)		定价总金额(万元)	
	合计	新出		合计	租型	合计	租型	合计	租型
全国总计	**20755**	**5845**	**9597**	**380807**	**220722**	**19077459**	**12369445**	**1715006**	**997653**
中央	**7878**	**1896**		**40860**		**2273032**		**245485**	
地方	**12877**	**3949**	**9597**	**339947**	**220722**	**16804427**	**12369445**	**1469521**	**997653**
北京	306	112	154	2792	1334	148327	79577	16205	7776
天津	660	237	187	3775	1453	260056	119869	24666	10950
河北	413	163	439	22986	13636	1017282	770160	83523	53763
山西	146	22	379	8498	7258	455809	423208	42315	38525
内蒙古	498	105	388	6204	4884	322411	265698	25794	21529
辽宁	820	279	457	11380	6211	530864	373264	53007	31650
吉林	771	140	284	6027	2571	315701	158757	25000	11392
黑龙江	220	76	399	8583	5458	429897	355151	34940	23486
上海	1975	575	19	9096	26	600485	3067	55088	217
江苏	860	554	320	18681	9377	978184	587364	90664	48011
浙江	502	55	93	11332	1237	565774	114819	55295	7817
安徽	222	102	283	18533	12884	783970	654944	72886	59696
福建	232	87	243	10813	7716	534823	449499	47543	38472
江西	23	11	392	11038	9617	575836	544569	48827	43616
山东	369	85	441	28450	18973	1312135	1033953	110144	84772
河南	202	74	414	25704	22902	1252780	1137892	102541	91020
湖北	674	202	456	18622	10087	922986	625341	84532	47686
湖南	386	87	209	21166	10496	961649	615562	80486	45496
广东	374	91	212	16611	12098	890285	756715	81885	61997
广西	221	30	379	15631	9659	694183	554643	61845	45595
海南			201	1809	1809	94870	94870	11301	11301
重庆	462	182	412	6885	6234	374116	306047	29393	23733
四川	754	224	438	16615	14335	890475	789813	69878	60068
贵州	54	21	253	7024	6494	331316	321749	23416	22376
云南	50		492	9232	8374	448244	410005	33589	30340
西藏	306	24	161	473	69	22165	4554	2360	421
陕西	365	220	252	9485	6753	462166	374442	49685	36870
甘肃	69	57	353	5911	4921	275384	237826	25592	21981
青海	169	3	339	759	701	40998	38223	2914	2674
宁夏			280	1094	1094	62063	62063	5099	5099
新疆	774	131	268	4738	2061	249193	105801	19108	9324
台湾									

各地区、各类课本出版数量

	大专及大专以上课本								
	种数(种)		租型种数(种)	总印数(万册)		总印张(千印张)		定价总金额(万元)	
	合计	新出		合计	租型	合计	租型	合计	租型
全国总计	**7715**	**2930**		**9841**		**1409241**		**151437**	
中央	**3898**	**1128**		**4987**		**800783**		**87843**	
地方	**3817**	**1802**		**4854**		**608458**		**63594**	
北京	93	65		58		7439		992	
天津	322	166		199		27425		3607	
河北	1	1				669		104	
山西									
内蒙古	38	24		461		11056		1370	
辽宁	258	151		196		25065		3174	
吉林	15	8		10		1063		123	
黑龙江	13	11		3		390		49	
上海	897	290		2444		321745		29476	
江苏	586	324		398		57858		6637	
浙江	68	22		40		6075		669	
安徽	89	78		87		9215		1042	
福建	41	26		20		2596		287	
江西									
山东	67	47		33		5313		550	
河南	27	21		13		1627		206	
湖北	285	90		308		47225		4681	
湖南	76	44		29		4707		562	
广东	195	68		108		15614		2015	
广西	3	1		4		648		49	
海南									
重庆	313	125		206		26937		3947	
四川	257	145		128		19231		2331	
贵州	10	6		11		1386		165	
云南									
西藏									
陕西	163	89		98		15174		1558	
甘肃									
青海									
宁夏									
新疆									
台湾									

各地区、各类课本出版数量

	中专、技校课本								
	种数(种)		租型种数(种)	总印数(万册)		总印张(千印张)		定价总金额(万元)	
	合计	新出		合计	租型	合计	租型	合计	租型
全国总计	**2666**	**792**		**6914**		**848259**		**74862**	
中央	**2006**	**528**		**6063**		**746362**		**65530**	
地方	**660**	**264**		**851**		**101897**		**9332**	
北京									
天津	55	35		116		14084		1408	
河北	16	10		44		4797		421	
山西									
内蒙古	31	15		5		485		36	
辽宁	31	6		39		3940		507	
吉林	8	2				69		6	
黑龙江	1					40		3	
上海	91	35		178		16667		1618	
江苏	44	33		46		5032		570	
浙江	7	2		34		6080		510	
安徽	4	2		10		1229		114	
福建	9	8		5		945		111	
江西									
山东	35	2		56		9756		748	
河南	2	2		1		193		28	
湖北	51	20		73		12141		917	
湖南	84	18		144		13541		981	
广东	10	7		23		2621		346	
广西	2	2		3		353		24	
海南									
重庆	22	18		13		1572		164	
四川	82	36		34		4653		534	
贵州	4	4		4		241		29	
云南									
西藏									
陕西	10	6		6		1109		103	
甘肃									
青海	7					25		2	
宁夏									
新疆	54	1		17		2324		152	
台湾									

各地区、各类课本出版数量

	中学课本								
	种数(种)		租型种数(种)	总印数(万册)		总印张(千印张)		定价总金额(万元)	
	合计	新出		合计	租型	合计	租型	合计	租型
全国总计	**3158**	**541**	**4109**	**141677**	**95551**	**9274111**	**7411777**	**654816**	**480682**
中央	**692**	**76**		**18481**		**436592**		**54304**	
地方	**2466**	**465**	**4109**	**123196**	**95551**	**8837519**	**7411777**	**600512**	**480682**
北京	64	30	99	1469	1047	96937	70876	9092	6548
天津	128	10	101	1567	727	127367	76215	9860	6228
河北	59	13	195	7682	6338	522673	462429	33666	28533
山西	34	3	161	3181	2866	276474	259939	21254	19889
内蒙古	141	13	170	2309	2058	181204	160498	10343	9311
辽宁	95	20	189	3713	2895	270090	235724	19046	15604
吉林	183	29	110	2018	1349	149132	102620	9209	6305
黑龙江	55	31	157	3453	2781	246626	221551	15644	12038
上海	382	76	11	2302	5	129992	481	10596	33
江苏	44	38	110	6820	4616	480963	357688	32933	23259
浙江	105	18	61	4998	1004	334958	96976	29578	6289
安徽	40	7	111	6520	5490	433180	394296	28400	25962
福建	56	22	97	4298	3558	314576	276947	23362	20061
江西	11	3	147	4209	3798	340599	329130	23533	22058
山东	55	12	241	11513	9722	815419	686157	49902	42365
河南	23	3	130	8750	7858	609676	577868	37182	33624
湖北	54	14	240	6497	5327	462679	410262	31041	25778
湖南	87	12	83	7620	4502	519492	384612	32888	22219
广东	39	5	88	6547	5523	489381	454213	33208	28911
广西	71	1	126	5326	4228	365352	333832	27426	23913
海南			110	681	681	51185	51185	5394	5394
重庆	31	5	168	2397	2329	169986	165172	10615	10199
四川	136	8	158	6303	5502	489043	446979	30929	28046
贵州	6	5	96	2111	2015	160673	158957	8741	8585
云南			200	2635	2635	195645	195645	12882	12882
西藏	91	4	111	91	48	6872	3836	598	334
陕西	52	20	111	3839	3178	262916	243000	19798	17126
甘肃	14	9	142	2031	1873	142189	130561	12209	11231
青海	87		141	307	296	24083	23200	1411	1356
宁夏			117	492	492	38620	38620	2647	2647
新疆	323	54	128	1517	810	129537	62308	7125	3954
台湾									

各地区、各类课本出版数量

	小		学			课		本	
	种数(种)		租型种数(种)	总印数(万册)		总印张(千印张)		定价总金额(万元)	
	合计	新出		合计	租型	合计	租型	合计	租型
全国总计	**4130**	**894**	**4174**	**215157**	**121990**	**7029168**	**4711763**	**793394**	**501846**
中央	**526**	**59**		**10549**		**233161**		**32223**	
地方	**3604**	**835**	**4174**	**204608**	**121990**	**6796007**	**4711763**	**761171**	**501846**
北京	96	11	46	1203	259	39819	6447	5765	1066
天津	101	9	47	1816	667	80907	35176	8509	4192
河北	228	95	182	14996	7179	471697	298676	48255	24793
山西	112	19	170	5254	4329	173092	157026	20677	18252
内蒙古	113	16	141	3152	2639	114185	95958	13030	11577
辽宁	411	94	198	7244	3204	217978	126857	29192	15439
吉林	226	33	130	3370	1145	107985	48169	10924	4608
黑龙江	106	21	151	5023	2592	173969	125398	18775	11038
上海	220	48	1	3489		79739	3	8625	
江苏	127	100	82	10265	3664	361989	162398	45365	19929
浙江	152	12	17	6113	193	208608	13560	23918	1264
安徽	66	15	154	11848	7337	335037	256021	42996	33456
福建	100	18	124	6420	4106	212078	168979	23429	18181
江西	12	8	197	6739	5729	226998	207200	24791	21055
山东	119	4	168	16564	9152	461945	339026	57093	41884
河南	67	33	195	16809	14946	631670	553430	64510	56988
湖北	215	59	185	11629	4693	389152	207032	47089	21419
湖南	75	9	91	13206	5851	411321	219755	45263	22610
广东	69	11	96	9768	6437	368021	289416	45409	32325
广西	95	17	211	10209	5363	320598	214079	33886	21272
海南			91	1128	1128	43685	43685	5907	5907
重庆	2	1	203	4036	3805	161853	134833	13573	13235
四川	226	18	219	10002	8723	365524	334417	35274	31603
贵州	13	6	115	4784	4385	159781	155125	13955	13392
云南			236	5662	5662	206963	206963	17134	17134
西藏	154	19	47	372	21	14665	714	1712	87
陕西	54	44	43	5415	3509	171581	126799	27263	19498
甘肃	42	37	152	3846	3017	128612	102926	13130	10518
青海	55	3	179	447	402	16559	14759	1477	1302
宁夏			163	602	602	23443	23443	2452	2452
新疆	348	75	140	3197	1251	116553	43493	11793	5370
台湾									

各地区、各类课本出版数量

	业余教育课本								
	种数(种)		租型种数(种)	总印数(万册)		总印张(千印张)		定价总金额(万元)	
	合计	新出		合计	租型	合计	租型	合计	租型
全国总计	**255**	**111**	**39**	**618**	**126**	**53646**	**4799**	**5239**	**401**
中央	**107**	**43**		**146**		**18650**		**2256**	
地方	**148**	**68**	**39**	**472**	**126**	**34996**	**4799**	**2983**	**401**
北京									
天津									
河北	15	4		128		7336		548	
山西									
内蒙古	42	21	38	196	126	9150	4798	677	401
辽宁									
吉林									
黑龙江									
上海	57	27		115		14234		1226	
江苏	1	1		1		90		10	
浙江									
安徽									
福建	3	1		4		334		66	
江西									
山东	6	6		5		942		105	
河南	2			1		95		10	
湖北	11			5		703		84	
湖南									
广东									
广西									
海南									
重庆	3			2		204		22	
四川	8	8	1	15		1908	1	235	
贵州									
云南									
西藏									
陕西									
甘肃									
青海									
宁夏									
新疆									
台湾									

各地区、各类课本出版数量

	教			学		用		书	
	种 数(种)		租型种数(种)	总印数(万册)		总印张(千印张)		定价总金额(万元)	
	合计	新出		合计	租型	合计	租型	合计	租型
全国总计	**2831**	**577**	**1275**	**6600**	**3055**	**463034**	**241106**	**35258**	**14724**
中　　央	**649**	**62**		**634**		**37484**		**3329**	
地　　方	**2182**	**515**	**1275**	**5966**	**3055**	**425550**	**241106**	**31929**	**14724**
北　　京	53	6	9	62	28	4132	2254	356	162
天　　津	54	17	39	77	59	10273	8478	1282	530
河　　北	94	40	62	136	119	10110	9055	529	437
山　　西			48	63	63	6243	6243	384	384
内 蒙 古	133	16	39	81	61	6331	4444	338	240
辽　　宁	25	8	70	188	112	13791	10683	1088	607
吉　　林	339	68	44	629	77	57452	7968	4738	479
黑 龙 江	45	13	91	104	85	8872	8202	469	410
上　　海	328	99	7	568	21	38108	2583	3547	184
江　　苏	58	58	128	1151	1097	72252	67278	5149	4823
浙　　江	170	1	15	147	40	10053	4283	620	264
安　　徽	23		18	68	57	5309	4627	334	278
福　　建	23	12	22	66	52	4294	3573	288	230
江　　西			48	90	90	8239	8239	503	503
山　　东	87	14	32	279	99	18760	8770	1746	523
河　　南	81	15	89	130	98	9519	6594	605	408
湖　　北	58	19	31	110	67	11086	8047	720	489
湖　　南	64	4	35	167	143	12588	11195	792	667
广　　东	61		28	165	138	14648	13086	907	761
广　　西	50	9	42	89	68	7232	6732	460	410
海　　南									
重　　庆	91	33	41	231	100	13564	6042	1072	299
四　　川	45	9	60	133	110	10116	8416	575	419
贵　　州	21		42	114	94	9235	7667	526	399
云　　南	50		56	935	77	45636	7397	3573	324
西　　藏	61	1	3	10		628	4	50	
陕　　西	86	61	98	127	66	11386	4643	963	246
甘　　肃	13	11	59	34	31	4583	4339	253	232
青　　海	20		19	5	3	331	264	24	16
宁　　夏									
新　　疆	49	1		7		779		38	
台　　湾									

全国课本出版数量

中央出版社

	课本合计								
	种数（种）		租型种数（种）	总印数（万册）		总印张（千印张）		定价总金额（万元）	
	合计	新出		合计	租型	合计	租型	合计	租型
中央合计:	**7878**	**1896**		**40860**		**2273032**		**245485**	
其中：直属出版社	**146**	**28**		**731**		**25028**		**3392**	
人民美术出版社	18			226		5031		1022	
人民音乐出版社	104	8		495		18873		2159	
印刷工业出版社	7	6		4		634		102	
商务印书馆国际有限公司	17	14		6		490		109	
中国财政经济出版社	74	11		77		9535		1051	
人民体育出版社	74	11		123		12740		1314	
群众出版社	42	6		41		5396		577	
北京大学出版社	260	86		536		61767		6887	
中国人民大学出版社	71	36		204		29756		3507	
外语教学与研究出版社	133	35		553		92676		10025	
人民教育出版社	1416	83		4783		462537		35939	
中国农业出版社	411	55		344		43402		4412	
中国轻工业出版社	96	50		32		5450		873	
中国纺织出版社	72	26		33		3922		635	
煤炭工业出版社	48	5		15		2261		271	
石油工业出版社	20	12		4		749		91	
中国水利水电出版社	70	18		26		3978		393	
原子能出版社	3	3				30		2	
科学普及出版社	12	12		30		2238		251	
机械工业出版社	330	120		221		34140		4405	
冶金工业出版社	72	23		20		3536		483	
化学工业出版社	153	74		97		13456		1583	
中国建筑工业出版社	227	57		184		32168		3597	
中国铁道出版社	89	49		42		6060		777	
人民交通出版社	130	43		109		14795		1917	
人民邮电出版社	17	10		7		916		132	
地质出版社	54	9		1199		39791		5011	
中国地图出版社	204	8		24607		443739		63246	
人民卫生出版社	209	51		793		149463		13708	
法律出版社	86	52		105		17193		2081	
中国林业出版社	104	19		44		7263		725	
教育科学出版社	36	7		270		19144		1464	

	课本合计								
	种数(种)		租型种数(种)	总印数(万册)		总印张(千印张)		定价总金额(万元)	
	合计	新出		合计	租型	合计	租型	合计	租型
清华大学出版社	261	83		398		78815		8615	
中国商业出版社	267	105		173		19313		2221	
中国劳动社会保障出版社	150	30		144		15687		1814	
北京师范大学出版社	178	83		1041		94749		8981	
中国金融出版社	39	12		25		3450		459	
电子工业出版社	184	66		343		48318		5395	
中央广播电视大学出版社	444	111		722		98759		12870	
经济科学出版社	7	1		33		3723		426	
高等教育出版社	871	1		1950		249964		21499	
对外经济贸易大学出版社	52	23		40		6373		790	
中国石化出版社	15	3		4		799		94	
中央民族大学出版社	16	8		6		801		114	
北京语言学院出版社	78	45		64		7024		2008	
中国政法大学出版社	144	52		227		39913		3939	
中国人民公安大学出版社	72	27		91		12228		1366	
北京理工大学出版社	51	29		19		3353		406	
航空工业出版社	12	12		4		616		91	
北京体育大学出版社	2	2		1		131		14	
中国和平出版社	11			28		2475		279	
中国医药科技出版社	59	38		35		6246		837	
中国计划出版社	1			1		54		8	
北京邮电大学出版社	31	19		9		1699		217	
旅游教育出版社	56	33		83		8622		1053	
开明出版社	21	10		48		4802		403	
北京医科大学出版社	39	15		40		6723		889	
警官教育出版社	37	18		14		2098		272	
中国中医药出版社	1					40		4	
中国税务出版社	12	11		36		5100		748	
中国电力出版社	108	60		51		8028		924	

全国课本出版数量

地方出版社

	课			本		合		计	
	种数(种)		租型种数(种)	总印数(万册)		总印张(千印张)		定价总金额(万元)	
	合计	新出		合计	租型	合计	租型	合计	租型
地方合计:	**12877**	**3949**	**9597**	**339947**	**220722**	**16804427**	**12369445**	**1469521**	**997653**
北京出版社	183	33	154	2580	1334	132156	79577	14352	7776
北京工业大学出版社	48	40		19		2489		394	
首都经济贸易大学出版社	38	20		32		4215		526	
首都师范大学出版社	37	19		161		9467		933	
天津教育出版社	260	19	4	2032	36	97820	602	8062	86
天津科学技术出版社	13			8		1535		148	
南开大学出版社	202	110		142		19604		2689	
天津大学出版社	185	108		176		21830		2903	
河北人民出版社	33	33		1774		42959		4754	
河北教育出版社	228	71		1310		50625		4094	
河北科学技术出版社	15	4		776		19554		2173	
河北少年儿童出版社	75	7		3363		90729		13070	
花山文艺出版社	5	5	2	65	54	3587	3411	275	253
河北美术出版社	49	43		1856		37708		5182	
河北大学出版社	8			260		5371		465	
山西人民出版社	14		379	7274	7258	423677	423208	38587	38525
山西教育出版社	89	22		184		12455		906	
山西科学技术出版社	43			1040		19677		2822	
内蒙古人民出版社	4	1		6		461		25	
内蒙古教育出版社	456	80	388	5735	4884	310806	265698	24377	21529
远方出版社	1	1		2		109		24	
内蒙古大学出版社	37	23		461		11035		1368	
辽宁人民出版社	18	3		183		3742		519	
辽宁教育出版社	120	44		1365		39759		5755	
辽宁少年儿童出版社	34	7		68		975		98	
辽宁美术出版社	2			14		275		64	
辽宁民族出版社	5	5		12		162		18	
辽海出版社	324	64	457	9470	6211	457662	373264	43005	31650
沈阳出版社	28			30		780		71	
东北财经大学出版社	185	80		183		22463		2829	
东北大学出版社	43	28		14		2258		277	
辽宁大学出版社	16	9		29		1111		110	
大连海事大学出版社	43	37		11		1579		250	

	课本合计								
	种数(种)		租型种数(种)	总印数(万册)		总印张(千印张)		定价总金额(万元)	
	合计	新出		合计	租型	合计	租型	合计	租型
大连理工大学出版社	2	2		1		98		11	
吉林教育出版社	28			670		27209		2280	
吉林科学技术出版社	52	3		239		7295		559	
延边教育出版社	555	131		881		73736		5704	
北方妇女儿童出版社	35			409		12965		1286	
吉林文史出版社	18			215		8174		1032	
吉林美术出版社	63			902		22760		2378	
吉林摄影出版社	1					6			
时代文艺出版社	12			139		4611		340	
延边大学出版社	7	6		1		188		29	
黑龙江教育出版社	167	56		2282		60464		8261	
黑龙江美术出版社	40	10		841		13963		3151	
东北林业大学出版社	13	10		2		319		42	
上海人民出版社	12			43		6573		498	
上海教育出版社	612	117	19	3574	26	145109	3067	12534	217
上海科学技术出版社	190	8		408		47420		4098	
上海科技教育出版社	31			243		7526		1047	
上海文艺出版社	36	5		164		8119		867	
上海人民美术出版社	1			4		136		19	
上海古籍出版社	18			44		6040		403	
上海译文出版社	50			18		1863		120	
上海书画出版社	82	55		1747		37785		3814	
立信会计出版社	43	8		66		8553		1203	
上海远东出版社	13	13		3		338		47	
上海三联书店	12	4		8		1513		139	
复旦大学出版社	95	44		87		14081		1698	
华东理工大学出版社	121	53		73		9946		1216	
华东师范大学出版社	184	56		511		49931		4676	
上海交通大学出版社	100	52		45		5673		736	
上海外语教育出版社	172	31		1948		234397		19971	
上海医科大学出版社	1					14		2	
同济大学出版社	82	50		43		6944		868	
中国纺织大学出版社	23	16		8		932		168	
上海财经大学出版社	58	25		33		4895		615	
上海大学出版社	39	38		26		2697		349	
江苏少年儿童出版社	21	4		1380		50418		6184	
东南大学出版社	143	49		73		12106		1419	

	课			本		合		计	
	种数(种)		租型种数(种)	总印数(万册)		总印张(千印张)		定价总金额(万元)	
	合计	新出		合计	租型	合计	租型	合计	租型
河海大学出版社	78	48		62		7545		878	
南京大学出版社	186	93		112		17465		1970	
苏州大学出版社	98	51		128		14961		1642	
中国矿业大学出版社	106	93		52		7070		898	
南京师范大学出版社	47	35		32		4317		486	
浙江教育出版社	49	31		312		14200		1538	
浙江科学技术出版社	23	2		176		10019		862	
杭州大学出版社	5	5		5		780		92	
浙江大学出版社	63	17		35		5295		577	
安徽教育出版社	121	16		4981		104626		10312	
安徽科学技术出版社	1			7		998		89	
安徽美术出版社	3			109		3503		324	
黄山书社	2	2		460		10350		1380	
中国科学技术大学出版社	44	39		19		3393		375	
安徽大学出版社	51	45		73		6156		710	
福建人民出版社	22	8		29		1855		225	
福建教育出版社	130	58		2643		73889		7827	
福建科学技术出版社	5	2		11		1254		146	
福建少年儿童出版社	54	3		405		7157		746	
福建省地图出版社	2	2		2		39		4	
厦门大学出版社	19	14		7		1130		123	
百花洲文艺出版社	3			96		5828		252	
江西美术出版社	20	11		1325		25439		4959	
山东人民出版社	77	13		2419		49265		3908	
山东教育出版社	24		19	629	150	43762	8033	2398	622
山东科学技术出版社	75	2		2073		87278		6263	
山东美术出版社	68	7		3790		78043		10883	
山东画报出版社	2	2		2		44		25	
山东友谊出版社	6	6		156		11729		715	
泰山出版社	18			207		3481		474	
青岛出版社	23			314		6154		650	
石油大学出版社	51	35		29		4986		514	
青岛海洋大学出版社	25	20		10		1473		164	
河南人民出版社	52	21		505		9260		2385	
河南科学技术出版社	26	9		406		12487		1401	
河南文艺出版社	13	3		287		7455		674	
河南大学出版社	23	18		6		833		105	

	课本合计								
	种数(种)		租型种数(种)	总印数(万册)		总印张(千印张)		定价总金额(万元)	
	合计	新出		合计	租型	合计	租型	合计	租型
湖北教育出版社	133	40		3254		100398		11461	
湖北科学技术出版社	56	6		1008		28182		3008	
长江文艺出版社	42	13		1224		47201		6513	
湖北美术出版社	40	9		1784		34950		7969	
武汉出版社	63	24		885		27890		2316	
华中理工大学出版社	56	18		32		5454		576	
华中师范大学出版社	9	3		17		1851		184	
武汉测绘科技大学出版社	22	15		40		6270		442	
武汉大学出版社	153	33		195		30570		3018	
武汉工业大学出版社	94	35		90		14060		1274	
中国地质大学出版社	3	3		4		446		48	
武汉水利电力大学出版社	3	3		2		373		37	
湖南教育出版社	136	24		4176		128441		12204	
湖南科学技术出版社	62	6		134		12500		864	
湖南文艺出版社	41	1		2127		59834		7772	
湖南美术出版社	58	2		3154		64007		9087	
岳麓书社	10	4		424		37098		2227	
湖南师范大学出版社	6	6		627		39599		2287	
国防科技大学出版社	73	44		28		4608		549	
广东教育出版社	111	7		1932		79664		9953	
广东高等教育出版社	4			3		328		27	
岭南美术出版社	64	16		2470		37964		7893	
华南理工大学出版社	78	28		35		4796		665	
中山大学出版社	117	40		73		10818		1350	
广西人民出版社	13			311		10306		1157	
广西教育出版社	50	2		465		13620		1550	
接力出版社	25			229		6935		806	
广西美术出版社	50	1		1350		28611		5224	
漓江出版社	2	1	18	1084	1070	24100	23349	2877	2816
广西师范大学出版社	81	26		3603		79317		7452	
海南出版社			1	10	10	901	901	70	70
海南出版公司			200	1799	1799	93969	93969	11231	11231
重庆出版社	2	2	412	6268	6234	309382	306047	24019	23733
西南师范大学出版社	168	78		302		37407		2360	
重庆大学出版社	292	102		315		27327		3014	
四川教育出版社	161	13		1991		70714		6330	
四川民族出版社	255	17	31	110	3	3645	123	324	11

	课			本		合		计	
	种数(种)		租型种数(种)	总印数(万册)		总印张(千印张)		定价总金额(万元)	
	合计	新出		合计	租型	合计	租型	合计	租型
成都科技大学出版社	49	28		23		3233		363	
电子科技大学出版社	97	58		43		7246		796	
四川大学出版社	25	7		16		2207		273	
西南财经大学出版社	94	32		62		8735		1138	
西南交通大学出版社	73	69		38		5005		597	
贵州人民出版社			241	6408	6408	319945	319945	22164	22164
贵州教育出版社	54	21	12	616	86	11371	1804	1252	212
云南人民出版社			492	8374	8374	410005	410005	30340	30340
云南教育出版社	50			858		38239		3249	
西藏人民出版社	306	24	161	473	69	22165	4554	2360	421
陕西人民出版社	46	39	187	5525	4511	310878	282624	28461	24144
陕西人民教育出版社	39	2		198		6527		1011	
陕西科学技术出版社			24	222	222	30759	30759	2117	2117
太白文艺出版社	18	18		274		8283		1157	
陕西人民美术出版社	20	20		1078		21620		3943	
陕西师范大学出版社	12	10		11		616		70	
西安电子科技大学出版社	35	14		18		3326		302	
西安交通大学出版社	178	104		133		18198		1916	
西北大学出版社	3	3		1		130		14	
西北工业大学出版社	14	10		5		770		85	
甘肃人民出版社	53	53	353	5708	4921	269488	237826	24976	21981
甘肃教育出版社	8	3		72		3502		295	
甘肃少年儿童出版社	8	1		131		2394		321	
青海人民出版社	4		215	674	666	37176	36932	2594	2570
青海民族出版社	165	3	124	85	35	3822	1291	320	104
宁夏人民出版社			280	1094	1094	62063	62063	5099	5099
新疆教育出版社	774	131	268	4738	2061	249193	105801	19108	9324

在地方图书出版数量中各省(自治区、直辖市)所占比重

	种数		租型	总印数			总印张			新出图书排版	定价总金额		
	合计	新出	种数	合计	新出	租型	合计	新出	租型	字数	合计	新出	租型
地方	100.00	100.00	100.00	100.00	100.00	100.00	100.00	100.00	100.00	100.00	100.00	100.00	100.00
北京	2.52	2.52	1.49	0.94	1.50	0.59	1.16	2.27	0.64	2.80	1.46	2.39	0.77
天津	3.01	3.14	1.81	1.40	1.79	0.64	1.62	1.93	0.96	3.94	1.98	2.53	1.08
河北	2.79	2.63	6.61	6.64	5.66	6.61	5.92	4.04	6.64	2.10	4.92	3.09	5.79
山西	2.35	2.95	3.58	2.48	3.50	3.21	2.66	3.52	3.37	2.74	2.48	2.51	3.80
内蒙古	1.77	1.88	4.35	1.33	0.90	2.32	1.69	2.47	2.19	2.67	1.45	1.69	2.21
辽宁	5.87	5.54	4.31	3.62	3.03	2.75	3.61	3.85	2.98	6.11	4.18	4.14	3.12
吉林	4.77	4.96	3.13	2.20	2.67	1.16	2.86	4.67	1.30	6.54	2.93	4.86	1.16
黑龙江	2.54	2.79	3.86	1.95	1.94	2.44	2.03	1.63	2.88	2.60	2.02	2.23	2.35
上海	12.74	12.09	0.32	4.30	7.68	0.03	6.18	10.93	0.03	12.52	7.87	12.73	0.04
江苏	5.68	5.90	3.21	7.55	18.64	4.21	7.62	15.38	4.72	5.31	7.81	11.74	4.80
浙江	4.35	4.00	1.19	4.61	3.29	0.87	4.23	3.29	1.06	2.79	4.71	3.66	0.95
安徽	2.51	2.27	2.74	5.61	2.17	5.82	4.68	1.53	5.26	2.27	4.16	1.73	5.95
福建	3.28	3.43	2.78	3.50	6.23	3.51	3.39	5.14	3.66	2.03	3.50	4.59	3.87
江西	1.74	2.12	3.77	3.29	5.60	4.26	2.96	2.87	4.34	2.09	2.75	2.59	4.31
山东	4.13	4.12	4.34	6.67	2.38	8.44	6.54	2.93	8.27	3.97	5.81	2.92	8.40
河南	2.98	2.86	4.89	6.51	2.80	10.43	5.92	2.77	9.17	2.73	5.02	2.39	9.10
湖北	4.89	4.45	4.39	5.43	3.31	4.46	5.41	3.70	4.99	4.85	5.08	3.44	4.71
湖南	3.71	3.82	1.97	4.93	3.35	4.64	4.65	3.45	4.91	3.22	4.31	2.99	4.49
广东	5.01	5.13	2.26	4.85	2.80	5.59	5.22	3.49	6.11	6.07	6.62	8.31	6.22
广西	3.13	3.00	3.93	4.35	4.23	4.30	3.99	3.36	4.45	1.75	3.86	3.10	4.53
海南	0.87	0.98	1.90	0.48	0.43	0.80	0.73	0.98	0.76	1.79	0.95	1.17	1.12
重庆	1.68	1.46	3.92	1.96	1.48	2.76	1.98	1.87	2.44	1.35	1.67	1.34	2.34
四川	4.57	4.56	4.20	4.78	4.97	6.34	5.09	4.51	6.30	5.11	4.65	4.16	5.93
贵州	1.19	1.31	2.96	2.09	0.96	2.98	1.66	0.74	2.63	0.93	1.29	0.68	2.28
云南	2.31	2.64	4.75	2.59	1.83	3.77	2.33	1.70	3.30	2.42	2.13	1.80	3.04
西藏	0.38	0.12	1.59	0.08	0.06	0.03	0.08	0.06	0.04	0.06	0.09	0.05	0.05
陕西	3.89	3.72	2.57	2.93	3.42	3.00	2.63	2.69	2.99	3.16	3.03	2.80	3.65
甘肃	1.17	1.59	3.36	1.23	1.44	2.21	1.14	1.13	1.90	2.15	1.13	0.99	2.18
青海	0.50	0.33	3.22	0.18	0.21	0.31	0.23	0.37	0.31	0.46	0.21	0.33	0.26
宁夏	0.51	0.55	2.68	0.30	0.31	0.49	0.35	0.35	0.50	0.44	0.30	0.27	0.50
新疆	3.14	3.13	3.91	1.22	1.41	1.03	1.44	2.40	0.92	3.02	1.64	2.80	1.00
台湾													

全 国 图 书 出 版

	图书总计					使用《中国标 书 籍				
	种数(种)		印数(万册、张)	印张(千印张)	总定价(万元)	种数(种)		印数(万册、张)	印张(千印张)	总定价(万元)
	合计	新出				合计	新出			
全国合计	**141831**	**83095**	**731629**	**39135314**	**4363344**	**118584**	**75555**	**345998**	**19851957**	**2571876**
中 央	**52529**	**34472**	**107512**	**8989788**	**1310706**	**43902**	**32178**	**64367**	**6639727**	**1037048**
地 方	**89302**	**48623**	**624117**	**30145526**	**3052638**	**74682**	**43377**	**281631**	**13212230**	**1534828**
北 京	2254	1227	5843	348385	44683	1947	1115	3048	200050	28469
天 津	2688	1525	8721	489480	60330	1839	1216	4773	220014	32938
河 北	2494	1280	41414	1785945	150046	2077	1113	18428	768641	66482
山 西	2098	1433	15484	800400	75716	1946	1405	6979	344067	32989
内蒙古	1578	912	8274	510795	44383	1079	806	2069	188289	18558
辽 宁	5239	2694	22621	1088265	127509	4408	2406	11237	555285	74172
吉 林	4256	2413	13706	861584	89583	3445	2234	7653	544389	63700
黑龙江	2268	1357	12168	613433	61538	1998	1242	3397	180710	25333
上 海	11373	5878	26819	1863281	240133	9261	5207	17467	1249975	180893
江 苏	5068	2869	47101	2298279	238337	4117	2279	28324	1311871	145789
浙 江	3884	1947	28770	1274311	143804	3251	1771	17135	690187	83960
安 徽	2245	1103	34997	1411915	126966	2010	989	16451	627581	53983
福 建	2933	1666	21862	1021053	106890	2479	1365	10870	472426	50113
江 西	1556	1033	20532	891662	83796	1507	1005	9469	315341	34133
山 东	3686	2002	41627	1972795	177363	3231	1852	13076	656305	66025
河 南	2661	1393	40651	1783738	153246	2440	1305	14925	530177	50060
湖 北	4369	2163	33870	1630658	155148	3661	1946	15205	704991	69706
湖 南	3316	1857	30768	1400803	131717	2830	1676	9336	430107	49674
广 东	4477	2495	30299	1574160	202182	4004	2368	13525	681148	119053
广 西	2791	1460	27159	1203031	117701	2489	1372	11412	501206	53179
海 南	780	475	3017	221080	29082	779	474	1207	126206	17773
重 庆	1501	712	12250	596830	51078	1034	525	5362	222464	21540
四 川	4085	2218	29856	1533104	141979	3228	1905	13081	640307	69835
贵 州	1064	636	13053	501571	39314	994	611	6013	170151	15840
云 南	2067	1285	16188	703867	64931	1937	1221	6867	248896	31193
西 藏	343	59	492	24041	2614	34	34	16	1826	230
陕 西	3478	1808	18312	793194	92390	3062	1545	8780	329071	41838
甘 肃	1044	774	7650	342167	34559	946	688	1723	64128	8105
青 海	447	162	1126	68790	6365	273	155	357	27627	3409
宁 夏	456	266	1852	104020	9121	456	266	758	41957	4022
新 疆	2803	1521	7635	432889	50134	1920	1281	2688	166837	21834
台 湾										

数 量 （书籍、课本、图片）

准书号》部分 课本 种数（种）合计	新出	印数（万册、张）	印张（千印张）	总定价（万元）	不使用《中国标准书号》部分——图片合计 种数（种）合计	新出	印数（万册、张）	印张（千印张）	总定价（万元）	附：活页文选 影印书等用纸 印张（千印张）	总定价（万元）
20755	**5845**	**380807**	**19077459**	**1715006**	**2492**	**1695**	**4824**	**156487**	**60390**	**49411**	**16072**
7878	**1896**	**40860**	**2273032**	**245485**	**749**	**398**	**2285**	**41958**	**18197**	**35071**	**9976**
12877	**3949**	**339947**	**16804427**	**1469521**	**1743**	**1297**	**2539**	**114529**	**42193**	**14340**	**6096**
306	112	2792	148327	16205	1		3	8	9		
660	237	3775	260056	24666	189	72	173	9231	2690	179	36
413	163	22986	1017282	83523	4	4		22	41		
146	22	8498	455809	42315	6	6	7	392	325	132	87
498	105	6204	322411	25794	1	1	1	60	28	35	3
820	279	11380	530864	53007	11	9	4	1122	96	994	234
771	140	6027	315701	25000	40	39	26	1494	883		
220	76	8583	429897	34940	50	39	188	2802	1251	24	14
1975	575	9096	600485	55088	137	96	256	12455	4127	366	25
860	554	18681	978184	90664	91	36	96	8224	1884		
502	55	11332	565774	55295	131	121	303	18144	4530	206	19
222	102	18533	783970	72886	13	12	13	221	69	143	28
232	87	10813	534823	47543	222	214	179	11609	5423	2195	3811
23	11	11038	575836	48827	26	17	25	244	122	241	714
369	85	28450	1312135	110144	86	65	101	3372	1083	983	111
202	74	25704	1252780	102541	19	14	22	681	620	100	25
674	202	18622	922986	84532	34	15	43	2681	910		
386	87	21166	961649	80486	100	94	266	3282	1161	5765	396
374	91	16611	890285	81885	99	36	163	2577	1232	150	12
221	30	15631	694183	61845	81	58	116	5812	2238	1830	439
		1809	94870	11301	1	1	1	4	8		
462	182	6885	374116	29393	5	5	3	175	137	75	8
754	224	16615	890475	69878	103	89	160	2299	2230	23	36
54	21	7024	331316	23416	16	4	16	104	58		
50		9232	448244	33589	80	64	89	6722	133	5	16
306	24	473	22165	2360	3	1	3	50	24		
365	220	9485	462166	49685	51	43	47	1842	859	115	8
69	57	5911	275384	25592	29	29	16	2279	835	376	27
169	3	759	40998	2914	5	4	10	50	37	115	5
		1094	62063	5099							
774	131	4738	249193	19108	109	109	209	16571	9150	288	42

全国图书出版

中央

	图书总计					使用《中国标 书籍				
	种数(种) 合计	种数(种) 新出	印数(万册、张)	印张(千印张)	总定价(万元)	种数(种) 合计	种数(种) 新出	印数(万册、张)	印张(千印张)	总定价(万元)
中央	**52529**	**34472**	**107512**	**8989788**	**1310706**	**43902**	**32178**	**64367**	**6639727**	**1037048**
其中：直属出版社	**3394**	**2290**	**6513**	**705132**	**93192**	**3353**	**2262**	**6400**	**699593**	**91844**
人民出版社	335	285	319	37252	5858	335	285	319	37252	5858
人民文学出版社	393	173	379	57599	7247	393	173	379	57599	7247
商务印书馆	403	226	1573	302674	30389	403	226	1573	302674	30389
东方出版中心	187	137	220	29772	3718	187	137	220	29772	3718
中华书局	169	101	535	40292	5837	169	101	535	40292	5837
人民美术出版社	207	140	460	16835	5828	155	118	133	7894	3789
人民音乐出版社	326	112	592	30273	4061	221	104	96	11091	1858
中国大百科全书出版社	508	469	1549	100091	14204	508	469	1549	100091	14204
中国对外翻译出版社	105	89	74	11639	2351	105	89	74	11639	2351
印刷工业出版社	44	29	27	3943	923	32	18	13	2009	546
现代出版社	74	73	100	8412	1710	74	73	100	8412	1710
中国盲文书社	218	174	138	9813	1355	218	174	138	9813	1355
荣宝斋出版社	52	30	35	2469	1368	51	29	34	2449	1356
连环画出版社	38	27	70	2571	622	38	27	70	2571	622
生活·读书·新知三联书店	137	71	229	30401	4688	137	71	229	30401	4688
中国书籍出版社	146	105	157	15994	1916	146	105	157	15994	1916
商务印书馆国际有限公司	52	49	56	5102	1117	35	35	50	4612	1008
中国戏剧出版社	151	151	82	11221	1796	151	151	82	11221	1796
中国社会科学出版社	250	242	144	23275	4142	250	242	144	23275	4142
中国财政经济出版社	640	397	1281	168288	22359	566	386	1204	158753	21308
企业管理出版社	179	160	251	43861	9426	179	160	251	43861	9426
民族出版社	343	316	131	17578	3227	341	314	130	17323	3141
中国青年出版社	337	297	526	56028	8464	337	297	526	56028	8464
中国少年儿童出版社	858	486	2748	163522	21071	857	485	2747	163492	21056
中国工人出版社	206	188	121	10590	1766	206	188	121	10590	1766
人民体育出版社	409	225	382	35088	4870	333	213	258	22338	3545
中国协和医科大学出版社	91	76	67	16818	2835	91	76	67	16818	2835
文物出版社	104	60	114	8265	6097	104	60	114	8220	6046
中国电影出版社	133	118	122	9091	2547	107	96	103	8616	1995
人民日报出版社	103	100	110	17115	3643	103	100	110	17115	3643
新华出版社	407	363	368	41783	17105	390	346	352	41003	15949
世界知识出版社	235	206	361	38497	6545	234	205	356	38447	6525

数　量（书籍、课本、图片）

出　版　社

准书号》部分					不使用《中国标准书号》部分——图片合计					附：活页文选影印书等用纸	
课本											
种数（种） 合计	种数（种） 新出	印数（万册、张）	印张（千印张）	总定价（万元）	种数（种） 合计	种数（种） 新出	印数（万册、张）	印张（千印张）	总定价（万元）	印张（千印张）	总定价（万元）
7878	**1896**	**40860**	**2273032**	**245485**	**749**	**398**	**2285**	**41958**	**18197**	**35071**	**9976**
					41	**28**	**113**	**5533**	**1346**	**6**	**2**
18		226	5031	1022	34	22	101	3910	1017		
104	8	495	18873	2159	1		1	303	42	6	2
7	6	4	634	102	5	5	10	1300	275		
					1	1	1	20	12		
17	14	6	490	109							
74	11	77	9535	1051							
					2	2	1	133	31	122	55
					1	1	1	30	15		
74	11	123	12740	1314	2	1	1	10	11		
										45	51
					26	22	19	475	552		
					17	17	16	780	1156		
					1	1	5	50	20		

	图书总计					使用《中国标				
						书籍				
	种数(种)		印数	印张	总定价	种数(种)		印数	印张	总定价
	合计	新出	(万册、张)	(千印张)	(万元)	合计	新出	(万册、张)	(千印张)	(万元)
北京图书馆出版社	130	110	59	9494	6157	130	110	59	9494	6157
群众出版社	308	257	196	28376	3735	266	251	155	22980	3158
北京大学出版社	703	433	1070	128737	17626	443	347	534	66970	10739
中国人民大学出版社	661	429	1167	174367	20591	590	393	963	144611	17084
外语教学与研究出版社	483	172	1317	196132	21581	350	137	764	103456	11556
人民教育出版社	2013	321	6890	699236	58100	579	236	2094	234226	21826
中国农业出版社	1252	773	1515	113537	15268	837	714	1164	69977	10820
中国轻工业出版社	456	295	394	36631	8577	360	245	362	31181	7704
中国纺织出版社	276	193	138	15058	4572	204	167	105	11136	3937
煤炭工业出版社	217	165	81	10152	2145	168	159	66	7885	1864
石油工业出版社	372	353	149	19555	2971	352	341	145	18806	2880
中国水利水电出版社	490	387	369	54457	8764	420	369	343	49640	7990
原子能出版社	130	125	50	3247	475	127	122	50	3217	473
科学出版社	1476	1059	2257	246872	29623	1475	1058	2257	246865	29593
科学普及出版社	526	395	556	47099	7728	514	383	526	44861	7477
科学技术文献出版社	307	197	204	27139	4209	307	197	204	27139	4209
机械工业出版社	1418	814	766	126067	19381	1088	694	545	91927	14976
冶金工业出版社	254	162	85	15098	2817	182	139	65	11363	2280
化学工业出版社	495	298	277	44959	7019	341	223	180	31494	5420
中国建筑工业出版社	914	381	473	104915	19568	669	311	260	66467	14246
中国铁道出版社	557	405	502	58434	8314	466	354	459	42729	6008
人民交通出版社	634	389	431	63322	11884	502	344	296	43799	8711
中国标准出版社	223	215	74	20400	6932	223	215	74	18471	5397
中国计量出版社	175	113	142	14204	1970	175	113	142	13961	1799
人民邮电出版社	1038	738	751	150934	24769	1021	728	744	150018	24637
海洋出版社	227	220	97	13321	2245	227	220	97	13321	2245
地质出版社	313	247	1407	50785	8754	225	215	52	7323	1591
地震出版社	115	106	41	7134	1999	115	106	41	7134	1999
气象出版社	250	204	165	11387	1859	249	204	150	11349	1784
中国地图出版社	566	70	26714	497205	73386	90	34	1750	46746	8357
人民卫生出版社	747	360	1141	218246	24589	534	309	333	68491	10765
国防工业出版社	382	284	1112	52768	8317	382	284	1112	52768	8317
万国学术出版社	22	22	1	512	186	22	22	1	512	186
中国旅游出版社	156	104	127	6494	3312	135	98	77	5843	2939
中国对外经济贸易出版社	106	86	72	13148	5103	106	86	72	13148	5103
新世界出版社	81	68	109	12145	1935	81	68	109	12145	1935
外文出版社	446	344	755	53316	11589	446	344	755	53301	11547
解放军出版社	141	109	531	47110	3844	141	109	531	47110	3844

准书号》部分					不使用《中国标准书号》部分——图片合计					附：活页文选影印书等用纸	
课本											
种数（种）		印数	印张	总定价	种数（种）		印数	印张	总定价	印张	总定价
合计	新出	(万册、张)	(千印张)	(万元)	合计	新出	(万册、张)	(千印张)	(万元)	(千印张)	(万元)
42	6	41	5396	577							
260	86	536	61767	6887							
71	36	204	29756	3507							
133	35	553	92676	10025							
1416	83	4783	462537	35939	18	2	13	2397	296	76	39
411	55	344	43402	4412	4	4	7	158	36		
96	50	32	5450	873							
72	26	33	3922	635							
48	5	15	2261	271	1	1		6	10		
20	12	4	749	91							
70	18	26	3978	393						839	381
3	3		30	2							
					1	1		7	30		
12	12	30	2238	251							
330	120	221	34140	4405							
72	23	20	3536	483						199	54
153	74	97	13456	1583	1	1		9	16		
227	57	184	32168	3597	18	13	29	1446	397	4834	1328
89	49	42	6060	777	2	2	1	12	5	9633	1524
130	43	109	14795	1917	2	2	26	510	110	4218	1146
										1929	1535
										243	171
17	10	7	916	132							
54	9	1199	39791	5011	34	23	156	3671	2152		
					1		15	38	75		
204	8	24607	443739	63246	272	28	357	6720	1783		
209	51	793	149463	13708	4		15	292	116		
					21	6	50	557	191	94	182
										15	42

	图书总计					使用《中国标准书号》书籍				
	种数(种)		印数	印张	总定价	种数(种)		印数	印张	总定价
	合计	新出	(万册、张)	(千印张)	(万元)	合计	新出	(万册、张)	(千印张)	(万元)
解放军文艺出版社	221	209	156	17989	2580	221	209	156	17989	2580
语文出版社	409	162	2066	138023	12238	409	162	2066	138023	12238
中国文史出版社	61	60	47	5898	1819	61	60	47	5898	1819
中共中央党校出版社	282	202	663	70882	10542	282	202	663	70882	10542
法律出版社	602	506	1032	94676	13485	516	454	927	77483	11404
中国统计出版社	188	188	50	13357	5737	188	188	50	13357	5737
中国摄影出版社	62	58	28	2269	2096	62	58	28	2269	2096
中国林业出版社	386	254	176	20191	3575	278	231	131	12891	2828
时事出版社	43	42	22	2696	429	43	42	22	2696	429
文化艺术出版社	50	50	34	4002	711	50	50	34	4002	711
教育科学出版社	315	128	2100	109949	12723	276	119	1827	89695	10828
清华大学出版社	959	556	1042	203959	26604	698	473	644	125144	17989
中国广播电视出版社	205	175	102	13866	2756	205	175	102	13866	2756
中国商业出版社	400	203	254	26322	3366	133	98	81	7009	1145
中国劳动社会保障出版社	591	209	1134	107471	11940	441	179	990	91784	10126
中国环境科学出版社	502	261	898	39510	6496	499	258	897	39380	6378
知识产权出版社	63	60	106	13409	1947	63	60	106	13409	1947
北京师范大学出版社	1175	500	5231	338335	36555	992	414	4188	243164	27440
宇航出版社	124	105	112	14050	1868	124	105	112	14050	1868
工商出版社	74	74	62	8543	2019	74	74	62	8543	2019
作家出版社	150	127	328	48522	6223	150	127	328	48522	6223
中医古籍出版社	63	61	25	2664	397	63	61	25	2664	397
中国物资出版社	161	141	179	33511	8578	161	141	179	33511	8578
光明日报出版社	124	122	208	25196	3504	124	122	208	25196	3504
长征出版社	72	72	205	21772	2571	72	72	205	21227	2571
中国妇女出版社	94	84	88	6642	1030	94	84	88	6642	1030
中国金融出版社	201	148	249	23119	4148	162	136	224	19669	3689
长城出版社	104	104	138	19595	6949	98	98	129	18715	6575
红旗出版社	82	82	232	14205	3490	82	82	232	14205	3490
中国世界语出版社	48	47	79	7662	1976	48	47	79	7662	1976
中国档案出版社	108	91	65	7958	5573	104	87	62	7781	4924
电子工业出版社	845	562	834	155662	22243	661	496	491	107344	16848
朝华出版社	83	62	41	2738	1848	79	60	39	2719	1823
中央广播电视大学出版社	470	124	742	101490	13188	26	13	20	2731	318
中国友谊出版公司	27	25	24	3456	530	27	25	24	3456	530
人民军医出版社	218	153	122	23551	3664	216	153	121	23494	3641
军事科学出版社	63	50	46	7412	1428	63	50	46	7412	1428
金盾出版社	676	280	1496	100066	12000	676	280	1496	100066	12000

准书号》部分					不使用《中国标准书号》部分——图片合计					附：活页文选影印书等用纸	
课本											
种数（种）		印数	印张	总定价	种数（种）		印数	印张	总定价	印张	总定价
合计	新出	（万册、张）	（千印张）	（万元）	合计	新出	（万册、张）	（千印张）	（万元）	（千印张）	（万元）
86	52	105	17193	2081							
104	19	44	7263	725	4	4	1	37	22		
36	7	270	19144	1464	3	2	3	1110	431		
261	83	398	78815	8615							
267	105	173	19313	2221							
150	30	144	15687	1814							
					3	3	1	14	20	116	98
178	83	1041	94749	8981	5	3	2	347	116	75	18
										545	
39	12	25	3450	459							
					6	6	9	880	374		
					4	4	3	177	649		
184	66	343	48318	5395							
					4	2	2	19	25		
444	111	722	98759	12870							
					2		1	57	23		

	图书总计					使用《中国标书籍				
	种数(种)		印数	印张	总定价	种数(种)		印数	印张	总定价
	合计	新出	(万册、张)	(千印张)	(万元)	合计	新出	(万册、张)	(千印张)	(万元)
经济科学出版社	442	353	753	103013	15464	435	352	720	99290	15038
中国文联出版社	342	288	233	27932	8513	339	285	230	27872	8285
高等教育出版社	2431	820	5613	726657	75126	1560	819	3663	476693	53627
紫禁城出版社	14	14	5	678	395	13	13	4	653	335
中共党史出版社	92	92	47	8157	1381	92	92	47	8157	1381
对外经济贸易大学出版社	95	38	62	8777	1132	43	15	22	2404	342
经济管理出版社	153	153	89	11838	2082	153	153	89	11838	2082
军事谊文出版社	34	34	60	4917	691	34	34	60	4917	691
国际文化出版公司	69	44	44	6306	988	69	44	44	6306	988
中国画报出版社	55	55	45	4766	3178	34	34	26	2322	2386
中国经济出版社	193	152	99	12549	2667	193	152	99	12549	2667
中国石化出版社	99	70	159	15063	1800	83	66	155	14256	1704
中央民族大学出版社	170	146	129	12396	1964	154	138	123	11595	1850
北京语言学院出版社	148	101	94	10434	2608	70	56	30	3410	600
中国政法大学出版社	278	164	445	71299	7782	134	112	218	31386	3843
中国人民公安大学出版社	242	183	193	32374	6525	170	156	102	20146	5159
社会科学文献出版社	166	129	70	10193	1800	166	129	70	10193	1800
中国农业科技出版社	142	142	37	6296	1483	142	142	37	6296	1483
北京航空航天大学出版社	162	106	102	16894	2302	161	105	100	16886	2294
北京理工大学出版社	264	162	1333	93951	9139	213	133	1314	90598	8733
中国国际广播出版社	116	115	73	12136	1310	116	115	73	12136	1310
中国农业大学出版社	172	139	93	9928	1499	172	139	93	9928	1499
航空工业出版社	170	164	125	21206	3005	158	152	121	20590	2914
北京广播学院出版社	115	65	90	7555	997	115	65	90	7555	997
北京体育大学出版社	245	87	182	15253	2793	243	85	181	15122	2779
经济日报出版社	81	80	87	12853	2080	81	80	87	12853	2080
兵器工业出版社	203	178	141	14349	2500	203	178	141	14349	2500
华艺出版社	26	21	90	9188	1809	26	21	90	9188	1809
中国和平出版社	346	228	741	43736	5084	334	227	711	40871	4742
华夏出版社	546	352	914	59223	8603	546	352	914	59223	8603
中国医药科技出版社	291	220	148	24711	4395	232	182	113	18465	3558
国防大学出版社	81	76	48	5985	859	81	76	48	5985	859
人民法院出版社	286	208	140	33905	5023	286	208	140	33905	5023
中国藏学出版社	40	40	11	3395	948	40	40	11	3395	948
中国文学出版社	63	49	45	4968	663	63	49	45	4968	663
今日中国出版社	12	11	6	1588	2452	12	11	6	1588	2452
中国计划出版社	145	113	121	31810	6199	144	113	120	26832	4880
中央文献出版社	77	71	140	11709	1641	77	71	140	11709	1641

准书号》部分					不使用《中国标准书号》部分——图片合计					附：活页文选影印书等用纸	
课本											
种数（种）		印数	印张	总定价	种数（种）		印数	印张	总定价	印张	总定价
合计	新出	(万册、张)	(千印张)	(万元)	合计	新出	(万册、张)	(千印张)	(万元)	(千印张)	(万元)
7	1	33	3723	426							
					3	3	3	60	228		
871	1	1950	249964	21499							
					1	1	1	23	60	2	
52	23	40	6373	790							
					21	21	19	2444	792		
15	3	4	799	94	1	1		8	2		
16	8	6	801	114							
78	45	64	7024	2008							
144	52	227	39913	3939							
72	27	91	12228	1366							
					1	1	2	8	8		
51	29	19	3353	406							
12	12	4	616	91							
2	2	1	131	14							
11		28	2475	279	1	1	2	60	30	330	33
59	38	35	6246	837							
1		1	54	8						4924	1311

	图书总计					使用《中国标				
						书籍				
	种数(种)		印数	印张	总定价	种数(种)		印数	印张	总定价
	合计	新出	(万册、张)	(千印张)	(万元)	合计	新出	(万册、张)	(千印张)	(万元)
海潮出版社	125	116	65	7135	2145	123	114	63	7120	1885
学苑出版社	130	99	88	12578	2157	130	99	88	12578	2157
北京邮电大学出版社	95	64	116	11555	1527	64	45	107	9727	1264
旅游教育出版社	68	44	89	9530	1164	12	11	6	908	111
团结出版社	119	110	384	39593	9986	119	110	384	39593	9986
华文出版社	139	139	74	9042	1536	139	139	74	9042	1536
人民中国出版社	20	19	16	4966	2344	20	19	16	4966	2344
中国物价出版社	148	148	69	19061	6133	147	147	68	19058	6129
中国民族摄影艺术出版社	39	39	32	4020	1599	38	38	31	3868	1051
中国华侨出版社	100	85	76	10801	1923	100	85	76	10801	1923
中信出版社	58	54	72	7896	1354	58	54	72	7896	1354
改革出版社	147	147	219	28273	11120	147	147	219	28273	11120
中国人事出版社	102	102	171	30562	6518	102	102	171	30562	6518
开明出版社	159	126	175	20145	2053	138	116	127	15343	1650
中国人口出版社	45	36	69	4988	815	45	36	69	4988	815
中国民主法制出版社	84	84	127	16463	4123	84	84	127	16463	4123
中国审计出版社	142	134	316	15781	1995	142	134	316	15781	1995
蓝天出版社	162	114	229	21090	3986	161	113	226	20940	3933
世界图书出版公司	529	377	492	51013	9362	528	376	482	50913	9322
群言出版社	37	35	48	5319	804	37	35	48	5319	804
北京医科大学出版社	124	71	134	19575	2944	85	56	94	12852	2055
警官教育出版社	242	174	164	19934	2972	205	156	150	17836	2700
华龄出版社										
金城出版社	33	33	37	7586	1805	33	33	37	7586	1805
中国法制出版社	113	111	137	9383	1767	113	111	137	9383	1767
新星出版社	227	227	229	3689	1344	67	67	61	2841	1102
中国检察出版社	111	111	97	23052	6589	111	111	97	23052	6589
中国发展出版社	47	47	47	4802	762	47	47	47	4802	762
中国中医药出版社	287	145	156	28243	3906	286	145	156	28203	3902
中国社会出版社	219	170	232	32227	5996	219	170	232	32227	5996
中国建材工业出版社	125	118	95	21575	6062	125	118	95	21575	6062
当代中国出版社	81	80	53	13535	4865	81	80	53	13535	4865
大众文艺出版社	279	225	218	28823	5629	279	225	218	28823	5629
中国致公出版社	116	97	147	14454	1540	116	97	147	14454	1540
中国大地出版社	76	75	36	4714	1326	76	75	36	4714	1326
党建读物出版社	76	56	353	28254	2767	76	56	353	28254	2767
中国城市出版社	130	108	365	47320	7161	130	108	365	47320	7161
中华工商联合出版社	116	116	164	16701	3045	116	116	164	16701	3045

准　书　号》部　分					不使用《中国标准书号》部分——图片合计					附：活页文选影印书等用纸	
课　本											
种数（种）		印数	印张	总定价	种数（种）		印数	印张	总定价	印张	总定价
合计	新出	（万册、张）	（千印张）	（万元）	合计	新出	（万册、张）	（千印张）	（万元）	（千印张）	（万元）
					2	2	2	15	260		
31	19	9	1699	217						129	46
56	33	83	8622	1053							
					1	1	1	3	4		
					1	1	1	60	60	92	488
21	10	48	4802	403							
					1	1	3	150	53		
					1	1	10	100	40		
39	15	40	6723	889							
37	18	14	2098	272							
					160	160	168	848	242		
1			40	4							

	图书总计					使用《中国标 书籍				
	种数(种)		印数	印张	总定价	种数(种)		印数	印张	总定价
	合计	新出	(万册、张)	(千印张)	(万元)	合计	新出	(万册、张)	(千印张)	(万元)
中国三峡出版社	40	30	47	4212	1366	40	30	47	4212	1366
线装书局	4	4	1	159	287	4	4	1	159	287
星球地图出版社	84	47	1782	26586	8616	32	25	589	14578	2496
中国方正出版社	125	103	217	24087	3297	125	103	217	24087	3297
民主与建设出版社	69	68	51	3676	598	69	68	51	3676	598
五洲传播出版社	132	132	30	1957	20	132	132	30	1957	20
中国民航出版社	99	99	54	9291	1462	99	99	54	9291	1462
九洲图书出版社	44	44	37	7111	3448	44	44	37	7111	3448
当代世界出版社	105	98	106	15331	3974	104	97	105	15266	3936
中央编译出版社	79	72	40	4784	721	79	72	40	4784	721
西苑出版社	104	94	66	9312	3666	104	94	66	9312	3666
学习出版社	44	37	111	5373	686	44	37	111	5360	684
中国税务出版社	85	79	179	24884	4042	71	66	111	19153	3042
方志出版社	100	100	22	7960	2212	100	100	22	7960	2212
中国电力出版社	452	268	215	39458	6645	344	208	164	24838	4251
军事医学科学出版社	74	70	34	3757	787	74	70	34	3757	787
中国言实出版社	47	47	32	6767	2450	47	47	32	6767	2450
宗教文化出版社	88	75	66	8825	1422	88	75	66	8825	1422
国家行政学院出版社	76	70	52	10049	1986	76	70	52	10049	1986
台海出版社	21	21	50	5780	1212	21	21	50	5780	1212

准书号》部分					不使用《中国标准书号》部分——图片合计					附：活页文选影印书等用纸	
课本											
种数（种）		印数	印张	总定价	种数（种）		印数	印张	总定价	印张	总定价
合计	新出	(万册、张)	(千印张)	(万元)	合计	新出	(万册、张)	(千印张)	(万元)	(千印张)	(万元)
					52	22	1193	12008	6120		
					1	1	1	65	38		
										13	2
12	11	36	5100	748	2	2	32	631	252		
108	60	51	8028	924						6592	1470

全国图书出版

地方

	图书总计					使用《中国标 书籍				
	种数(种)		印数 (万册、张)	印张 (千印张)	总定价 (万元)	种数(种)		印数 (万册、张)	印张 (千印张)	总定价 (万元)
	合计	新出				合计	新出			
地方	**89302**	**48623**	**624117**	**30145526**	**3052638**	**74682**	**43377**	**281631**	**13212230**	**1534828**
北京出版社	1074	530	4120	219681	27394	891	497	1540	87525	13042
北京科学技术出版社	162	109	198	17947	3006	161	109	195	17939	2997
北京燕山出版社	82	71	43	8962	2168	82	71	43	8962	2168
同心出版社	169	84	256	14779	1834	169	84	256	14779	1834
北京工艺美术出版社	45	23	128	2685	722	45	23	128	2685	722
京华出版社	89	70	89	10543	1777	89	70	89	10543	1777
中国书店	43	28	21	2802	532	43	28	21	2802	532
北京工业大学出版社	173	110	118	10166	1381	125	70	99	7677	987
首都经济贸易大学出版社	184	63	426	21606	2359	146	43	394	17391	1833
首都师范大学出版社	233	139	444	39214	3510	196	120	283	29747	2577
天津人民出版社	157	99	1688	60913	7030	157	99	1688	60913	7030
天津教育出版社	634	116	3196	162520	14887	326	95	1037	56853	5325
天津科学技术出版社	280	197	179	18221	2861	265	196	170	16642	2688
新蕾出版社	317	285	955	35459	3836	308	276	949	35291	3812
百花文艺出版社	197	114	192	12843	1897	197	114	192	12843	1897
天津人民美术出版社	245	185	244	9294	3877	231	175	239	9186	3700
天津古籍出版社	66	63	355	14344	6158	66	63	355	14344	6158
天津科技翻译出版公司	145	82	78	6176	884	142	79	76	6145	872
天津社会科学院出版社	32	32	15	1517	256	32	32	15	1517	256
天津杨柳青画社	140	68	44	1737	1275	27	21	12	585	301
南开大学出版社	236	136	156	21479	3006	34	26	14	1830	308
天津大学出版社	239	148	202	25710	3499	54	40	26	3880	596
河北人民出版社	272	167	4868	184292	16989	239	134	3094	141333	12235
河北教育出版社	996	322	11523	470249	36459	768	251	10213	419624	32365
河北科学技术出版社	279	201	1979	77607	7766	264	197	1203	58053	5593
河北少年儿童出版社	394	163	5034	132099	17986	319	156	1671	41370	4916
花山文艺出版社	161	153	756	37315	3828	156	148	691	33728	3553
河北美术出版社	215	178	2733	90228	10204	163	132	877	52510	4989
河北大学出版社	177	96	911	26888	3246	168	95	651	21505	2773
山西人民出版社	173	129	7372	435075	42856	156	126	95	11258	4092
山西教育出版社	825	498	3363	197132	15831	736	476	3179	184677	14925
山西科学技术出版社	153	99	1082	23646	3467	110	99	42	3969	645
希望出版社	594	376	3446	121491	9723	593	375	3445	121384	9618

数　量　（书籍、课本、图片）

出　版　社

准书号》部分					不使用《中国标准书号》部分——图片合计					附：活页文选影印书等用纸	
课本											
种数（种）合计	种数（种）新出	印数（万册、张）	印张（千印张）	总定价（万元）	种数（种）合计	种数（种）新出	印数（万册、张）	印张（千印张）	总定价（万元）	印张（千印张）	总定价（万元）
12877	**3949**	**339947**	**16804427**	**1469521**	**1743**	**1297**	**2539**	**114529**	**42193**	**14340**	**6096**
183	33	2580	132156	14352							
					1		3	8	9		
48	40	19	2489	394							
38	20	32	4215	526							
37	19	161	9467	933							
260	19	2032	97820	8062	48	2	127	7746	1486	101	14
13		8	1535	148	2	1	1	11	12	33	13
					9	9	6	168	24		
					14	10	5	108	177		
					3	3	2	31	12		
					113	47	32	1152	974		
202	110	142	19604	2689						45	9
185	108	176	21830	2903							
33	33	1774	42959	4754							
228	71	1310	50625	4094							
15	4	776	19554	2173							
75	7	3363	90729	13070							
5	5	65	3587	275							
49	43	1856	37708	5182	3	3		10	33		
8		260	5371	465	1	1		12	8		
14		7274	423677	38587	3	3	3	140	177		
89	22	184	12455	906							
43		1040	19677	2822							
					1	1	1	20	50	87	55

	图书总计					使用《中国标 书籍				
	种数(种)		印数	印张	总定价	种数(种)		印数	印张	总定价
	合计	新出	(万册、张)	(千印张)	(万元)	合计	新出	(万册、张)	(千印张)	(万元)
北岳文艺出版社	117	117	44	5749	1006	116	116	44	5652	960
山西古籍出版社	72	72	97	7926	1449	71	71	94	7746	1365
山西经济出版社	164	142	80	9381	1384	164	142	80	9381	1384
内蒙古人民出版社	546	388	847	133938	9648	542	387	841	133442	9620
内蒙古教育出版社	664	177	6610	335142	26457	208	97	875	24336	2080
内蒙古科学技术出版社	48	44	34	3914	574	48	44	34	3914	574
内蒙古少年儿童出版社	76	76	45	3976	655	76	76	45	3976	655
内蒙古文化出版社	69	67	33	5418	625	69	67	33	5418	625
远方出版社	78	78	211	14336	4652	76	76	208	14167	4600
内蒙古大学出版社	97	82	494	14071	1772	60	59	33	3036	404
辽宁人民出版社	278	217	458	32635	4588	260	214	275	28893	4069
辽宁教育出版社	1170	345	4664	173103	20824	1050	301	3299	133344	15069
辽宁科学技术出版社	383	190	195	26351	4659	383	190	195	26351	4659
辽宁少年儿童出版社	184	79	761	22831	2859	149	72	693	21844	2756
春风文艺出版社	231	218	269	16650	2411	231	218	269	16610	2347
辽宁美术出版社	403	233	1018	27707	7189	391	224	1000	26322	7034
辽宁民族出版社	210	166	375	17720	2220	205	161	363	17558	2202
辽宁画报出版社	63	39	116	4768	1214	63	39	116	4768	1214
辽海出版社	860	280	12891	573808	55442	536	216	3421	116146	12437
沈阳出版社	333	111	688	45567	6941	305	111	658	44787	6870
大连出版社	123	91	89	10238	2120	123	91	89	10238	2120
东北财经大学出版社	266	131	366	49162	6321	81	51	183	26699	3492
东北大学出版社	105	77	53	6738	995	62	49	39	4480	718
辽宁大学出版社	251	210	284	29910	3673	235	201	255	28799	3563
辽宁师范大学出版社	7	6	4	325	43	7	6	4	325	43
大连海事大学出版社	110	99	28	5183	869	67	62	17	2650	449
大连理工大学出版社	198	139	309	41470	4237	196	137	308	41372	4226
白山出版社	64	63	53	4099	904	64	63	53	4099	904
吉林人民出版社	232	232	171	26501	3193	232	232	171	26501	3193
吉林教育出版社	396	229	2651	142981	10372	368	229	1981	115772	8092
吉林科学技术出版社	219	66	506	20949	2277	167	63	267	13654	1718
延边教育出版社	1154	372	1576	125046	10251	598	241	694	51301	4545
北方妇女儿童出版社	116	53	537	21333	2194	81	53	128	8368	908
吉林文史出版社	240	159	563	28113	3467	222	159	348	19939	2435
吉林美术出版社	239	125	1341	36093	5929	176	125	439	13333	3551
吉林摄影出版社	70	69	54	10583	2428	32	32	35	9497	1613
时代文艺出版社	79	60	265	13463	1724	67	60	126	8852	1384
长春出版社	221	160	262	25484	3447	221	160	262	25484	3447

准书号》部分					不使用《中国标准书号》部分——图片合计					附：活页文选影印书等用纸	
课本											
种数（种）		印数	印张	总定价	种数（种）		印数	印张	总定价	印张	总定价
合计	新出	（万册、张）	（千印张）	（万元）	合计	新出	（万册、张）	（千印张）	（万元）	（千印张）	（万元）
					1	**1**		**52**	**14**	**45**	**32**
					1	1	3	180	84		
4	1	6	461	25						35	3
456	80	5735	310806	24377							
1	1	2	109	24	1	1	1	60	28		
37	23	461	11035	1368							
18	3	183	3742	519							
120	44	1365	39759	5755							
34	7	68	975	98	1			12	5		
										40	64
2		14	275	64	10	9	4	1110	91		
5	5	12	162	18							
324	64	9470	457662	43005							
28		30	780	71							
185	80	183	22463	2829							
43	28	14	2258	277							
16	9	29	1111	110							
43	37	11	1579	250						954	170
2	2	1	98	11							
28		670	27209	2280							
52	3	239	7295	559							
555	131	881	73736	5704	1		1	9	2		
35		409	12965	1286							
18		215	8174	1032							
63		902	22760	2378							
1			6		37	37	19	1080	815		
12		139	4611	340							

	图书总计					使用《中国标 书籍				
	种数(种)		印数	印张	总定价	种数(种)		印数	印张	总定价
	合计	新出	(万册、张)	(千印张)	(万元)	合计	新出	(万册、张)	(千印张)	(万元)
延边人民出版社	364	274	666	70795	16913	363	273	665	70765	16885
东北师范大学出版社	732	421	2404	164438	13884	731	420	2399	164063	13846
吉林大学出版社	98	98	54	8176	951	98	98	54	8176	951
延边大学出版社	96	95	55	7435	1024	89	89	54	7247	995
黑龙江人民出版社	186	174	87	12431	2485	186	174	87	12431	2485
黑龙江教育出版社	605	190	3916	135322	14865	438	134	1634	74858	6604
黑龙江科学技术出版社	208	150	73	8340	2423	208	150	73	8340	2423
黑龙江少年儿童出版社	302	112	912	22393	2113	302	112	912	22369	2099
北方文艺出版社	108	95	55	6477	923	108	95	55	6477	923
黑龙江朝鲜民族出版社	75	73	24	2768	448	75	73	24	2768	448
黑龙江美术出版社	207	153	964	19242	5241	167	143	123	5279	2090
哈尔滨出版社	136	129	73	12431	3628	136	129	73	12431	3628
哈尔滨地图出版社	89	61	264	6791	2502	39	22	76	3989	1251
东北林业大学出版社	112	79	122	8018	896	99	69	120	7699	854
哈尔滨工程大学出版社	106	84	87	8201	1011	106	84	87	8201	1011
哈尔滨工业大学出版社	134	57	75	9985	1196	134	57	75	9985	1196
上海人民出版社	458	284	624	68365	10076	444	284	492	60902	9222
上海教育出版社	1867	591	7341	303581	29021	1210	464	3742	155615	16079
上海科学技术出版社	885	357	1734	172546	20206	691	346	1288	124598	15911
上海科技教育出版社	718	272	4877	118685	13902	687	272	4634	111159	12855
上海科学普及出版社	290	152	291	22452	3620	285	147	288	22292	3574
少年儿童出版社	545	339	1292	95055	14104	545	339	1292	95055	14104
上海文艺出版社	644	312	745	69815	9499	608	307	581	61696	8632
上海辞书出版社	144	81	222	69365	21329	144	81	222	69365	21329
上海人民美术出版社	214	133	268	9084	4208	181	101	208	5946	2368
上海古籍出版社	250	153	209	32500	5044	232	153	165	26460	4641
上海译文出版社	290	150	360	71367	7177	240	150	342	69504	7057
上海书画出版社	307	176	1860	45528	6714	196	94	91	4961	2168
上海书店	215	139	120	13314	3422	205	129	111	12191	3116
上海科学技术文献出版社	234	123	242	32194	4568	233	122	241	32174	4558
上海画报出版社	55	55	43	2278	1260	51	51	39	2238	1232
立信会计出版社	196	73	178	23395	3226	153	65	112	14842	2023
汉语大词典出版社	120	77	200	29170	3649	120	77	200	29170	3649
上海远东出版社	254	141	276	29887	3408	241	128	273	29549	3361
上海三联书店	170	131	181	19824	3983	158	127	173	18311	3844
文汇出版社	196	168	272	21368	3166	196	168	272	21368	3166
学林出版社	201	182	105	12495	2127	201	182	105	12495	2127
上海社会科学院出版社	123	122	41	7373	1728	123	122	41	7373	1728

准书号》部分					不使用《中国标准书号》部分——图片合计					附：活页文选影印书等用纸	
课本											
种数（种）		印数	印张	总定价	种数（种）		印数	印张	总定价	印张	总定价
合计	新出	(万册、张)	(千印张)	(万元)	合计	新出	(万册、张)	(千印张)	(万元)	(千印张)	(万元)
					1	**1**	**1**	**30**	**28**		
					1	1	5	375	38		
7	6	1	188	29							
167	56	2282	60464	8261							
										24	14
40	10	841	13963	3151							
					50	39	188	2802	1251		
13	10	2	319	42							
12		43	6573	498	2		89	890	356		
612	117	3574	145109	12534	45	10	25	2857	408		
190	8	408	47420	4098	4	3	38	528	197		
31		243	7526	1047							
					5	5	3	160	46		
36	5	164	8119	867							
1		4	136	19	32	32	56	3002	1821		
18		44	6040	403							
50		18	1863	120							
82	55	1747	37785	3814	29	27	22	2782	732		
					10	10	9	1123	306		
					1	1	1	20	10		
					4	4	4	40	28		
43	8	66	8553	1203							
13	13	3	338	47							
12	4	8	1513	139							

	图书总计					使用《中国标				
						书籍				
	种数（种）		印数	印张	总定价	种数（种）		印数	印张	总定价
	合计	新出	（万册、张）	（千印张）	（万元）	合计	新出	（万册、张）	（千印张）	（万元）
复旦大学出版社	463	263	445	60623	7323	368	219	358	46542	5625
华东理工大学出版社	195	90	118	15499	1981	74	37	45	5553	765
华东师范大学出版社	419	244	941	95911	9336	235	188	430	45980	4660
上海交通大学出版社	394	204	432	43930	6168	292	151	383	37789	5333
上海外语教育出版社	651	245	2798	309330	28301	479	214	850	74933	8330
上海医科大学出版社	130	83	75	10677	2021	129	83	75	10663	2019
上海中医学院出版社	101	51	39	4658	741	101	51	39	4292	716
同济大学出版社	180	120	105	17066	2793	98	70	62	10122	1925
中国纺织大学出版社	53	40	21	1809	445	30	24	13	877	277
上海财经大学出版社	166	117	121	16759	2746	108	92	88	11864	2131
上海大学出版社	70	69	44	4518	694	30	30	17	1756	331
百家出版社	133	103	181	10524	1660	131	101	177	10004	1550
上海第二军医大学出版社	42	38	18	2336	487	42	38	18	2336	487
江苏人民出版社	336	272	1564	90961	10253	334	270	1558	90746	10197
江苏教育出版社	1216	628	14303	646681	63381	1209	621	14300	645713	63132
江苏科学技术出版社	453	184	2704	106839	15279	452	184	2702	106779	15244
江苏少年儿童出版社	472	122	7660	243504	32068	408	115	6232	188145	25161
江苏文艺出版社	132	82	389	23472	2910	132	82	389	23472	2910
江苏美术出版社	165	80	205	8934	3109	165	80	205	8934	3109
江苏古籍出版社	151	81	293	21363	2620	151	81	293	21363	2620
古吴轩出版社	76	65	57	3063	1325	63	52	35	1839	698
南京出版社	182	93	265	17226	1727	182	93	265	17226	1727
译林出版社	324	153	1412	105808	10118	323	152	1412	105799	10116
东南大学出版社	260	135	125	19014	2632	117	86	52	6908	1213
河海大学出版社	179	140	115	13482	1861	101	92	53	5937	983
南京大学出版社	256	145	177	25296	2827	70	52	65	7831	857
苏州大学出版社	209	125	421	44091	4640	111	74	293	29130	2998
中国矿业大学出版社	203	186	107	12322	1640	97	93	55	5252	742
南京师范大学出版社	273	197	462	51921	4760	206	156	418	47146	4148
浙江人民出版社	287	251	392	32184	5346	287	251	392	32184	5346
浙江教育出版社	557	259	4375	215661	21681	508	228	4063	201461	20143
浙江科学技术出版社	301	162	410	32298	5029	278	160	234	22073	4148
浙江少年儿童出版社	555	302	1806	61155	9065	545	292	1777	60867	8892
浙江文艺出版社	200	158	230	25653	3337	200	158	230	25653	3337
浙江人民美术出版社	221	141	239	13635	4504	191	111	171	7355	3066
浙江摄影出版社	162	133	184	12370	3341	112	84	135	8611	2421
浙江古籍出版社	140	82	258	16365	2010	140	82	258	16365	2010
杭州出版社	76	55	52	5929	885	76	55	52	5929	885

准书号》部分					不使用《中国标准书号》部分——图片合计					附：活页文选影印书等用纸	
课本											
种数（种）		印数	印张	总定价	种数（种）		印数	印张	总定价	印张	总定价
合计	新出	(万册、张)	(千印张)	(万元)	合计	新出	(万册、张)	(千印张)	(万元)	(千印张)	(万元)
95	**44**	**87**	**14081**	**1698**							
121	53	73	9946	1216							
184	56	511	49931	4676							
100	52	45	5673	736	2	1	4	468	99		
172	31	1948	234397	19971							
1			14	2							
										366	25
82	50	43	6944	868							
23	16	8	932	168							
58	25	33	4895	615							
39	38	26	2697	349	1	1	1	65	14		
					2	2	4	520	110		
					2	2	6	215	56		
					7	7	3	968	249		
					1		2	60	35		
21	4	1380	50418	6184	43	3	48	4941	723		
					13	13	22	1224	627		
					1	1		9	2		
143	49	73	12106	1419							
78	48	62	7545	878							
186	93	112	17465	1970							
98	51	128	14961	1642							
106	93	52	7070	898							
47	35	32	4317	486	20	6	12	458	126		
49	31	312	14200	1538							
23	2	176	10019	862						206	19
					10	10	29	288	173		
					30	30	68	6280	1438		
					50	49	49	3759	920		

	图书总计					使用《中国标书籍				
	种数(种)		印数	印张	总定价	种数(种)		印数	印张	总定价
	合计	新出	(万册、张)	(千印张)	(万元)	合计	新出	(万册、张)	(千印张)	(万元)
西泠出版社	88	79	65	6528	1661	72	63	36	2874	851
宁波出版社	126	81	175	20060	2530	126	81	175	20060	2530
杭州大学出版社	47	47	18	2707	353	42	42	13	1927	261
浙江大学出版社	306	135	538	38540	3903	243	118	503	33245	3326
中国美术学院出版社	100	62	83	6184	2020	84	46	58	3402	1057
安徽人民出版社	114	105	106	13331	1935	114	105	106	13331	1935
安徽教育出版社	990	198	14262	491489	39779	869	182	9281	386863	29467
安徽科学技术出版社	323	193	452	44007	4801	318	190	443	42855	4677
安徽少年儿童出版社	269	116	5569	148041	10840	262	109	5562	147971	10826
安徽文艺出版社	99	96	48	5918	918	99	96	48	5918	918
安徽美术出版社	101	81	666	11074	2821	96	79	553	7431	2449
黄山书社	116	106	567	19195	3305	114	104	107	8845	1925
中国科学技术大学出版社	114	101	62	10123	1112	70	62	43	6730	737
安徽大学出版社	119	107	101	9215	1186	68	62	28	3059	476
福建人民出版社	582	247	3331	93500	10789	552	239	3301	91423	10511
福建教育出版社	455	286	5049	157901	15986	325	228	2406	84012	8159
福建科学技术出版社	302	149	298	22157	3327	297	147	287	20903	3181
福建少年儿童出版社	298	143	696	22324	2508	244	140	291	15068	1698
海峡文艺出版社	183	124	146	8918	915	183	124	146	8918	915
福建美术出版社	151	149	65	5602	3456	32	30	10	935	512
海潮摄影艺术出版社	104	104	93	9717	6693	44	44	38	1928	928
福建省地图出版社	61	52	107	3527	986	24	15	37	2461	574
鹭江出版社	602	258	4055	228600	21583	602	258	4055	228600	21583
厦门大学出版社	165	124	70	8621	1265	146	110	63	7491	1142
海风出版社	30	30	10	780	164	30	30	10	780	164
江西人民出版社	155	114	548	22902	2475	155	114	548	22902	2475
江西教育出版社	428	333	5344	178083	14890	428	333	5344	178083	14890
江西科学技术出版社	231	170	666	35738	3981	231	170	666	35738	3981
百花洲文艺出版社	118	89	358	21518	1753	115	89	262	15690	1501
二十一世纪出版社	297	148	1914	33342	7742	273	133	1894	32964	6956
江西美术出版社	145	67	1866	41360	7712	123	54	536	15814	2703
江西高校出版社	182	112	219	14150	1627	182	112	219	14150	1627
山东人民出版社	217	142	2607	66135	6140	140	129	188	16870	2232
山东教育出版社	644	218	7914	423598	31229	619	217	7284	379826	28826
山东科学技术出版社	353	237	2257	106136	9182	277	235	184	18852	2917
明天出版社	469	95	1685	71629	7795	463	93	1680	70494	7571
山东文艺出版社	150	101	191	10843	1609	150	101	191	10843	1609
山东美术出版社	243	123	3971	86356	13811	147	103	161	5974	2411

准书号》部分					不使用《中国标准书号》部分——图片合计					附：活页文选影印书等用纸	
课本											
种数(种)		印数	印张	总定价	种数(种)		印数	印张	总定价	印张	总定价
合计	新出	(万册、张)	(千印张)	(万元)	合计	新出	(万册、张)	(千印张)	(万元)	(千印张)	(万元)
					16	**16**	**29**	**3654**	**810**		
5	5	5	780	92							
63	17	35	5295	577							
					16	16	25	2782	963		
121	16	4981	104626	10312							
1		7	998	89	4	3	2	11	7	143	28
					7	7	7	70	14		
3		109	3503	324	2	2	4	140	48		
2	2	460	10350	1380							
44	39	19	3393	375							
51	45	73	6156	710							
22	8	29	1855	225	8		1	200	48	22	5
130	58	2643	73889	7827							
5	2	11	1254	146							
54	3	405	7157	746						99	64
					119	119	55	4594	2829	73	115
					60	60	55	5793	2146	1996	3619
2	2	2	39	4	35	35	68	1022	400	5	8
19	14	7	1130	123							
3		96	5828	252							
					24	15	20	144	100	234	686
20	11	1325	25439	4959	2	2	5	100	22	7	28
77	13	2419	49265	3908							
24		629	43762	2398	1	1	1	10	5		
75	2	2073	87278	6263	1			6	2		
					6	2	5	195	127	940	97
68	7	3790	78043	10883	28	13	20	2339	517		

	图书总计					使用《中国标				
						书籍				
	种数(种)		印数	印张	总定价	种数(种)		印数	印张	总定价
	合计	新出	(万册、张)	(千印张)	(万元)	合计	新出	(万册、张)	(千印张)	(万元)
山东画报出版社	104	89	343	12114	2905	100	85	343	12026	2855
山东省地图出版社	57	57	52	998	442	11	11	3	437	100
山东友谊出版社	167	131	630	29267	2859	161	125	474	17538	2144
齐鲁书社	75	49	86	6832	863	75	49	86	6832	863
济南出版社	130	91	202	17327	1923	130	91	202	17327	1923
泰山出版社	38	20	223	4725	635	20	20	16	1244	161
青岛出版社	524	214	2299	69135	8581	499	213	1959	62721	7852
山东大学出版社	176	138	119	13302	1620	176	138	119	13302	1620
石油大学出版社	137	107	75	11390	1236	86	72	46	6404	722
青岛海洋大学出版社	116	104	65	7795	929	91	84	55	6322	765
黄河出版社	86	86	85	9293	1454	86	86	85	9293	1454
河南人民出版社	255	189	803	27183	4792	203	168	298	17923	2407
河南科学技术出版社	267	162	851	42843	5223	239	152	444	30341	3809
海燕出版社	544	138	8154	201057	18409	533	131	8139	200786	18317
河南文艺出版社	82	56	411	28485	3451	69	53	124	21030	2777
河南美术出版社	119	75	364	7862	1917	113	69	358	7367	1377
文心出版社	141	48	1057	44967	3210	141	48	1057	44967	3210
中州古籍出版社	118	96	49	7542	1252	118	96	49	7542	1252
中原农民出版社	201	113	299	18950	2433	201	113	299	18950	2433
大象出版社	464	223	3418	145528	10029	464	223	3418	145528	10029
黄河水利出版社	125	96	34	3817	800	125	96	34	3817	800
河南大学出版社	171	111	219	17883	1974	148	93	213	17050	1869
河南医科大学出版社	86	63	44	7598	1086	86	63	44	7598	1086
湖北人民出版社	401	316	417	35286	4644	401	316	417	35286	4644
湖北教育出版社	885	200	7217	339240	31261	752	160	3963	238842	19800
湖北科学技术出版社	299	165	1302	43712	5586	243	159	294	15530	2578
湖北少年儿童出版社	379	108	7781	191718	17312	367	105	7766	191556	17273
长江文艺出版社	217	147	1400	73443	9861	175	134	176	26242	3348
湖北辞书出版社	73	38	75	8710	918	73	38	75	8710	918
湖北美术出版社	229	129	2312	51377	11328	167	108	500	13908	2488
武汉出版社	328	235	1641	76366	7809	265	211	756	48476	5493
华中理工大学出版社	443	233	296	40207	4370	387	215	264	34753	3794
华中师范大学出版社	314	112	647	52891	4911	305	109	630	51040	4727
武汉测绘科技大学出版社	105	76	118	11653	1070	83	61	78	5383	628
武汉大学出版社	315	150	264	39064	3915	162	117	69	8494	897
武汉工业大学出版社	192	119	135	19852	2028	98	84	45	5792	754
中国地质大学出版社	151	104	163	19717	2167	148	101	159	19271	2119
武汉水利电力大学出版社	38	31	15	2081	282	35	28	13	1708	245

准书号》部分					不使用《中国标准书号》部分——图片合计					附：活页文选影印书等用纸	
课本											
种数（种）		印数	印张	总定价	种数（种）		印数	印张	总定价	印张	总定价
合计	新出	(万册、张)	(千印张)	(万元)	合计	新出	(万册、张)	(千印张)	(万元)	(千印张)	(万元)
2	**2**		**44**	**25**	**2**	**2**		**44**	**25**		
					46	46	49	518	328	43	14
6	6	156	11729	715							
18		207	3481	474							
23		314	6154	650	2	1	26	260	79		
51	35	29	4986	514							
25	20	10	1473	164							
52	21	505	9260	2385							
26	9	406	12487	1401	2	1	1	15	13		
					11	7	15	171	67	100	25
13	3	287	7455	674							
					6	6	6	495	540		
23	18	6	833	105							
133	40	3254	100398	11461							
56	6	1008	28182	3008							
					12	3	15	162	39		
42	13	1224	47201	6513							
40	9	1784	34950	7969	22	12	28	2519	871		
63	24	885	27890	2316							
56	18	32	5454	576							
9	3	17	1851	184							
22	15	40	6270	442							
153	33	195	30570	3018							
94	35	90	14060	1274							
3	3	4	446	48							
3	3	2	373	37							

	图书总计					使用《中国标 书籍				
	种数(种)		印数	印张	总定价	种数(种)		印数	印张	总定价
	合计	新出	(万册、张)	(千印张)	(万元)	合计	新出	(万册、张)	(千印张)	(万元)
湖南出版社	328	258	264	31714	3673	328	258	264	31714	3673
湖南教育出版社	664	197	8191	294227	27081	528	173	4015	165786	14877
湖南科学技术出版社	529	257	473	54086	6485	467	251	339	35821	5225
湖南少年儿童出版社	325	190	2389	63090	6544	320	189	2377	62737	6494
湖南文艺出版社	317	176	2461	92037	12417	276	175	334	32203	4645
湖南美术出版社	250	141	4674	100942	16659	188	137	1510	36038	7377
湖南地图出版社	120	120	303	4930	2227	29	29	59	2898	1311
岳麓书社	133	92	536	62263	4251	123	88	112	25165	2024
湖南师范大学出版社	258	182	796	58359	4133	252	176	169	18760	1846
中南工业大学出版社	160	80	75	9698	1114	160	80	75	9698	1114
湖南大学出版社	111	78	63	7171	824	111	78	63	7171	824
国防科技大学出版社	121	86	47	6724	813	48	42	19	2116	264
广东人民出版社	440	301	914	91271	7440	440	301	914	91271	7440
广东教育出版社	813	150	10043	402996	40709	687	143	8110	323287	30742
广东高等教育出版社	321	178	315	33446	3695	317	178	312	33118	3668
广东科技出版社	253	116	223	23423	4012	249	112	201	22313	3934
广东经济出版社	198	179	235	26698	44173	196	177	234	26686	44160
广东省地图出版社	141	78	198	4737	1887	70	54	90	3678	1212
广东旅游出版社	165	87	185	14710	2851	163	86	165	14560	2776
岭南美术出版社	136	60	3134	53259	10004	70	42	656	15214	1854
新世纪出版社	545	193	1693	54614	5996	545	193	1693	54464	5984
花城出版社	306	271	224	18116	4249	306	271	224	18116	4249
海天出版社	276	276	180	18587	3166	276	276	180	18587	3166
广州出版社	133	133	114	11018	2997	130	130	111	10898	2877
珠海出版社	91	90	173	15448	2355	91	90	173	15448	2355
华南理工大学出版社	193	92	114	11302	1533	115	64	79	6506	868
汕头大学出版社	81	68	59	5369	791	81	68	59	5369	791
中山大学出版社	240	128	127	16364	2146	123	88	54	5546	796
暨南大学出版社	145	95	96	13369	1909	145	95	96	13369	1909
广西人民出版社	288	119	1260	50663	5293	275	119	949	40357	4136
广西教育出版社	470	181	2646	109522	11989	420	179	2181	95902	10439
广西科学技术出版社	451	283	1691	73161	8076	450	282	1689	73156	8070
接力出版社	390	165	3500	105599	11039	355	165	3252	97505	9903
广西民族出版社	242	193	436	22887	2585	242	193	436	22887	2585
广西美术出版社	346	177	2003	45377	10745	227	120	562	10328	3198
漓江出版社	204	142	1667	60566	7388	201	140	579	36426	4493
广西师范大学出版社	400	200	5367	203962	17807	319	174	1764	124645	10355
海南出版社	364	186	845	86179	11626	364	186	835	85278	11556

准书号》部分					不使用《中国标准书号》部分——图片合计					附：活页文选影印书等用纸	
课本											
种数（种）		印数	印张	总定价	种数（种）		印数	印张	总定价	印张	总定价
合计	新出	(万册、张)	(千印张)	(万元)	合计	新出	(万册、张)	(千印张)	(万元)	(千印张)	(万元)
136	24	4176	128441	12204							
62	6	134	12500	864						5765	396
					5	1	12	353	50		
41	1	2127	59834	7772							
58	2	3154	64007	9087	4	2	10	897	195		
					91	91	244	2032	916		
10	4	424	37098	2227							
6	6	627	39599	2287							
73	44	28	4608	549							
111	7	1932	79664	9953	15		1	45	14		
4		3	328	27							
					4	4	22	1110	78		
					2	2	1	12	13		
					71	24	108	1059	675		
					2	1	20	150	75		
64	16	2470	37964	7893	2	2	8	81	257		
										150	12
					3	3	3	120	120		
78	28	35	4796	665							
117	40	73	10818	1350							
13		311	10306	1157							
50	2	465	13620	1550							
					1	1·	2	5	6		
25		229	6935	806	10		19	190	48	969	282
50	1	1350	28611	5224	69	56	91	5577	2166	861	157
2	1	1084	24100	2877	1	1	4	40	18		
81	26	3603	79317	7452							
		10	901	70							

	图书总计					使用《中国标 书籍				
	种数(种)		印数	印张	总定价	种数(种)		印数	印张	总定价
	合计	新出	(万册、张)	(千印张)	(万元)	合计	新出	(万册、张)	(千印张)	(万元)
南方出版社	202	123	218	19702	3049	201	122	217	19698	3041
南海出版公司	214	166	155	21230	3176	214	166	155	21230	3176
海南出版公司			1799	93969	11231					
重庆出版社	666	329	10595	455625	38777	664	327	4327	146168	14750
西南师范大学出版社	441	189	1285	106680	8281	268	106	980	69098	5784
重庆大学出版社	394	194	370	34525	4020	102	92	55	7198	1006
四川人民出版社	433	355	628	41943	6645	433	355	628	41920	6609
四川教育出版社	745	168	6711	293404	24771	584	155	4720	222690	18441
四川科学技术出版社	370	283	339	27657	3302	370	283	339	27657	3302
四川少年儿童出版社	404	203	4512	154939	16183	403	203	4510	154919	16178
四川文艺出版社	121	67	535	39798	3465	121	67	535	39798	3465
四川民族出版社	468	54	1261	64891	5761	213	37	1151	61246	5437
四川美术出版社	155	154	164	4400	3890	106	105	115	3290	2222
四川辞书出版社	136	65	179	21464	2782	135	64	176	21284	2699
天地出版社	144	131	340	20567	2268	144	131	340	20567	2268
巴蜀书社	111	107	47	8588	1486	111	107	47	8588	1486
成都地图出版社	152	66	358	7588	2977	102	29	256	6843	2614
蜀蓉棋艺出版社	76	46	58	6060	874	76	46	58	6060	874
成都科技大学出版社	125	83	55	7192	928	76	55	32	3959	565
电子科技大学出版社	197	131	82	13171	1579	100	73	39	5925	783
四川大学出版社	70	27	33	4353	584	45	20	17	2146	311
西南财经大学出版社	241	147	158	18810	3146	147	115	96	10075	2008
西南交通大学出版社	137	131	64	8589	1281	62	60	22	3344	574
贵州人民出版社	482	260	9983	423674	31854	466	256	3559	103625	9632
贵州教育出版社	287	133	2236	48998	4352	233	112	1620	37627	3100
贵州科学技术出版社	191	191	418	18327	2039	191	191	418	18327	2039
贵州民族出版社	104	52	416	10572	1069	104	52	416	10572	1069
云南人民出版社	271	251	8676	434378	34441	270	250	299	24313	4092
云南教育出版社	527	202	3595	118522	13338	477	202	2737	80283	10089
云南科学技术出版社	173	173	235	22651	2011	172	172	185	16318	1961
晨光出版社	509	115	3323	108354	10163	506	115	3319	108314	10151
德宏民族出版社	69	69	21	3259	662	69	69	21	3259	662
云南美术出版社	186	143	218	5357	1838	112	82	187	5086	1782
云南民族出版社	202	202	81	6847	1475	201	201	80	6824	1453
云南大学出版社	130	130	39	4499	1003	130	130	39	4499	1003
西藏人民出版社	343	59	492	24041	2614	34	34	16	1826	230
陕西人民出版社	381	348	5729	331093	31491	335	309	204	20215	3030
陕西人民教育出版社	837	359	2112	73720	8980	798	357	1914	67193	7969

准　书　号》部　分					不使用《中国标准书号》部分——图片合计					附：活页文选影印书等用纸	
课本											
种　数（种）		印　数	印　张	总定价	种　数（种）		印　数	印　张	总定价	印　张	总定价
合 计	新 出	（万册、张）	（千印张）	（万元）	合 计	新 出	（万册、张）	（千印张）	（万元）	（千印张）	（万元）
					1	**1**	**1**	**4**	**8**		
		1799	93969	11231							
2	2	6268	309382	24019						75	8
168	78	302	37407	2360	5	5	3	175	137		
292	102	315	27327	3014							
										23	36
161	13	1991	70714	6330							
					1		2	20	5		
255	17	110	3645	324							
					49	49	49	1110	1668		
					1	1	3	180	83		
					50	37	102	745	363		
49	28	23	3233	363							
97	58	43	7246	796							
25	7	16	2207	273							
94	32	62	8735	1138							
73	69	38	5005	597	2	2	4	240	110		
		6408	319945	22164	16	4	16	104	58		
54	21	616	11371	1252							
		8374	410005	30340	1	1	3	60	9		
50		858	38239	3249							
					1	1	50	6333	50		
					3		4	40	12		
					74	61	31	271	56		
					1	1	1	18	6	5	16
306	24	473	22165	2360	3	1	3	50	24		
46	39	5525	310878	28461							
39	2	198	6527	1011							

	图书总计					使用《中国标书籍				
	种数(种)		印数	印张	总定价	种数(种)		印数	印张	总定价
	合计	新出	(万册、张)	(千印张)	(万元)	合计	新出	(万册、张)	(千印张)	(万元)
陕西科学技术出版社	86	71	609	44353	4200	85	70	382	13469	2038
未来出版社	583	139	3884	98781	12923	583	139	3884	98781	12923
太白文艺出版社	54	46	290	10179	1359	36	28	16	1896	202
陕西人民美术出版社	161	95	1610	37979	7284	113	50	515	14950	2787
陕西旅游出版社	25	25	22	1878	457	25	25	22	1878	457
三秦出版社	77	49	119	5597	703	77	49	119	5597	703
西安出版社	360	100	1261	41147	4447	360	100	1261	41032	4439
西安地图出版社	70	64	44	1660	725	48	47	19	1352	465
陕西师范大学出版社	217	109	234	30605	3102	205	99	223	29989	3032
西安电子科技大学出版社	232	132	146	25680	2760	197	118	128	22354	2458
西安交通大学出版社	205	129	140	19410	2085	27	25	7	1212	169
西北大学出版社	58	58	15	2094	333	55	55	14	1964	319
西北工业大学出版社	132	84	77	7959	932	118	74	72	7189	847
甘肃人民出版社	174	163	5884	275015	26321	114	103	171	5243	1197
甘肃教育出版社	232	79	332	13913	1333	224	76	260	10411	1038
甘肃科学技术出版社	46	35	20	1757	260	46	35	20	1639	252
甘肃少年儿童出版社	293	204	1267	35594	3730	285	203	1136	32962	3393
甘肃文化出版社	102	102	31	2928	695	102	102	31	2928	695
甘肃民族出版社	54	53	32	5140	549	53	52	31	5070	499
甘肃人民美术出版社	40	40	15	1288	795	21	21	6	378	188
敦煌文艺出版社	20	19	7	1735	132	18	17	6	700	99
兰州大学出版社	83	79	62	4797	744	83	79	62	4797	744
青海人民出版社	214	116	1018	63013	5827	208	115	340	25819	3221
青海民族出版社	233	46	108	5777	538	65	40	17	1808	188
宁夏人民出版社	163	148	1196	69609	6375	163	148	102	7546	1276
宁夏人民教育出版社	282	113	625	34108	2601	282	113	625	34108	2601
宁夏少年儿童出版社	11	5	31	303	145	11	5	31	303	145
新疆人民出版社	418	386	213	24099	3852	418	386	213	24099	3852
新疆教育出版社	1064	160	5577	273270	20847	290	29	839	24077	1739
新疆科技卫生出版社	270	139	424	17727	2058	270	139	424	17727	2058
新疆青少年出版社	533	422	494	63888	8047	533	422	494	63888	8047
新疆美术摄影出版社	258	158	756	34904	12103	176	76	571	20120	3435
喀什维吾尔文出版社	65	64	43	4367	646	55	54	35	3407	391
伊犁人民出版社	68	68	75	9349	1823	51	51	59	8234	1554
新疆大学出版社	127	124	53	5285	758	127	124	53	5285	758

准书号》部分					不使用《中国标准书号》部分——图片合计					附：活页文选影印书等用纸	
课本											
种数（种）		印数	印张	总定价	种数（种）		印数	印张	总定价	印张	总定价
合计	新出	（万册、张）	（千印张）	（万元）	合计	新出	（万册、张）	（千印张）	（万元）	（千印张）	（万元）
		222	**30759**	**2117**	**1**	**1**	**5**	**125**	**45**		
18	18	274	8283	1157							
20	20	1078	21620	3943	28	25	17	1409	554		
										115	8
					22	17	25	308	260		
12	10	11	616	70							
35	14	18	3326	302							
178	104	133	18198	1916							
3	3	1	130	14							
14	10	5	770	85							
53	53	5708	269488	24976	7	7	5	284	148		
8	3	72	3502	295							
										118	8
8	1	131	2394	321						238	16
					1	1	1	70	50		
					19	19	9	890	604	20	3
					2	2	1	1035	33		
4		674	37176	2594	2	1	4	18	12		
165	3	85	3822	320	3	3	6	32	25	115	5
		1094	62063	5099							
774	131	4738	249193	19108							
					82	82	185	14496	8626	288	42
					10	10	8	960	255		
					17	17	16	1115	269		

使用《中国标准书号》各类图书的
平均印数、平均印张和平均定价

全　国

	每种印数（万册）			每册印张(印张)			每册定价(元)			每印张定价(元)		
	新出	重印	租型	新出	重印	租型	新出	重印	租型	新出	重印	租型
使用《标准书号》部分合计	**1.90**	**5.97**	**21.37**	**7.21**	**4.40**	**5.55**	**11.05**	**4.53**	**4.48**	**1.53**	**1.03**	**0.81**
A 马列主义、毛泽东思想	1.81	2.55	1.78	10.08	10.15	3.30	18.49	12.77	4.23	1.84	1.26	1.28
B 哲　　学	0.66	0.76	0.42	11.14	12.56	4.01	18.76	14.45	6.19	1.68	1.15	1.54
C 社会科学总论	0.60	1.12		13.07	11.21		23.80	13.52		1.82	1.21	
D 政治、法律	1.23	2.03	2.11	11.18	10.69	2.06	19.53	11.33	2.91	1.75	1.06	1.41
E 军　　事	0.96	0.63		11.54	9.08		25.41	12.94		2.20	1.43	
F 经　　济	0.75	1.05	0.75	14.50	12.94	14.44	26.34	15.68	18.50	1.82	1.21	1.28
G 文化、科学、教育、体育	4.17	8.61	22.06	5.21	3.71	5.58	5.80	3.61	4.49	1.11	0.97	0.80
H 语言、文字	1.17	2.97		12.04	13.80		16.29	14.32		1.35	1.04	
I 文　　学	0.78	1.50	7.61	12.64	10.90	4.12	18.57	12.52	4.98	1.47	1.15	1.21
J 艺　　术	1.12	2.67	8.69	5.40	3.73	3.11	27.52	7.10	3.94	5.10	1.90	1.26
K 历史、地理	0.58	3.28	29.09	15.27	5.66	3.59	37.76	8.86	2.61	2.47	1.57	0.73
N 自然科学总论	2.22	11.05		10.57	2.09		26.49	2.37		2.51	1.13	
O 数理科学、化学	0.69	1.70		12.20	12.40		15.71	11.59		1.29	0.93	
P 天文学、地球科学	0.28	0.45		10.75	13.86		22.15	20.58		2.06	1.48	
Q 生物科学	0.34	0.66		13.42	15.74		31.19	16.70		2.32	1.06	
R 医药、卫生	0.66	1.08	0.50	13.98	15.80	4.25	23.44	19.29	6.00	1.68	1.22	1.41
S 农业科学	0.91	0.88		5.93	7.93		9.30	9.34		1.57	1.18	
T 工业技术	0.64	0.88		16.96	15.77		28.90	19.17		1.70	1.22	
U 交通运输	1.07	0.74		10.57	13.30		18.22	18.17		1.72	1.37	
V 航空、航天	0.34	0.15		12.74	18.04		28.88	26.30		2.27	1.46	
X 环境科学	1.10	3.26		6.05	5.84		12.02	6.09		1.99	1.04	
Z 综合性图书	0.83	1.51	0.25	12.36	12.15	14.62	30.81	14.38	16.80	2.49	1.18	1.15

使用《中国标准书号》各类图书的平均印数、平均印张和平均定价

中　央

	每种印数（万册）			每册印张(印张)			每册定价(元)			每印张定价(元)		
	新出	重印	租型	新出	重印	租型	新出	重印	租型	新出	重印	租型
使用《标准书号》部分合计	**1.17**	**3.68**	**0.50**	**11.58**	**6.56**	**15.63**	**19.93**	**7.44**	**18.00**	**1.72**	**1.13**	**1.15**
A 马列主义、毛泽东思想	2.54	3.20		8.25	11.89		18.22	14.93		2.21	1.26	
B 哲　　学	0.83	0.85		10.80	12.25		21.54	14.57		1.99	1.19	
C 社会科学总论	0.68	1.44		13.78	12.42		26.42	15.34		1.92	1.23	
D 政治、法律	1.46	2.30		11.48	10.69		20.12	11.25		1.75	1.05	
E 军　　事	1.04	0.40		11.49	13.55		26.93	20.93		2.34	1.55	
F 经　　济	0.91	1.29		15.10	12.38		28.82	14.87		1.91	1.20	
G 文化、科学、教育、体育	2.18	7.61	0.50	8.89	4.20	15.63	11.52	4.63	18.00	1.30	1.10	1.15
H 语言、文字	1.63	3.70		11.05	14.93		15.54	16.54		1.41	1.11	
I 文　　学	0.90	1.34		12.79	14.86		21.29	18.16		1.66	1.22	
J 艺　　术	0.78	1.25		9.28	7.02		44.54	13.41		4.80	1.91	
K 历史、地理	0.62	4.95		17.08	4.85		47.03	7.26		2.75	1.50	
N 自然科学总论	0.78	1.37		13.38	11.38		23.21	13.27		1.73	1.17	
O 数理科学、化学	0.80	2.27		11.67	12.49		15.96	11.43		1.37	0.92	
P 天文学、地球科学	0.21	0.41		12.42	12.28		27.85	15.43		2.24	1.26	
Q 生物科学	0.31	0.70		16.79	16.77		40.44	17.61		2.41	1.05	
R 医药、卫生	0.70	1.22		15.96	17.49		25.77	19.46		1.61	1.11	
S 农业科学	0.99	1.03		6.92	8.43		10.89	9.54		1.57	1.13	
T 工业技术	0.65	0.94		17.99	16.12		31.22	19.32		1.74	1.20	
U 交通运输	1.09	0.65		10.93	13.96		18.70	18.55		1.71	1.33	
V 航空、航天	0.32	0.10		12.73	18.00		30.09	28.00		2.36	1.56	
X 环境科学	1.02	1.14		5.04	7.10		10.72	9.38		2.13	1.32	
Z 综合性图书	0.77	1.76		15.07	7.16		42.78	8.57		2.84	1.20	

使用《中国标准书号》各类图书的
平均印数、平均印张和平均定价

地　方

	每种印数（万册）			每册印张(印张)			每册定价(元)			每印张定价(元)		
	新出	重印	租型	新出	重印	租型	新出	重印	租型	新出	重印	租型
使用《标准书号》部分合计	**2.42**	**6.98**	**21.37**	**5.68**	**3.90**	**5.55**	**7.94**	**3.85**	**4.48**	**1.40**	**0.99**	**0.81**
A 马列主义、毛泽东思想	1.37	2.16	1.78	12.07	8.65	3.30	18.80	10.91	4.23	1.56	1.26	1.28
B 哲　　学	0.54	0.69	0.42	11.52	12.84	4.01	15.62	14.34	6.19	1.36	1.12	1.54
C 社会科学总论	0.51	0.86		11.95	9.57		19.71	11.04		1.65	1.15	
D 政治、法律	0.80	1.13	2.11	10.14	10.67	2.06	17.50	11.84	2.91	1.73	1.11	1.41
E 军　　事	0.69	1.17		11.82	5.33		17.71	6.24		1.50	1.17	
F 经　　济	0.54	0.80	0.75	13.20	13.89	14.44	20.98	17.06	18.50	1.59	1.23	1.28
G 文化、科学、教育、体育	4.98	8.82	22.06	4.56	3.62	5.58	4.77	3.42	4.49	1.05	0.95	0.80
H 语言、文字	0.78	2.39		13.72	12.41		17.57	11.57		1.28	0.93	
I 文　　学	0.73	1.55	7.61	12.57	9.59	4.12	17.43	10.65	4.98	1.39	1.11	1.21
J 艺　　术	1.21	3.08	8.69	4.72	3.35	3.11	24.56	6.35	3.94	5.20	1.90	1.26
K 历史、地理	0.56	1.52	29.09	14.12	8.45	3.59	31.92	14.38	2.61	2.26	1.70	0.73
N 自然科学总论	2.49	12.31		10.41	1.96		26.67	2.21		2.56	1.13	
O 数理科学、化学	0.59	0.94		12.78	12.10		15.43	12.11		1.21	1.00	
P 天文学、地球科学	0.44	0.49		9.10	15.63		16.54	26.37		1.82	1.69	
Q 生物科学	0.38	0.56		9.70	12.29		21.00	13.64		2.17	1.11	
R 医药、卫生	0.62	0.95	0.50	11.48	13.99	4.25	20.51	19.11	6.00	1.79	1.37	1.41
S 农业科学	0.83	0.63		4.83	6.63		7.53	8.83		1.56	1.33	
T 工业技术	0.62	0.70		14.44	14.55		23.23	18.62		1.61	1.28	
U 交通运输	1.02	1.04		9.49	11.94		16.77	17.40		1.77	1.46	
V 航空、航天	0.42	0.18		12.76	18.06		24.84	25.83		1.95	1.43	
X 环境科学	1.26	7.24		7.62	5.47		14.03	5.13		1.84	0.94	
Z 综合性图书	0.89	1.22	0.25	9.89	20.71	14.62	19.89	24.34	16.80	2.01	1.18	1.15

各地区使用《中国标准书号》各类图书的
平均印数、平均印张和平均定价

使用《标准书号》部分合计

	每种印数（万册）			每册印张(印张)			每册定价(元)			每印张定价(元)		
	新出	重印	租型	新出	重印	租型	新出	重印	租型	新出	重印	租型
全国总计	**1.90**	**5.97**	**21.37**	**7.21**	**4.40**	**5.55**	**11.05**	**4.53**	**4.48**	**1.53**	**1.03**	**0.81**
中央	**1.17**	**3.68**	**0.50**	**11.58**	**6.56**	**15.63**	**19.93**	**7.44**	**18.00**	**1.72**	**1.13**	**1.15**
地方	**2.42**	**6.98**	**21.37**	**5.68**	**3.90**	**5.55**	**7.94**	**3.85**	**4.48**	**1.40**	**0.99**	**0.81**
北京	1.42	2.69	8.45	8.60	4.30	5.97	13.01	5.14	5.83	1.51	1.20	0.98
天津	1.41	4.82	7.62	6.15	4.64	8.24	11.22	4.69	7.53	1.82	1.01	0.91
河北	5.16	16.38	21.35	4.06	3.45	5.57	4.46	3.11	3.93	1.10	0.90	0.70
山西	2.85	6.25	19.15	5.72	3.48	5.83	5.78	3.20	5.31	1.01	0.92	0.91
内蒙古	1.15	2.97	11.38	15.56	3.70	5.23	15.25	3.00	4.27	0.98	0.81	0.82
辽宁	1.31	5.07	13.59	7.18	3.57	6.01	11.12	4.38	5.10	1.55	1.23	0.85
吉林	1.30	4.32	7.94	9.97	4.89	6.20	14.72	3.96	4.47	1.48	0.81	0.72
黑龙江	1.65	4.76	13.49	4.91	3.33	6.54	9.45	3.71	4.32	1.93	1.11	0.66
上海	1.52	3.25	2.10	8.11	6.40	5.69	13.38	6.67	5.23	1.65	1.04	0.92
江苏	7.64	7.39	28.78	4.69	4.32	6.21	5.12	4.87	5.10	1.09	1.13	0.82
浙江	1.99	11.91	15.27	5.51	4.02	7.00	8.41	4.32	5.03	1.53	1.07	0.72
安徽	2.30	16.92	45.40	4.01	3.37	5.01	6.52	2.60	4.58	1.63	0.77	0.91
福建	4.87	5.30	27.01	4.62	3.32	5.78	4.88	3.59	4.94	1.06	1.08	0.85
江西	6.40	8.52	24.14	2.91	3.59	5.66	3.69	3.50	4.53	1.27	0.98	0.80
山东	1.39	11.87	41.50	7.10	3.75	5.44	9.97	3.25	4.46	1.40	0.87	0.82
河南	2.35	10.92	45.54	5.61	3.27	4.87	6.81	2.78	3.91	1.21	0.85	0.80
湖北	1.78	9.10	21.71	6.36	3.81	6.20	8.41	3.73	4.73	1.32	0.98	0.76
湖南	2.06	11.26	50.22	6.02	3.40	5.86	7.41	3.52	4.33	1.23	1.04	0.74
广东	1.30	7.45	52.94	7.19	4.03	6.06	24.56	4.17	4.98	3.42	1.04	0.82
广西	3.44	9.56	23.36	4.47	3.37	5.74	5.65	3.34	4.73	1.26	0.99	0.82
海南	1.05	2.33	9.00	13.01	8.67	5.24	22.34	9.40	6.25	1.72	1.08	1.19
重庆	2.44	5.44	15.03	7.17	3.89	4.91	7.31	3.40	3.81	1.02	0.87	0.78
四川	2.66	5.23	32.31	5.22	4.59	5.51	6.60	4.36	4.19	1.26	0.95	0.76
贵州	1.75	12.48	21.47	4.42	2.36	4.90	5.83	1.87	3.42	1.32	0.79	0.70
云南	1.68	7.22	16.93	5.14	3.21	4.86	8.30	3.07	3.61	1.62	0.96	0.74
西藏	1.12	1.25	0.43	5.91	4.36	6.66	7.15	4.74	6.33	1.21	1.09	0.95
陕西	2.23	4.54	24.94	4.48	3.18	5.53	6.56	3.81	5.45	1.46	1.20	0.99
甘肃	2.23	3.65	14.02	4.33	2.97	4.78	5.18	3.07	4.43	1.20	1.03	0.93
青海	1.51	0.62	2.06	10.32	3.28	5.45	13.11	2.96	3.82	1.27	0.90	0.70
宁夏	1.34	2.09	3.87	6.46	4.74	5.66	7.12	3.70	4.66	1.10	0.78	0.82
新疆	1.01	2.86	5.63	9.89	4.35	4.93	12.20	3.64	4.34	1.23	0.84	0.88
台湾												

各地区使用《中国标准书号》各类图书的平均印数、平均印张和平均定价

A 马列主义、毛泽东思想

	每种印数（万册）			每册印张(印张)			每册定价(元)			每印张定价(元)		
	新出	重印	租型	新出	重印	租型	新出	重印	租型	新出	重印	租型
全国总计	**1.81**	**2.55**	**1.78**	**10.08**	**10.15**	**3.30**	**18.49**	**12.77**	**4.23**	**1.84**	**1.26**	**1.28**
中央	**2.54**	**3.20**		**8.25**	**11.89**		**18.22**	**14.93**		**2.21**	**1.26**	
地方	**1.37**	**2.16**	**1.78**	**12.07**	**8.65**	**3.30**	**18.80**	**10.91**	**4.23**	**1.56**	**1.26**	**1.28**
北京	1.15			11.07			14.52			1.31		
天津	0.61			13.99			19.32			1.38		
河北	2.40			32.09			249.88			7.79		
山西												
内蒙古												
辽宁	1.20	0.26		11.21	15.29		14.06	16.00		1.25	1.05	
吉林	0.06			16.87			25.10			1.49		
黑龙江	0.24			9.87			15.35			1.56		
上海	1.27	1.50		12.36	10.43		16.17	12.67		1.31	1.21	
江苏	1.48	0.40		13.17	13.13		14.98	14.00		1.14	1.07	
浙江	1.24			13.40			16.05			1.20		
安徽	2.20			12.99			13.50			1.04		
福建		0.20			16.17			21.80			1.35	
江西	2.20			14.42			18.56			1.29		
山东	1.17			14.77			17.75			1.20		
河南	0.40			14.44			19.00			1.32		
湖北	6.91			11.17			12.47			1.12		
湖南	1.11	11.00		10.42	10.68		9.93	13.80		0.95	1.29	
广东	1.24	3.43	1.78	8.51	5.02	3.30	9.07	6.30	4.23	1.07	1.26	1.28
广西												
海南	0.35			15.55			18.23			1.17		
重庆	1.97			10.50			13.49			1.28		
四川	0.65			10.44			11.50			1.10		
贵州	0.66			10.78			12.80			1.19		
云南												
西藏												
陕西	0.10			9.53			16.00			1.68		
甘肃	0.25			8.62			15.00			1.74		
青海												
宁夏												
新疆	0.10			9.38			18.00			1.92		
台湾												

各地区使用《中国标准书号》各类图书的平均印数、平均印张和平均定价

B 哲　学

	每种印数（万册）			每册印张(印张)			每册定价(元)			每印张定价(元)		
	新出	重印	租型	新出	重印	租型	新出	重印	租型	新出	重印	租型
全国总计	**0.66**	**0.76**	**0.42**	**11.14**	**12.56**	**4.01**	**18.76**	**14.45**	**6.19**	**1.68**	**1.15**	**1.54**
中　央	**0.83**	**0.85**		**10.80**	**12.25**		**21.54**	**14.57**		**1.99**	**1.19**	
地　方	**0.54**	**0.69**	**0.42**	**11.52**	**12.84**	**4.01**	**15.62**	**14.34**	**6.19**	**1.36**	**1.12**	**1.54**
北　京	0.41	0.56		11.26	15.61		16.33	19.18		1.45	1.23	
天　津	0.25	1.00		10.67	12.58		15.21	14.10		1.42	1.12	
河　北	0.51	0.40		10.83	8.06		14.50	10.00		1.34	1.24	
山　西												
内蒙古	0.57			15.16			20.60			1.36		
辽　宁	0.78	0.80		7.64	11.46		12.38	16.39		1.62	1.43	
吉　林	0.62	0.50		11.25	18.40		14.66	13.00		1.30	0.71	
黑龙江	0.54	0.46		8.26	7.18		12.31	8.76		1.49	1.22	
上　海	0.56	1.19		14.42	13.74		20.35	13.23		1.41	0.96	
江　苏	0.66	0.22		13.83	15.53		15.69	28.50		1.13	1.83	
浙　江	0.66	0.57		10.47	13.58		14.02	14.67		1.34	1.08	
安　徽	0.47			14.53			16.77			1.15		
福　建	0.36	0.30		6.88	14.67		10.85	19.73		1.58	1.35	
江　西	0.48	0.21		6.87	13.05		10.09	17.15		1.47	1.31	
山　东	0.50	0.66		13.66	12.57		20.51	13.64		1.50	1.09	
河　南	0.83	0.18		11.57	15.00		14.49	14.00		1.25	0.93	
湖　北	0.46	0.52		11.99	9.55		16.04	10.55		1.34	1.10	
湖　南	0.48	0.58		13.07	14.38		14.66	14.48		1.12	1.01	
广　东	0.89	0.52		9.15	11.52		12.25	19.53		1.34	1.70	
广　西	0.30	0.72		7.36	8.89		10.36	10.00		1.41	1.13	
海　南	2.38			8.01			11.39			1.42		
重　庆	0.28			11.64			17.16			1.47		
四　川	0.34	0.18		13.23	12.89		18.23	19.39		1.38	1.50	
贵　州	0.22	0.60		26.63	9.67		32.97	13.69		1.24	1.42	
云　南	0.41	2.00	0.50	9.65	10.13	2.23	14.88	10.20	3.19	1.54	1.01	1.43
西　藏	0.50		0.50	19.78		2.75	28.00		8.50	1.42		3.09
陕　西	0.65	1.15		14.81	16.39		16.62	17.80		1.12	1.09	
甘　肃	0.28			16.64			23.48			1.41		
青　海	0.48	0.30	0.10	20.12	9.92	37.00	25.12	13.29	39.70	1.25	1.34	1.07
宁　夏	0.20	0.21		14.35	10.00		22.25	15.00		1.55	1.50	
新　疆	0.35	0.50		12.03	15.80		13.40	18.50		1.11	1.17	
台　湾												

各地区使用《中国标准书号》各类图书的平均印数、平均印张和平均定价

C 社会科学总论

	每种印数（万册）			每册印张(印张)			每册定价(元)			每印张定价(元)		
	新出	重印	租型	新出	重印	租型	新出	重印	租型	新出	重印	租型
全国 总计	**0.60**	**1.12**		**13.07**	**11.21**		**23.80**	**13.52**		**1.82**	**1.21**	
中 央	**0.68**	**1.44**		**13.78**	**12.42**		**26.42**	**15.34**		**1.92**	**1.23**	
地 方	**0.51**	**0.86**		**11.95**	**9.57**		**19.71**	**11.04**		**1.65**	**1.15**	
北 京	0.31	6.73		19.62	3.60		53.84	3.97		2.74	1.10	
天 津	0.32			13.95			24.13			1.73		
河 北	0.18			12.68			15.20			1.20		
山 西	0.08			12.18			16.53			1.36		
内 蒙 古	0.66			13.16			20.32			1.54		
辽 宁	0.42	1.55		12.30	5.26		17.97	7.52		1.46	1.43	
吉 林	0.40			25.60			83.78			3.27		
黑 龙 江	2.56	0.65		6.89	9.69		6.86	12.55		0.99	1.30	
上 海	0.53	1.50		11.45	9.12		17.28	8.85		1.51	0.97	
江 苏	0.55	0.24		14.29	13.05		18.94	14.81		1.33	1.13	
浙 江	0.48	0.58		14.66	12.52		31.48	12.70		2.15	1.01	
安 徽	0.37	0.30		18.85	11.00		22.82	11.80		1.21	1.07	
福 建	0.16			10.88			15.90			1.46		
江 西	0.46	0.31		10.91	26.72		17.25	35.05		1.58	1.31	
山 东	0.48	0.17		13.12	11.67		17.95	13.34		1.37	1.14	
河 南	0.34	0.30		12.46	15.33		18.71	22.00		1.50	1.43	
湖 北	0.69	0.72		9.47	13.07		12.18	13.59		1.29	1.04	
湖 南	0.28	0.42		14.04	11.50		19.90	12.10		1.42	1.05	
广 东	0.54	0.84		11.82	9.87		18.94	13.65		1.60	1.38	
广 西	0.42	0.80		8.21	18.50		11.60	16.00		1.41	0.86	
海 南	0.42	0.65		12.29	10.81		19.75	12.12		1.61	1.12	
重 庆	0.43	0.40		9.49	9.13		10.84	11.50		1.14	1.26	
四 川	0.53	0.48		11.00	9.64		19.95	15.30		1.81	1.59	
贵 州	0.13			12.86			19.07			1.48		
云 南	0.18			11.88			19.27			1.62		
西 藏												
陕 西	0.58	0.75		11.35	10.53		18.97	18.33		1.67	1.74	
甘 肃	0.29	0.51		15.95	8.25		61.68	8.25		3.87	1.00	
青 海	0.45			10.01			15.13			1.51		
宁 夏	0.19			9.21			16.82			1.83		
新 疆	0.79			11.43			16.66			1.46		
台 湾												

各地区使用《中国标准书号》各类图书的平均印数、平均印张和平均定价

D 政治、法律

	每种印数（万册）			每册印张(印张)			每册定价(元)			每印张定价(元)		
	新出	重印	租型	新出	重印	租型	新出	重印	租型	新出	重印	租型
全国总计	**1.23**	**2.03**	**2.11**	**11.18**	**10.69**	**2.06**	**19.53**	**11.33**	**2.91**	**1.75**	**1.06**	**1.41**
中央	**1.46**	**2.30**		**11.48**	**10.69**		**20.12**	**11.25**		**1.75**	**1.05**	
地方	**0.80**	**1.13**	**2.11**	**10.14**	**10.67**	**2.06**	**17.50**	**11.84**	**2.91**	**1.73**	**1.11**	**1.41**
北京	0.59	0.60		13.83	11.00		20.09	11.96		1.45	1.09	
天津	0.51	0.50	0.40	8.84	10.52	2.03	12.19	14.34	2.67	1.38	1.36	1.32
河北	0.54	1.00	1.25	27.00	9.20	2.04	59.36	10.00	2.65	2.20	1.09	1.30
山西	0.57	0.70		35.66	6.57		141.16	7.20		3.96	1.10	
内蒙古	0.43	1.40	0.29	14.20	12.68	2.02	25.43	15.16	2.72	1.79	1.20	1.35
辽宁	1.55	3.26		7.52	8.41		15.25	10.73		2.03	1.28	
吉林	0.45	6.83		20.05	8.75		36.65	8.10		1.83	0.93	
黑龙江	0.73	0.02	0.63	15.89	40.00	1.89	96.93	70.00	3.08	6.10	1.75	1.63
上海	0.62	0.73	3.42	10.01	10.95	1.87	14.51	12.84	2.71	1.45	1.17	1.45
江苏	0.63	0.69	3.39	13.28	14.81	2.12	16.86	15.16	2.90	1.27	1.02	1.37
浙江	3.55	3.35	7.47	6.03	7.40	1.76	7.00	7.95	2.65	1.16	1.08	1.51
安徽	0.62	0.64	2.50	11.29	9.56	1.73	15.07	13.38	2.50	1.34	1.40	1.44
福建	0.31	1.39	1.20	10.75	12.73	2.06	17.35	14.29	2.87	1.61	1.12	1.39
江西	0.49	1.36	2.00	10.81	8.19	1.94	16.48	8.79	2.92	1.52	1.07	1.51
山东	1.45	0.38	1.64	6.89	11.96	2.47	11.94	12.24	3.32	1.73	1.02	1.34
河南	0.36	0.37	1.57	13.92	12.47	2.41	21.08	17.10	3.27	1.51	1.37	1.35
湖北	0.47	0.74	1.09	11.27	14.38	2.49	15.53	13.87	3.28	1.38	0.96	1.32
湖南	0.69	1.24		11.94	13.86		15.41	15.87		1.29	1.14	
广东	0.72	1.05		11.80	12.65		18.18	14.87		1.54	1.18	
广西	1.76		0.85	6.77		1.93	8.00		2.57	1.18		1.33
海南	0.70			13.52			17.81			1.32		
重庆	3.96	0.83	1.01	4.93	3.96	1.41	5.30	4.26	2.20	1.07	1.08	1.56
四川	0.31	0.53	1.47	20.19	11.27	2.01	39.50	12.75	2.85	1.96	1.13	1.41
贵州	0.62	1.19	1.64	10.66	7.64	1.55	11.71	9.80	2.48	1.10	1.28	1.60
云南	0.41	1.13		12.57	11.82		16.66	9.89		1.33	0.84	
西藏	0.40		1.00	9.50		11.63	10.50		15.60	1.11		1.34
陕西	0.36	1.40	0.77	11.49	11.68	3.19	18.23	12.71	3.95	1.59	1.09	1.24
甘肃	0.25			13.78			24.48			1.78		
青海	0.19			8.33			11.64			1.40		
宁夏	0.33		1.00	6.52		2.17	10.14		3.43	1.56		1.58
新疆	0.51	3.00		11.53	8.27		15.64	9.00		1.36	1.09	
台湾												

各地区使用《中国标准书号》各类图书的平均印数、平均印张和平均定价

E 军　事

	每种印数（万册）			每册印张(印张)			每册定价(元)			每印张定价(元)		
	新出	重印	租型	新出	重印	租型	新出	重印	租型	新出	重印	租型
全国总计	**0.96**	**0.63**		**11.54**	**9.08**		**25.41**	**12.94**		**2.20**	**1.43**	
中央	**1.04**	**0.40**		**11.49**	**13.55**		**26.93**	**20.93**		**2.34**	**1.55**	
地方	**0.69**	**1.17**		**11.82**	**5.33**		**17.71**	**6.24**		**1.50**	**1.17**	
北京												
天津												
河北												
山西												
内蒙古												
辽宁	0.44			12.21			18.37			1.50		
吉林	0.45			21.69			21.77			1.00		
黑龙江	0.51	0.50		11.19	13.20		14.98	36.00		1.34	2.73	
上海	0.75			10.55			15.94			1.51		
江苏	0.51			15.30			18.50			1.21		
浙江	2.16			11.82			15.07			1.28		
安徽	0.40			6.50			8.00			1.23		
福建	0.20			6.07			9.60			1.58		
江西	0.60	0.57		11.26	11.93		15.20	13.50		1.35	1.13	
山东	1.76			12.19			18.68			1.53		
河南												
湖北	0.47			11.60			12.82			1.10		
湖南	0.44	0.30		10.89	21.12		13.98	19.00		1.28	0.90	
广东		0.30			9.00			13.00			1.44	
广西	2.00			4.62			9.00			1.95		
海南	1.00			12.71			19.80			1.56		
重庆	0.30	0.40		11.12	10.00		12.47	11.00		1.12	1.10	
四川	1.35			17.21			23.17			1.35		
贵州	1.78			7.11			8.97			1.26		
云南		3.05			2.79			1.83			0.66	
西藏												
陕西	0.69			11.83			12.59			1.06		
甘肃	0.08			9.32			29.87			3.20		
青海												
宁夏												
新疆	0.15			17.34			92.73			5.35		
台湾												

各地区使用《中国标准书号》各类图书的平均印数、平均印张和平均定价

F 经　　济

	每种印数（万册）			每册印张(印张)			每册定价(元)			每印张定价(元)		
	新出	重印	租型	新出	重印	租型	新出	重印	租型	新出	重印	租型
全国总计	**0.75**	**1.05**	**0.75**	**14.50**	**12.94**	**14.44**	**26.34**	**15.68**	**18.50**	**1.82**	**1.21**	**1.28**
中　　央	**0.91**	**1.29**		**15.10**	**12.38**		**28.82**	**14.87**		**1.91**	**1.20**	
地　　方	**0.54**	**0.80**	**0.75**	**13.20**	**13.89**	**14.44**	**20.98**	**17.06**	**18.50**	**1.59**	**1.23**	**1.28**
北　　京	0.66	0.86		15.33	14.38		25.13	18.40		1.64	1.28	
天　　津	0.30	0.56		12.11	12.41		17.26	15.01		1.43	1.21	
河　　北	0.43			11.73			18.41			1.57		
山　　西	0.45	0.72		12.19	9.61		18.07	13.87		1.48	1.44	
内 蒙 古	0.33			12.22			20.72			1.69		
辽　　宁	1.11	0.95		14.04	13.35		19.53	16.48		1.39	1.23	
吉　　林	0.49	0.50		12.82	21.00		30.35	24.00		2.37	1.14	
黑 龙 江	0.30	0.23		13.84	17.22		22.34	18.98		1.61	1.10	
上　　海	0.60	0.96	1.05	13.57	14.55	14.44	21.96	18.33	18.50	1.62	1.26	1.28
江　　苏	0.45	0.57		12.19	14.35		16.70	15.37		1.37	1.07	
浙　　江	0.61	0.54	1.15	12.56	13.28	14.44	19.07	14.62	18.50	1.52	1.10	1.28
安　　徽	0.44	2.00	0.50	13.82	18.13	14.44	18.88	17.70	18.50	1.37	0.98	1.28
福　　建	0.29	0.33		11.68	14.46		18.91	18.08		1.62	1.25	
江　　西	0.51	1.63		10.00	4.77		14.62	4.72		1.46	0.99	
山　　东	0.44	0.33	0.30	12.42	15.45	14.44	20.76	16.62	18.50	1.67	1.08	1.28
河　　南	0.45	0.30		12.18	11.87		20.94	15.00		1.72	1.26	
湖　　北	0.48	0.93		13.50	15.20		18.06	14.78		1.34	0.97	
湖　　南	0.34	0.44		13.77	12.86		18.50	12.28		1.34	0.96	
广　　东	0.60	0.69		13.22	13.22		24.06	17.76		1.82	1.34	
广　　西	0.36			10.57			19.40			1.84		
海　　南	0.73	1.33		18.17	11.55		30.97	15.93		1.70	1.38	
重　　庆	0.29	0.39		17.03	14.16		22.68	15.01		1.33	1.06	
四　　川	0.59	0.75		11.10	13.98		20.89	18.96		1.88	1.36	
贵　　州	0.48			11.22			27.22			2.42		
云　　南	0.28	0.31		13.77	16.07		23.20	18.00		1.68	1.12	
西　　藏												
陕　　西	0.37	0.29		13.85	13.50		18.05	13.08		1.30	0.97	
甘　　肃	0.28			10.95			21.34			1.95		
青　　海	0.28			9.24			28.00			3.03		
宁　　夏	0.17			12.40			37.32			3.01		
新　　疆	0.25	2.12		13.07	3.94		28.98	6.45		2.22	1.64	
台　　湾												

各地区使用《中国标准书号》各类图书的
平均印数、平均印张和平均定价

G 文化、科学、教育、体育

	每种印数（万册）			每册印张(印张)			每册定价(元)			每印张定价(元)		
	新出	重印	租型	新出	重印	租型	新出	重印	租型	新出	重印	租型
全国总计	**4.17**	**8.61**	**22.06**	**5.21**	**3.71**	**5.58**	**5.80**	**3.61**	**4.49**	**1.11**	**0.97**	**0.80**
中央	**2.18**	**7.61**	**0.50**	**8.89**	**4.20**	**15.63**	**11.52**	**4.63**	**18.00**	**1.30**	**1.10**	**1.15**
地方	**4.98**	**8.82**	**22.06**	**4.56**	**3.62**	**5.58**	**4.77**	**3.42**	**4.49**	**1.05**	**0.95**	**0.80**
北京	2.04	3.24	8.45	7.02	3.91	5.97	8.51	4.61	5.83	1.21	1.18	0.98
天津	3.12	7.26	7.81	4.92	4.27	8.25	5.43	4.05	7.53	1.10	0.95	0.91
河北	10.24	17.43	21.52	3.64	3.48	5.57	3.46	3.07	3.93	0.95	0.88	0.70
山西	4.24	6.59	19.15	5.31	3.44	5.83	4.21	3.15	5.31	0.79	0.91	0.91
内蒙古	1.76	3.08	11.52	5.83	3.62	5.37	9.15	2.90	4.30	1.57	0.80	0.80
辽宁	2.37	6.36	13.29	5.03	3.12	6.23	5.85	3.73	5.03	1.16	1.20	0.81
吉林	1.52	4.37	8.36	9.20	4.89	6.30	9.35	3.83	4.49	1.02	0.78	0.71
黑龙江	4.13	5.35	13.72	3.53	3.39	6.60	5.01	3.19	4.31	1.42	0.94	0.65
上海	2.52	3.75	1.38	5.74	4.89	12.08	6.60	4.82	8.51	1.15	0.99	0.70
江苏	14.37	10.76	30.15	4.38	4.17	6.26	4.50	4.18	5.12	1.03	1.00	0.82
浙江	3.27	16.49	19.04	4.55	3.89	7.27	5.28	4.08	5.10	1.16	1.05	0.70
安徽	7.37	20.34	45.87	2.75	3.28	5.01	3.96	2.48	4.58	1.44	0.76	0.91
福建	9.36	5.86	27.55	4.39	3.19	5.79	4.19	3.36	4.94	0.96	1.05	0.85
江西	10.40	11.01	24.53	2.78	3.72	5.66	2.91	3.41	4.54	1.05	0.92	0.80
山东	3.72	13.97	43.22	5.51	3.61	5.44	4.91	3.09	4.46	0.89	0.86	0.82
河南	5.26	13.88	50.76	4.56	3.16	4.90	4.45	2.60	3.93	0.98	0.82	0.80
湖北	4.72	12.53	22.12	4.91	3.49	6.20	5.37	3.37	4.73	1.09	0.97	0.76
湖南	4.84	18.45	50.22	4.96	3.07	5.86	3.99	3.15	4.33	0.80	1.03	0.74
广东	2.83	10.63	55.64	4.72	3.80	6.06	5.93	3.77	4.98	1.26	0.99	0.82
广西	6.44	10.99	23.68	4.12	3.31	5.75	4.44	3.23	4.73	1.08	0.98	0.82
海南	1.31	2.69	9.00	9.09	8.60	5.24	12.22	9.19	6.25	1.34	1.07	1.19
重庆	5.98	7.16	15.63	5.13	3.57	5.07	4.83	2.91	3.89	0.94	0.81	0.77
四川	8.31	6.75	32.80	4.23	4.38	5.51	3.96	3.89	4.19	0.94	0.89	0.76
贵州	3.61	12.82	21.50	3.17	2.33	4.97	3.23	1.82	3.47	1.02	0.78	0.70
云南	3.47	7.57	17.00	3.85	3.18	4.83	5.14	3.02	3.60	1.34	0.95	0.74
西藏	1.52	1.25	0.43	4.40	4.36	6.60	5.09	4.74	6.12	1.16	1.09	0.93
陕西	4.55	5.59	25.86	3.30	2.87	5.53	4.61	3.47	5.45	1.40	1.21	0.98
甘肃	3.41	3.92	14.56	3.88	2.91	5.01	3.83	2.98	4.54	0.99	1.03	0.91
青海	2.90	0.63	2.06	5.88	3.13	5.45	6.14	2.77	3.81	1.04	0.88	0.70
宁夏	2.25	2.13	3.90	6.34	4.72	5.67	5.08	3.65	4.66	0.80	0.77	0.82
新疆	1.51	3.03	5.76	8.67	4.29	5.01	8.46	3.56	4.35	0.98	0.83	0.87
台湾												

各地区使用《中国标准书号》各类图书的平均印数、平均印张和平均定价

H 语言、文字

	每种印数（万册）			每册印张(印张)			每册定价(元)			每印张定价(元)		
	新出	重印	租型	新出	重印	租型	新出	重印	租型	新出	重印	租型
全国总计	**1.17**	**2.97**		**12.04**	**13.80**		**16.29**	**14.32**		**1.35**	**1.04**	
中央	**1.63**	**3.70**		**11.05**	**14.93**		**15.54**	**16.54**		**1.41**	**1.11**	
地方	**0.78**	**2.39**		**13.72**	**12.41**		**17.57**	**11.57**		**1.28**	**0.93**	
北京	0.55	0.92		19.03	20.61		43.27	28.62		2.27	1.39	
天津	0.48	0.54		13.99	13.19		18.07	15.56		1.29	1.18	
河北	0.35			26.74	10.50		37.45	11.00		1.40	1.05	
山西												
内蒙古	0.95	0.17		9.71	10.30		16.89	14.05		1.74	1.36	
辽宁	1.06	2.19		12.54	14.32		14.29	14.45		1.14	1.01	
吉林	0.86	1.90		14.91	11.36		19.57	16.21		1.31	1.43	
黑龙江	0.51	0.57		16.93	14.59		34.23	18.19		2.02	1.25	
上海	1.18	4.19		14.55	12.64		17.81	11.34		1.22	0.90	
江苏	0.73	2.81		13.87	8.71		17.16	8.57		1.24	0.98	
浙江	0.74	0.62		10.68	11.55		13.20	11.70		1.24	1.01	
安徽	0.71	2.26		11.58	11.99		13.72	10.98		1.18	0.92	
福建	0.33	0.30		12.83	10.24		18.94	11.48		1.48	1.12	
江西	0.43	0.40		11.79	12.88		13.94	13.78		1.18	1.07	
山东	0.61	1.02		13.62	16.17		16.69	16.18		1.23	1.00	
河南	0.20	0.78		10.40	12.79		14.72	12.43		1.42	0.97	
湖北	0.71	0.81		14.88	13.88		16.90	13.13		1.14	0.95	
湖南	0.50	1.09		14.15	9.92		16.38	8.35		1.16	0.84	
广东	0.73	0.85		10.68	9.34		15.92	11.15		1.49	1.19	
广西	0.76	0.68		11.17	10.73		14.19	12.65		1.27	1.18	
海南	0.89			19.70			47.37			2.41		
重庆	0.56	1.16		16.70	12.77		21.95	12.79		1.31	1.00	
四川	0.66	1.59		16.12	11.72		19.97	12.40		1.24	1.06	
贵州	0.47			16.81			19.55			1.16		
云南	0.25	1.20		11.55	21.88		52.35	23.92		4.53	1.09	
西藏												
陕西	0.70	0.73		11.27	10.83		12.23	10.20		1.09	0.94	
甘肃	0.21	0.30		12.57	10.67		14.33	12.00		1.14	1.13	
青海	0.19			16.23			16.55			1.02		
宁夏	0.10			11.23			15.20			1.35		
新疆	0.67	0.41		15.31	8.40		20.26	9.70		1.32	1.16	
台湾												

各地区使用《中国标准书号》各类图书的平均印数、平均印张和平均定价

I 文 学

	每种印数（万册）			每册印张(印张)			每册定价(元)			每印张定价(元)		
	新出	重印	租型	新出	重印	租型	新出	重印	租型	新出	重印	租型
全国总计	**0.78**	**1.50**	**7.61**	**12.64**	**10.90**	**4.12**	**18.57**	**12.52**	**4.98**	**1.47**	**1.15**	**1.21**
中央	**0.90**	**1.34**		**12.79**	**14.86**		**21.29**	**18.16**		**1.66**	**1.22**	
地方	**0.73**	**1.55**	**7.61**	**12.57**	**9.59**	**4.12**	**17.43**	**10.65**	**4.98**	**1.39**	**1.11**	**1.21**
北京	0.70	0.57		15.09	13.23		20.23	16.06		1.34	1.21	
天津	0.60	0.53		11.27	12.68		51.07	18.39		4.53	1.45	
河北	0.42	18.44		12.37	1.82		16.45	2.82		1.33	1.55	
山西	0.39	0.50		11.69	8.80		19.38	9.00		1.66	1.02	
内蒙古	0.92	0.36		56.56	15.83		26.85	18.84		0.47	1.19	
辽宁	0.64	1.23		8.60	19.71		14.62	21.38		1.70	1.08	
吉林	1.17	6.03	2.02	11.98	4.20	8.04	23.71	4.18	6.09	1.98	1.00	0.76
黑龙江	0.48	0.50		13.34	15.34		17.96	20.04		1.35	1.31	
上海	0.93	1.04		10.07	13.73		14.56	15.64		1.45	1.14	
江苏	1.84	1.52	24.29	7.96	11.38	3.43	9.69	11.81	4.73	1.22	1.04	1.38
浙江	0.99	1.61		8.32	9.05		11.14	10.03		1.34	1.11	
安徽	0.51	0.92		11.76	6.60		18.59	7.28		1.58	1.10	
福建	0.58	0.43		7.93	11.44		9.73	12.79		1.23	1.12	
江西	0.48	0.69		10.38	11.90		16.03	15.66		1.54	1.32	
山东	0.45	0.99		13.04	11.78		21.46	11.44		1.65	0.97	
河南	0.89	1.69		13.05	17.67		18.30	23.06		1.40	1.31	
湖北	0.51	1.92		13.51	15.92		20.89	17.67		1.55	1.11	
湖南	0.73	1.46		10.97	22.64		13.17	16.81		1.20	0.74	
广东	0.78	0.56		11.72	13.07		15.98	17.18		1.36	1.31	
广西	0.94	1.74		7.59	9.15		11.60	10.66		1.53	1.17	
海南	1.28	0.51		18.08	9.57		29.93	13.54		1.66	1.41	
重庆	0.32	0.40		10.45	15.00		14.63	23.00		1.40	1.53	
四川	0.54	0.56		12.94	12.90		19.47	14.58		1.51	1.13	
贵州	0.88	0.40		9.54	8.88		16.55	8.38		1.73	0.94	
云南	0.50	0.47		9.75	7.80		15.32	12.01		1.57	1.54	
西藏	0.48		0.32	14.43		6.75	20.14		12.80	1.40		1.90
陕西	0.41	0.50		9.27	13.54		12.92	14.07		1.39	1.04	
甘肃	0.28	0.42		10.95	15.63		18.15	18.91		1.66	1.21	
青海	0.71	0.52		36.60	5.03		51.14	3.90		1.40	0.77	
宁夏	0.36	0.20		9.37	4.50		15.26	10.80		1.63	2.40	
新疆	0.54	0.53	0.86	13.62	10.43	8.47	19.48	11.72	7.64	1.43	1.12	0.90
台湾												

各地区使用《中国标准书号》各类图书的平均印数、平均印张和平均定价

J 艺　　术

	每种印数（万册）			每册印张(印张)			每册定价(元)			每印张定价(元)		
	新出	重印	租型	新出	重印	租型	新出	重印	租型	新出	重印	租型
全国总计	**1.12**	**2.67**	**8.69**	**5.40**	**3.73**	**3.11**	**27.52**	**7.10**	**3.94**	**5.10**	**1.90**	**1.26**
中　　央	**0.78**	**1.25**		**9.28**	**7.02**		**44.54**	**13.41**		**4.80**	**1.91**	
地　　方	**1.21**	**3.08**	**8.69**	**4.72**	**3.35**	**3.11**	**24.56**	**6.35**	**3.94**	**5.20**	**1.90**	**1.26**
北　　京	1.61	0.65		5.17	5.89		19.08	10.19		3.69	1.73	
天　　津	0.44	2.00		5.53	3.34		31.31	6.13		5.66	1.84	
河　　北	0.90	0.71		5.59	5.13		18.06	23.08		3.23	4.50	
山　　西	0.65	0.40		7.08	3.88		58.18	15.50		8.22	4.00	
内 蒙 古	0.67		12.22	12.74		2.84	28.80		3.83	2.26		1.35
辽　　宁	0.84	1.45	16.77	5.20	5.68	4.22	19.91	11.56	5.65	3.83	2.03	1.34
吉　　林	1.01	6.67	4.23	4.25	3.89	3.34	20.64	4.40	3.74	4.86	1.13	1.12
黑 龙 江	1.58	12.60	9.69	3.14	1.75	3.19	11.91	3.88	4.47	3.79	2.21	1.40
上　　海	0.64	1.02	0.55	7.92	7.37	7.55	37.34	12.59	20.60	4.72	1.71	2.73
江　　苏	0.86	9.55		5.97	2.33		22.79	4.86		3.81	2.09	
浙　　江	1.17	1.17	2.07	4.66	6.34	5.45	15.82	14.12	6.61	3.39	2.23	1.21
安　　徽	1.94	1.63	0.50	2.34	2.64	3.50	8.38	6.20	5.28	3.59	2.34	1.51
福　　建	0.46	7.30		5.94	1.42		32.61	2.78		5.49	1.95	
江　　西	14.56	7.47		2.16	2.42		4.67	3.16		2.16	1.31	
山　　东	0.47	0.81		7.82	5.84		43.50	12.36		5.56	2.11	
河　　南	0.50	2.52	4.50	6.03	2.83	1.84	19.72	3.68	1.84	3.27	1.30	1.00
湖　　北	0.70	0.52		5.45	9.80		18.98	23.85		3.49	2.43	
湖　　南	0.89	3.02		7.64	4.28		26.91	7.17		3.52	1.68	
广　　东	0.80	0.71		9.89	4.77		145.91	13.60		14.75	2.85	
广　　西	0.93	0.44		5.49	5.24		22.52	14.68		4.10	2.80	
海　　南	0.70	0.42		10.14	6.48		45.71	8.70		4.51	1.34	
重　　庆	0.62	0.95	10.84	5.37	11.54	2.57	17.15	26.46	2.59	3.19	2.29	1.01
四　　川	0.96	1.02		4.62	4.80		21.38	13.51		4.63	2.82	
贵　　州	0.15			6.58			59.61			9.06		
云　　南	0.51	0.54		6.59	8.36		61.33	18.93		9.31	2.27	
西　　藏	0.13			16.20			21.40			1.32		
陕　　西	2.70	0.54		3.83	8.08		8.58	16.15		2.24	2.00	
甘　　肃	3.42	0.39	10.29	2.40	8.97	2.52	5.98	11.20	3.34	2.49	1.25	1.33
青　　海	0.32			5.48			31.94			5.83		
宁　　夏	1.44	0.40		0.95	19.50		12.59	19.80		13.23	1.02	
新　　疆	1.02	0.30	4.17	8.07	13.00	3.04	31.44	14.80	4.14	3.90	1.14	1.36
台　　湾												

各地区使用《中国标准书号》各类图书的平均印数、平均印张和平均定价

K 历史、地理

	每种印数（万册）			每册印张(印张)			每册定价(元)			每印张定价(元)		
	新出	重印	租型	新出	重印	租型	新出	重印	租型	新出	重印	租型
全国总计	**0.58**	**3.28**	**29.09**	**15.27**	**5.66**	**3.59**	**37.76**	**8.86**	**2.61**	**2.47**	**1.57**	**0.73**
中央	**0.62**	**4.95**		**17.08**	**4.85**		**47.03**	**7.26**		**2.75**	**1.50**	
地方	**0.56**	**1.52**	**29.09**	**14.12**	**8.45**	**3.59**	**31.92**	**14.38**	**2.61**	**2.26**	**1.70**	**0.73**
北京	0.91			19.44			47.15			2.43		
天津	0.39	0.30		10.01	14.50		53.14	17.50		5.31	1.21	
河北	0.25	0.30		18.10	12.17		29.60	15.50		1.64	1.27	
山西	0.41			10.84			26.71			2.46		
内蒙古	0.28	0.20		19.11	27.16		47.48	33.67		2.49	1.24	
辽宁	0.55	0.94		12.11	11.74		26.94	15.83		2.22	1.35	
吉林	0.89	0.50		28.79	14.80		91.27	13.25		3.17	0.90	
黑龙江	0.69	1.35		8.62	4.99		19.58	12.29		2.27	2.46	
上海	0.53	1.23		17.85	21.75		40.32	26.42		2.26	1.21	
江苏	0.43	0.34		16.68	21.10		30.78	24.44		1.85	1.16	
浙江	0.52	0.30		24.60	7.33		59.32	12.00		2.41	1.64	
安徽	0.46	0.68		11.38	9.17		26.24	10.74		2.31	1.17	
福建	0.36	0.40		10.01	14.90		27.22	16.09		2.72	1.08	
江西	0.45	0.38		13.30	4.80		20.17	6.27		1.52	1.31	
山东	0.56	0.44		11.41	28.26		20.30	98.23		1.78	3.48	
河南	0.45	0.38		15.02	21.42		30.09	22.53		2.00	1.05	
湖北	0.38	4.19		16.87	15.35		27.50	14.93		1.63	0.97	
湖南	0.90	0.93		9.34	26.41		23.31	21.89		2.49	0.83	
广东	0.78	1.35		9.43	7.35		24.28	19.60		2.57	2.67	
广西	0.57	0.79		8.57	6.44		12.52	6.77		1.46	1.05	
海南	0.57			29.89			51.47			1.72		
重庆	0.33	0.40		12.09	10.69		16.94	12.22		1.40	1.14	
四川	0.61	2.82		7.61	2.51		25.37	8.21		3.33	3.28	
贵州	0.27		34.01	15.88		1.46	33.44		1.45	2.11		0.99
云南	0.22	0.55	35.00	16.52	42.91	12.00	35.78	60.13	7.15	2.17	1.40	0.60
西藏	0.30			8.09			6.00			0.74		
陕西	0.48	1.12		12.84	3.70		27.64	10.28		2.15	2.78	
甘肃	0.22			19.71			59.63			3.03		
青海	0.35	0.30		21.47	27.67		33.96	24.80		1.58	0.90	
宁夏	0.15	0.30		34.03	18.00		81.18	26.50		2.39	1.47	
新疆	1.29	0.83	3.51	12.97	11.88	2.25	12.47	10.14	2.60	0.96	0.85	1.16
台湾												

各地区使用《中国标准书号》各类图书的平均印数、平均印张和平均定价

N 自然科学总论

	每种印数（万册）			每册印张(印张)			每册定价(元)			每印张定价(元)		
	新出	重印	租型	新出	重印	租型	新出	重印	租型	新出	重印	租型
全国 总计	**2.22**	**11.05**		**10.57**	**2.09**		**26.49**	**2.37**		**2.51**	**1.13**	
中　央	**0.78**	**1.37**		**13.38**	**11.38**		**23.21**	**13.27**		**1.73**	**1.17**	
地　方	**2.49**	**12.31**		**10.41**	**1.96**		**26.67**	**2.21**		**2.56**	**1.13**	
北　京	0.57			12.78			20.41			1.60		
天　津	0.35	0.41		5.83	11.21		10.86	13.03		1.86	1.16	
河　北	0.53	1.01		9.40	17.52		35.00	18.00		3.72	1.03	
山　西												
内蒙古	0.65			16.47			25.45			1.55		
辽　宁	1.24			20.14			44.12			2.19		
吉　林	0.08			11.11			16.67			1.50		
黑龙江	0.38	0.30		7.12	10.67		10.99	13.00		1.54	1.22	
上　海	4.54	16.40		11.26	1.85		28.95	2.04		2.57	1.10	
江　苏	0.89	1.30		14.46	8.69		54.47	24.31		3.77	2.80	
浙　江												
安　徽	0.37	0.50		10.38	14.40		13.77	16.25		1.33	1.13	
福　建	0.10			14.53			45.90			3.16		
江　西	0.30			9.82			20.00			2.04		
山　东	0.47	0.36		7.45	14.08		57.42	13.46		7.71	0.96	
河　南	0.30			16.00			20.00			1.25		
湖　北	1.70	0.61		2.88	9.80		7.04	12.55		2.44	1.28	
湖　南	0.44	0.66		5.71	9.35		18.52	14.32		3.25	1.53	
广　东	0.34	5.00		7.86	4.00		13.03	3.60		1.66	0.90	
广　西	0.48	0.30		4.93	7.80		10.07	8.96		2.04	1.15	
海　南	1.00	2.00		11.26	12.40		18.80	16.80		1.67	1.35	
重　庆												
四　川	0.40			11.41			17.55			1.54		
贵　州	0.10			9.56			18.00			1.88		
云　南	0.30			2.94			6.00			2.04		
西　藏												
陕　西	0.30			14.76			17.00			1.15		
甘　肃	0.54	0.61		6.98	8.76		8.53	10.60		1.22	1.21	
青　海												
宁　夏												
新　疆												
台　湾												

各地区使用《中国标准书号》各类图书的

平均印数、平均印张和平均定价

O 数理科学、化学

	每种印数（万册）			每册印张(印张)			每册定价(元)			每印张定价(元)		
	新出	重印	租型	新出	重印	租型	新出	重印	租型	新出	重印	租型
全国总计	**0.69**	**1.70**		**12.20**	**12.40**		**15.71**	**11.59**		**1.29**	**0.93**	
中央	**0.80**	**2.27**		**11.67**	**12.49**		**15.96**	**11.43**		**1.37**	**0.92**	
地方	**0.59**	**0.94**		**12.78**	**12.10**		**15.43**	**12.11**		**1.21**	**1.00**	
北京	0.30			9.75			18.00			1.85		
天津	0.40	0.58		14.22	16.50		17.53	15.76		1.23	0.96	
河北	0.82	0.31		9.10	9.03		10.53	10.00		1.16	1.11	
山西	0.55	0.15		8.05	10.00		8.27	12.80		1.03	1.28	
内蒙古	0.43			15.54			17.00			1.09		
辽宁	0.94	0.90		14.42	15.29		16.25	17.87		1.13	1.17	
吉林	0.30	0.60		19.14	10.00		56.32	10.00		2.94	1.00	
黑龙江	0.32	0.38		10.12	12.83		12.84	12.64		1.27	0.98	
上海	1.07	1.38		12.63	10.30		14.73	10.31		1.17	1.00	
江苏	0.62	0.55		11.78	16.72		13.58	17.78		1.15	1.06	
浙江	0.23	1.62		17.56	6.45		20.88	5.96		1.19	0.92	
安徽	0.39	0.58		16.55	12.97		16.81	16.49		1.02	1.27	
福建	0.15	0.51		15.34	12.35		21.82	16.10		1.42	1.30	
江西	1.15	0.81		10.48	6.79		12.05	8.00		1.15	1.18	
山东	0.54	0.71		10.39	18.10		12.49	17.04		1.20	0.94	
河南	0.28			15.41			18.72			1.22		
湖北	0.51	1.23		12.61	15.62		13.05	14.96		1.03	0.96	
湖南	0.32	0.57		15.56	13.47		18.03	13.32		1.16	0.99	
广东	0.25	0.26		13.40	16.79		19.82	23.18		1.48	1.38	
广西	0.89	0.52		5.18	9.86		8.58	10.59		1.66	1.07	
海南	0.80			5.88			4.90			0.83		
重庆	0.38	0.41		11.58	15.63		13.71	15.90		1.18	1.02	
四川	0.41	0.37		11.61	12.23		12.94	12.44		1.11	1.02	
贵州	0.62			21.00			25.00			1.19		
云南	0.18			10.06			17.70			1.76		
西藏												
陕西	0.49	0.54		18.47	16.14		24.41	14.85		1.32	0.92	
甘肃	0.18			18.70			23.90			1.28		
青海												
宁夏												
新疆	0.13	0.20		11.39	12.00		16.90	12.80		1.48	1.07	
台湾												

各地区使用《中国标准书号》各类图书的平均印数、平均印张和平均定价

P 天文学、地球科学

	每种印数（万册）			每册印张(印张)			每册定价(元)			每印张定价(元)		
	新出	重印	租型	新出	重印	租型	新出	重印	租型	新出	重印	租型
全国 总计	**0.28**	**0.45**		**10.75**	**13.86**		**22.15**	**20.58**		**2.06**	**1.48**	
中　　央	**0.21**	**0.41**		**12.42**	**12.28**		**27.85**	**15.43**		**2.24**	**1.26**	
地　　方	**0.44**	**0.49**		**9.10**	**15.63**		**16.54**	**26.37**		**1.82**	**1.69**	
北　　京	0.35			12.70			21.90			1.73		
天　　津	1.14	0.84		11.63	17.71		19.14	25.34		1.65	1.43	
河　　北	1.45			3.02			4.54			1.51		
山　　西												
内 蒙 古												
辽　　宁	0.26	0.10		18.28	24.00		27.05	35.00		1.48	1.46	
吉　　林	0.75			9.06			11.98			1.32		
黑 龙 江	0.12			11.58			17.30			1.49		
上　　海	0.39	0.53		8.57	13.79		26.22	49.69		3.06	3.60	
江　　苏	0.13	0.05		12.36	28.00		25.68	125.00		2.08	4.46	
浙　　江	0.52			7.04			7.96			1.13		
安　　徽	0.38	0.50		4.44	14.80		19.02	14.00		4.28	0.95	
福　　建	0.15			14.22			24.72			1.74		
江　　西												
山　　东	0.33	0.18		3.71	20.57		12.84	18.86		3.46	0.92	
河　　南	0.16			13.26			37.95			2.86		
湖　　北	0.11	0.16		12.63	17.30		21.95	28.17		1.74	1.63	
湖　　南	0.11	0.80		13.64	10.13		18.83	18.00		1.38	1.78	
广　　东	0.16	0.57		23.27	8.56		57.77	9.44		2.48	1.10	
广　　西	2.70			2.30			3.99			1.73		
海　　南	1.00	0.20		193.46	2.00		198.00	3.00		1.02	1.50	
重　　庆	0.50			6.21			8.80			1.42		
四　　川	0.15	0.60		14.21	20.00		30.58	26.00		2.15	1.30	
贵　　州	1.54			1.76			3.12			1.78		
云　　南	0.30			12.50			30.00			2.40		
西　　藏												
陕　　西	0.14			11.62			32.30			2.78		
甘　　肃												
青　　海												
宁　　夏												
新　　疆	0.19			25.80			62.88			2.44		
台　　湾												

各地区使用《中国标准书号》各类图书的平均印数、平均印张和平均定价

Q 生物科学

	每种印数（万册）			每册印张(印张)			每册定价(元)			每印张定价(元)		
	新出	重印	租型	新出	重印	租型	新出	重印	租型	新出	重印	租型
全国总计	**0.34**	**0.66**		**13.42**	**15.74**		**31.19**	**16.70**		**2.32**	**1.06**	
中央	**0.31**	**0.70**		**16.79**	**16.77**		**40.44**	**17.61**		**2.41**	**1.05**	
地方	**0.38**	**0.56**		**9.70**	**12.29**		**21.00**	**13.64**		**2.17**	**1.11**	
北京	0.15			9.87			20.00			2.03		
天津	0.20			21.00			35.00			1.67		
河北	0.17			40.38								
山西												
内蒙古	0.13			8.92			28.20			3.16		
辽宁	0.25	0.10		8.31	16.50		10.10	23.00		1.21	1.39	
吉林	0.18	0.50		12.69	14.65		14.40	12.88		1.13	0.88	
黑龙江	0.30			11.31			15.87			1.40		
上海	0.73	0.60		7.26	12.95		16.70	14.76		2.30	1.14	
江苏	0.29	0.40		13.75	29.63		21.96	34.75		1.60	1.17	
浙江	0.20	0.17		17.07	24.40		28.00	33.00		1.64	1.35	
安徽	0.25	4.00		10.64	12.13		16.71	11.35		1.57	0.94	
福建	0.12			20.91			33.26			1.59		
江西												
山东	0.15	0.22		22.94	14.15		71.15	16.53		3.10	1.17	
河南	0.26			24.63			164.53			6.68		
湖北	0.24	0.17		20.64	12.80		23.35	13.80		1.13	1.08	
湖南	0.33	0.46		19.25	9.96		20.94	8.67		1.09	0.87	
广东	0.18	0.30		13.58	17.50		23.67	23.50		1.74	1.34	
广西	1.58			4.64			9.11			1.96		
海南												
重庆	0.28			6.75			8.68			1.29		
四川	0.18	0.46		8.23	10.22		25.77	12.29		3.13	1.20	
贵州	0.45			3.98			4.84			1.22		
云南	0.16			7.06			30.90			4.37		
西藏												
陕西	0.15			16.11			30.67			1.90		
甘肃	0.51			8.66			11.00			1.27		
青海												
宁夏												
新疆		1.56			3.53			6.67			1.89	
台湾												

各地区使用《中国标准书号》各类图书的
平均印数、平均印张和平均定价

R 医药、卫生

	每种印数（万册）			每册印张(印张)			每册定价(元)			每印张定价(元)		
	新出	重印	租型	新出	重印	租型	新出	重印	租型	新出	重印	租型
全国总计	**0.66**	**1.08**	**0.50**	**13.98**	**15.80**	**4.25**	**23.44**	**19.29**	**6.00**	**1.68**	**1.22**	**1.41**
中央	**0.70**	**1.22**		**15.96**	**17.49**		**25.77**	**19.46**		**1.61**	**1.11**	
地方	**0.62**	**0.95**	**0.50**	**11.48**	**13.99**	**4.25**	**20.51**	**19.11**	**6.00**	**1.79**	**1.37**	**1.41**
北京	0.72	0.89		10.59	10.03		21.97	12.41		2.07	1.24	
天津	0.41	0.45		17.19	13.80		28.70	20.91		1.67	1.52	
河北	0.50	0.78		13.84	19.69		18.29	17.11		1.32	0.87	
山西	0.28	0.37		18.24	10.00		25.41	13.77		1.39	1.38	
内蒙古	0.45	0.23		11.27	17.86		17.20	24.20		1.53	1.36	
辽宁	0.45	0.53		19.57	10.43		46.40	20.63		2.37	1.98	
吉林	0.63	0.56		13.93	13.45		21.80	15.93		1.56	1.18	
黑龙江	0.39	0.73		11.23	8.93		19.24	11.64		1.71	1.30	
上海	0.61	1.06		12.72	15.87		26.81	19.39		2.11	1.22	
江苏	0.74	1.32		14.19	12.22		19.20	25.87		1.35	2.12	
浙江	1.11	2.26		7.66	10.84		14.33	9.86		1.87	0.91	
安徽	0.49	2.05		11.80	13.11		17.61	12.25		1.49	0.93	
福建	0.71	0.94		7.42	10.42		14.18	23.13		1.91	2.22	
江西	0.47	0.41		10.65	8.68		15.19	19.01		1.43	2.19	
山东	0.52	1.27		12.29	17.12		19.95	15.15		1.62	0.88	
河南	1.69	0.41		6.41	16.04		9.06	22.35		1.41	1.39	
湖北	0.34	0.40		17.34	22.14		40.14	33.83		2.31	1.53	
湖南	0.75	0.68		12.70	17.49		18.90	20.30		1.49	1.16	
广东	0.69	0.91		11.49	11.99		22.02	17.16		1.92	1.43	
广西	1.11	0.80		5.26	13.58		10.40	21.24		1.98	1.56	
海南	0.48	0.50		17.64	10.00		28.94	11.00		1.64	1.10	
重庆	0.63	0.36		15.10	12.86		19.73	15.49		1.31	1.20	
四川	0.34	0.81		16.70	12.80		28.50	11.60		1.71	0.91	
贵州	0.46	2.37		7.48	32.70		11.87	67.45		1.59	2.06	
云南	0.44	0.51		7.12	6.47		15.08	46.00		2.12	7.11	
西藏	0.43		0.50	24.44		4.25	29.29		6.00	1.20		1.41
陕西	0.38	0.30		11.65	3.33		23.69	4.20		2.03	1.26	
甘肃	0.21	0.51		14.67	5.99		19.22	7.23		1.31	1.21	
青海	0.19			19.38			30.76			1.59		
宁夏	0.56			12.26			14.73			1.20		
新疆	0.35	0.50		10.94	10.00		20.24	9.63		1.85	0.96	
台湾												

各地区使用《中国标准书号》各类图书的
平均印数、平均印张和平均定价

S 农业科学

	每种印数（万册）			每册印张(印张)			每册定价(元)			每印张定价(元)		
	新出	重印	租型	新出	重印	租型	新出	重印	租型	新出	重印	租型
全国总计	**0.91**	**0.88**		**5.93**	**7.93**		**9.30**	**9.34**		**1.57**	**1.18**	
中央	**0.99**	**1.03**		**6.92**	**8.43**		**10.89**	**9.54**		**1.57**	**1.13**	
地方	**0.83**	**0.63**		**4.83**	**6.63**		**7.53**	**8.83**		**1.56**	**1.33**	
北京	5.72	0.54		4.04	9.74		6.29	12.21		1.56	1.25	
天津	0.33			4.41			6.58			1.49		
河北	0.61	0.42		9.47	21.12		10.08	28.97		1.06	1.37	
山西	0.75			4.15			6.73			1.62		
内蒙古	0.59	0.80		17.42	1.00		30.89	6.50		1.77	6.50	
辽宁	2.88	0.49		3.04	5.64		4.42	7.60		1.45	1.35	
吉林	3.01	0.40		2.81	4.77		3.25	5.06		1.16	1.06	
黑龙江	0.26	0.33		8.41	7.73		18.21	11.90		2.16	1.54	
上海	0.63	0.84		9.47	9.81		20.45	13.82		2.16	1.41	
江苏	1.68	0.49		2.82	5.45		3.95	6.50		1.40	1.19	
浙江	0.39	0.40		8.80	6.20		20.26	12.36		2.30	1.99	
安徽	0.43	0.50		9.10	7.18		14.42	9.43		1.59	1.31	
福建	0.38	1.59		8.75	6.44		20.71	7.11		2.37	1.10	
江西	0.48	0.48		3.14	8.45		4.01	10.88		1.28	1.29	
山东	0.88	0.48		5.66	6.73		7.41	11.26		1.31	1.67	
河南	0.75	0.43		5.30	5.17		7.84	6.85		1.48	1.32	
湖北	0.50	0.41		6.76	8.60		11.32	9.06		1.68	1.05	
湖南	0.73	0.41		5.46	6.32		7.18	8.10		1.31	1.28	
广东	0.56	0.68		7.93	6.35		18.21	11.71		2.30	1.85	
广西	0.58	0.87		5.40	3.75		9.71	4.41		1.80	1.18	
海南												
重庆	0.73			2.28			2.35			1.03		
四川	0.75	0.63		2.10	9.60		3.64	10.50		1.73	1.09	
贵州	0.99			4.13	3.45		5.06	4.70		1.23	1.36	
云南	0.76			5.17			14.22			2.75		
西藏	0.05			7.76			10.50			1.35		
陕西	0.54	0.20		3.72	11.00		5.80	21.50		1.56	1.95	
甘肃	0.66	0.30		4.19	23.67		7.13	30.00		1.70	1.27	
青海	0.64			5.26			6.54			1.24		
宁夏	0.74			9.52			10.23			1.07		
新疆	0.44	0.47		6.94	1.88		9.97	2.68		1.44	1.43	
台湾												

各地区使用《中国标准书号》各类图书的平均印数、平均印张和平均定价

T 工业技术

	每种印数（万册）			每册印张(印张)			每册定价(元)			每印张定价(元)		
	新出	重印	租型	新出	重印	租型	新出	重印	租型	新出	重印	租型
全国 总计	**0.64**	**0.88**		**16.96**	**15.77**		**28.90**	**19.17**		**1.70**	**1.22**	
中 央	**0.65**	**0.94**		**17.99**	**16.12**		**31.22**	**19.32**		**1.74**	**1.20**	
地 方	**0.62**	**0.70**		**14.44**	**14.55**		**23.23**	**18.62**		**1.61**	**1.28**	
北 京	0.46	0.39		17.89	13.64		30.30	19.93		1.69	1.46	
天 津	0.65	0.81		12.14	16.47		27.47	24.42		2.26	1.48	
河 北	0.86	0.61		9.07	14.80		20.09	15.45		2.21	1.04	
山 西	0.21	0.15		15.03	17.67		22.77	38.00		1.52	2.15	
内 蒙 古	0.60			23.98			112.53			4.69		
辽 宁	0.66	0.98		12.12	14.07		21.06	19.31		1.74	1.37	
吉 林	0.40	1.11		12.73	16.61		19.57	16.95		1.54	1.02	
黑 龙 江	0.32	0.44		13.52	15.61		40.26	21.62		2.98	1.39	
上 海	0.84	0.80		11.12	13.88		22.72	19.95		2.04	1.44	
江 苏	0.49	0.72		15.03	15.55		22.68	19.62		1.51	1.26	
浙 江	0.70	0.66		13.31	12.72		26.47	21.67		1.99	1.70	
安 徽	0.43	0.60		16.05	11.65		23.32	17.05		1.45	1.46	
福 建	0.62	2.00		12.20	9.54		24.44	10.60		2.00	1.11	
江 西	0.41	0.54		20.78	16.09		39.61	19.09		1.91	1.19	
山 东	0.64	0.60		15.00	14.88		22.27	18.72		1.48	1.26	
河 南	0.49	0.24		10.85	10.91		22.58	21.14		2.08	1.94	
湖 北	0.42	0.65		15.16	17.19		22.40	17.83		1.48	1.04	
湖 南	0.57	0.48		10.85	18.35		23.84	19.63		2.20	1.07	
广 东	0.65	0.64		12.89	13.27		25.54	18.50		1.98	1.39	
广 西	0.46	1.10		15.36	13.95		28.65	13.80		1.87	0.99	
海 南	0.73			12.70			19.19			1.51		
重 庆	2.27	0.58		23.73	14.73		18.53	15.48		0.78	1.05	
四 川	0.45	0.44		14.37	15.54		19.14	19.18		1.33	1.23	
贵 州	0.48			9.63	19.80		16.07	42.40		1.67	2.14	
云 南	0.34			48.98			23.70			0.48		
西 藏												
陕 西	0.58	0.65		16.15	17.64		19.54	18.37		1.21	1.04	
甘 肃	0.25			21.06			43.36			2.06		
青 海	0.23			21.85			33.33			1.53		
宁 夏	0.25			14.67			27.08			1.85		
新 疆	0.34			15.19			20.19			1.33		
台 湾												

各地区使用《中国标准书号》各类图书的平均印数、平均印张和平均定价

U 交通运输

	每种印数（万册）			每册印张(印张)			每册定价(元)			每印张定价(元)		
	新出	重印	租型	新出	重印	租型	新出	重印	租型	新出	重印	租型
全国总计	**1.07**	**0.74**		**10.57**	**13.30**		**18.22**	**18.17**		**1.72**	**1.37**	
中　　央	**1.09**	**0.65**		**10.93**	**13.96**		**18.70**	**18.55**		**1.71**	**1.33**	
地　　方	**1.02**	**1.04**		**9.49**	**11.94**		**16.77**	**17.40**		**1.77**	**1.46**	
北　　京	1.50			15.00			22.00			1.47		
天　　津	0.29	0.30		16.13	6.33		20.23	10.00		1.25	1.58	
河　　北	3.42			8.58			25.19			2.93		
山　　西												
内 蒙 古	0.30			7.22			16.00			2.22		
辽　　宁	0.39	0.36		18.79	17.51		32.86	25.23		1.75	1.44	
吉　　林	0.37	0.55		25.06	9.96		42.70	13.39		1.70	1.34	
黑 龙 江	0.97	1.89		9.01	6.73		20.91	17.48		2.32	2.60	
上　　海	2.85	1.96		4.71	12.46		8.42	15.96		1.79	1.28	
江　　苏	0.50	0.20		24.69	12.25		27.00	21.00		1.09	1.71	
浙　　江	0.90			7.01			17.00			2.42		
安　　徽	0.43	0.50		10.33	10.80		15.77	14.50		1.53	1.34	
福　　建	0.61	0.61		16.86	20.95		21.60	24.83		1.28	1.19	
江　　西	0.48			24.13			34.52			1.43		
山　　东	0.54	0.48		12.11	20.13		20.10	25.28		1.66	1.26	
河　　南	0.21			12.75			26.00			2.04		
湖　　北	0.38			15.73			31.36			1.99		
湖　　南	0.49	0.32		12.61	25.50		21.97	27.75		1.74	1.09	
广　　东	0.36	0.50		18.40	19.30		87.64	23.00		4.76	1.19	
广　　西	0.40			43.00			68.00			1.58		
海　　南												
重　　庆	0.30	0.50		13.25	17.60		13.50	18.00		1.02	1.02	
四　　川	0.46	0.52		29.72	8.55		16.26	10.07		0.55	1.18	
贵　　州												
云　　南	0.30	0.52		15.39	2.43		27.33	10.00		1.78	4.12	
西　　藏												
陕　　西												
甘　　肃												
青　　海												
宁　　夏												
新　　疆	0.86			9.93			10.91			1.10		
台　　湾												

各地区使用《中国标准书号》各类图书的平均印数、平均印张和平均定价

V 航空、航天

	每种印数（万册）			每册印张(印张)			每册定价(元)			每印张定价(元)		
	新出	重印	租型	新出	重印	租型	新出	重印	租型	新出	重印	租型
全国总计	**0.34**	**0.15**		**12.74**	**18.04**		**28.88**	**26.30**		**2.27**	**1.46**	
中央	**0.32**	**0.10**		**12.73**	**18.00**		**30.09**	**28.00**		**2.36**	**1.56**	
地方	**0.42**	**0.18**		**12.76**	**18.06**		**24.84**	**25.83**		**1.95**	**1.43**	
北京												
天津												
河北												
山西												
内蒙古												
辽宁												
吉林												
黑龙江												
上海	0.50	0.18		52.55	18.06		120.00	25.83		2.28	1.43	
江苏	0.13			20.82			33.92			1.63		
浙江												
安徽												
福建												
江西												
山东	1.00			5.49			6.90			1.26		
河南												
湖北	0.05			88.26			150.00			1.70		
湖南	0.15			17.73			23.50			1.33		
广东	0.10			1.73			5.00			2.89		
广西	2.00			4.62			9.00			1.95		
海南												
重庆	0.50			8.71			10.93			1.26		
四川												
贵州												
云南	0.31			19.25			80.00			4.16		
西藏												
陕西												
甘肃												
青海												
宁夏												
新疆												
台湾												

各地区使用《中国标准书号》各类图书的平均印数、平均印张和平均定价

X 环境科学

	每种印数（万册）			每册印张(印张)			每册定价(元)			每印张定价(元)		
	新出	重印	租型	新出	重印	租型	新出	重印	租型	新出	重印	租型
全国总计	**1.10**	**3.26**		**6.05**	**5.84**		**12.02**	**6.09**		**1.99**	**1.04**	
中央	**1.02**	**1.14**		**5.04**	**7.10**		**10.72**	**9.38**		**2.13**	**1.32**	
地方	**1.26**	**7.24**		**7.62**	**5.47**		**14.03**	**5.13**		**1.84**	**0.94**	
北京	3.00	0.81		46.06	4.97		168.00	6.00		3.65	1.21	
天津	0.45			12.29			15.48			1.26		
河北	0.38			7.43			11.62			1.56		
山西												
内蒙古	0.10			18.77			22.80			1.21		
辽宁	0.18	0.37		19.16	10.27		32.43	14.78		1.69	1.44	
吉林	0.10			23.50			25.00			1.06		
黑龙江	0.11	0.30		16.90	14.33		27.57	12.00		1.63	0.84	
上海	0.58	3.20		17.30	4.94		23.40	6.81		1.35	1.38	
江苏	0.41			10.93			26.95			2.47		
浙江	0.18	0.20		23.96	13.00		35.83	14.00		1.50	1.08	
安徽	0.25			48.60			79.20			1.63		
福建	0.59			7.21			10.43			1.45		
江西	0.30	23.49		11.13	2.08		16.90	3.00		1.52	1.44	
山东	9.52	31.34		4.21	7.64		3.88	5.90		0.92	0.77	
河南												
湖北	0.26	0.49		15.14	12.20		26.08	15.07		1.72	1.23	
湖南	0.41			13.82			21.98			1.59		
广东	0.65	0.20		6.57	9.00		11.34	16.00		1.73	1.78	
广西	0.30			7.94			12.20			1.54		
海南	0.50			7.25			13.50			1.86		
重庆	0.29			7.10			17.87			2.52		
四川	4.11			6.67			24.30			3.64		
贵州	0.44			4.75			7.96			1.68		
云南	0.10			7.38			60.00			8.13		
西藏												
陕西	0.17			13.90			28.28			2.03		
甘肃												
青海												
宁夏												
新疆												
台湾												

各地区使用《中国标准书号》各类图书的平均印数、平均印张和平均定价

Z 综合性图书

	每种印数（万册）			每册印张(印张)			每册定价(元)			每印张定价(元)		
	新出	重印	租型	新出	重印	租型	新出	重印	租型	新出	重印	租型
全国总计	**0.83**	**1.51**	**0.25**	**12.36**	**12.15**	**14.62**	**30.81**	**14.38**	**16.80**	**2.49**	**1.18**	**1.15**
中央	**0.77**	**1.76**		**15.07**	**7.16**		**42.78**	**8.57**		**2.84**	**1.20**	
地方	**0.89**	**1.22**	**0.25**	**9.89**	**20.71**	**14.62**	**19.89**	**24.34**	**16.80**	**2.01**	**1.18**	**1.15**
北京	1.24	0.50		7.88	9.06		13.42	10.59		1.70	1.17	
天津	0.80			9.63			16.72			1.74		
河北	0.48	2.61		25.38	18.74		49.63	19.00		1.96	1.01	
山西	2.10	0.27		7.26	15.48		10.13	18.74		1.40	1.21	
内蒙古	0.83	0.25		16.12	68.60		25.77	66.40		1.60	0.97	
辽宁	0.61	0.94		15.27	14.24		26.43	23.78		1.73	1.67	
吉林	1.35	2.20		9.89	8.36		20.03	15.00		2.03	1.79	
黑龙江	0.49	0.30		9.00	15.83		23.74	61.50		2.64	3.88	
上海	0.86	3.07		12.37	27.74		28.65	29.39		2.32	1.06	
江苏	0.52	0.49		10.35	11.25		21.89	17.17		2.11	1.53	
浙江	0.36	0.33		12.21	17.22		51.37	24.98		4.21	1.45	
安徽	0.30	3.00		18.70	7.50		45.59	9.00		2.44	1.20	
福建	0.53	0.50		9.79	18.80		39.09	28.00		3.99	1.49	
江西	0.21	1.03		19.79	4.90		59.76	6.13		3.02	1.25	
山东	0.74	1.21		8.53	3.95		16.06	6.55		1.88	1.66	
河南	0.51	0.30		6.00	9.78		16.30	11.50		2.72	1.18	
湖北	1.91	1.09		5.83	5.39		15.07	14.61		2.59	2.71	
湖南	1.20	0.63		3.93	10.09		9.59	16.42		2.44	1.63	
广东	0.81	0.81		8.84	9.47		26.45	15.17		2.99	1.60	
广西	0.45	0.51		9.51	3.95		25.98	18.00		2.73	4.55	
海南	1.05	0.48		12.44	18.76		27.01	30.48		2.17	1.63	
重庆	0.55	0.93		9.80	7.24		13.43	20.96		1.37	2.89	
四川	0.33	0.65		16.52	12.00		46.61	13.15		2.82	1.10	
贵州	0.29			11.05			20.99			1.90		
云南	1.04			9.66			14.63			1.51		
西藏	0.50		0.25	8.00		14.62	8.50		16.80	1.06		1.15
陕西	0.78	0.77		8.26	8.26		13.76	7.59		1.67	0.92	
甘肃	1.25			17.84			16.35			0.92		
青海	0.98			26.65			39.40			1.48		
宁夏	0.19			16.82			23.82			1.42		
新疆	0.77	0.32		13.17	9.37		20.84	12.47		1.58	1.33	
台湾												

各类课本的平均印数、平均印张和平均定价

	每种印数（万册）			每册印张(印张)			每册定价(元)			每印张定价(元)		
	新出	重印	租型	新出	重印	租型	新出	重印	租型	新出	重印	租型
课 本 合 计	**5.89**	**8.43**	**23.00**	**4.64**	**4.07**	**5.60**	**5.20**	**4.28**	**4.52**	**1.12**	**1.05**	**0.81**
(1) 大专及大专以上课本	0.78	1.58		14.59	14.24		18.61	14.40		1.28	1.01	
(2) 中专、技校课本	1.63	3.00		13.82	11.91		12.84	10.37		0.93	0.87	
(3) 中学课本	12.51	15.04	23.25	5.41	3.80	7.76	4.75	3.61	5.03	0.88	0.95	0.65
(4) 小学课本	25.96	21.62	29.23	2.83	2.37	3.86	3.48	3.01	4.11	1.23	1.27	1.07
(5) 业余教育课本	1.50	2.25	3.22	8.20	10.84	3.82	9.82	9.86	3.19	1.20	0.91	0.84
(6) 扫盲课本												
(7) 教学用书	1.23	1.26	2.40	6.70	6.15	7.89	7.07	5.47	4.82	1.05	0.89	0.61

少数民族文字图书出版数量

	图书总计				使用《中国标准书号》部分								不使用《中国标准书号》部分——图片合计				附：活页文选、影印书等用纸
					书籍				课本								
	种数(种)		印数(万册张)	印张(千印张)	种数(种)		印数(万册张)	印张(千印张)	种数(种)		印数(万册张)	印张(千印张)	种数(种)		印数(万册张)	印张(千印张)	
	合计	新出			合计	新出			合计	新出			合计	新出			
全国合计	**4591**	**1828**	**6021**	**345569**	**2367**	**1473**	**1896**	**115623**	**2204**	**337**	**4100**	**228710**	**20**	**18**	**25**	**1083**	**153**
中央	**224**	**177**	**109**	**9011**	**193**	**172**	**51**	**8107**	**31**	**5**	**58**	**904**					
民族出版社	156	135	44	5631	156	135	44	5631									
中国地图出版社	30	4	58	894					30	4	58	894					
中国藏学出版社	22	22	3	2355	22	22	3	2355									
新星出版社	6	6	3	87	6	6	3	87									
五洲传播出版社	9	9	1	34	9	9	1	34									
中央民族大学出版社	1	1		10					1	1		10					
地方	**4367**	**1651**	**5912**	**336558**	**2174**	**1301**	**1845**	**107516**	**2173**	**332**	**4042**	**227806**	**20**	**18**	**25**	**1083**	**153**
内蒙古	784	323	850	56396	364	251	272	18001	420	72	578	38360					35
辽宁	23	22	3	377	23	22	3	377									
吉林	998	399	1039	59687	622	300	620	31897	375	99	418	27781	1		1	9	
黑龙江	39	38	11	1398	39	38	11	1398									
广东	7	4	6	290	6	4	4	270					1		2	20	
广西	1	1		7	1	1		7									
四川	273	34	128	4779	20	17	24	1379	253	17	104	3400					
贵州	1	1		4	1	1		4									
云南	23	23	6	303	22	22	5	285					1	1	1	18	
西藏	235	41	389	17188	25	25	10	1023	209	15	378	16155	1	1	1	10	
甘肃	28	27	9	1431	28	27	9	1431									
青海	233	46	108	5777	65	40	17	1808	165	3	85	3822	3	3	6	32	115
新疆	1722	692	3363	188921	958	553	870	49636	751	126	2479	138288	13	13	14	994	3

注：本年出版少数民族文字图书的文种有：蒙文、朝文、维文、藏文、彝文、德宏傣文、西双版纳傣文、景颇文、傈僳文、佤文、拉祜文、哈尼文、壮文、哈文、柯尔克孜文、苗文、纳西文等17种。

少数民族文字图书出版数量与去年相比增减百分比

	图书总计				使用《中国标准书号》部分							
					书籍				课本			
	种数		印数	印张	种数		印数	印张	种数		印数	印张
	合计	新出			合计	新出			合计	新出		
全国总计	11.76	18.09	12.00	13.83	−1.87	9.84	−12.38	0.80	31.43	74.61	28.17	21.62
中央	4.19	25.53	−26.35	−15.93		26.47	−43.96	−17.33	55.00	25.00	3.57	0.44
地方	12.18	17.34	13.08	14.92	−2.03	7.97	−11.00	2.49	31.14	75.66	28.60	21.72

（续表）

	不使用《中国标准书号》部分——图片合计			
	种数		印数	印张
	合计	新出		
全国总计	5.26	28.57	92.31	61.88
中央	−100.00	−100.00	−100.00	−100.00
地方	17.65	38.46	108.33	64.59

全国期刊分类的种数、印数、印张数

	合计				综合				哲学、社会科学			
	种数（种）	平均期印数（万册）	总印数（万册）	总印张（千印张）	种数（种）	平均期印数（万册）	总印数（万册）	总印张（千印张）	种数（种）	平均期印数（万册）	总印数（万册）	总印张（千印张）
全国总计	**8187**	**21845**	**284638**	**9677718**	**480**	**3373**	**45640**	**1667821**	**1857**	**6405**	**86556**	**2832848**
中央	**2146**	**5736**	**74638**	**3255904**	**125**	**980**	**11721**	**473120**	**509**	**2244**	**35137**	**1187965**
地方	**6041**	**16109**	**210000**	**6421814**	**355**	**2393**	**33919**	**1194701**	**1348**	**4161**	**51419**	**1644883**
北京	127	380	5790	261990	8	41	543	23521	34	124	1728	48778
天津	220	450	5060	153885	19	25	265	9482	28	70	810	25818
河北	212	459	5093	137459	16	22	248	7517	58	180	2102	65903
山西	152	255	2815	86629	9	35	591	18738	36	59	642	21310
内蒙古	139	139	1563	40837	7	9	112	4746	42	66	768	22405
辽宁	277	1026	13279	318861	14	122	1547	48286	50	483	6502	160458
吉林	204	486	5558	163208	21	104	1221	45285	43	155	1775	54467
黑龙江	324	653	8399	247499	3	4	39	1419	83	319	3940	130675
上海	606	1493	17778	687410	29	65	798	45851	107	229	3195	123386
江苏	384	734	10512	285697	5	6	66	3323	85	256	3266	110006
浙江	196	759	9493	240099	2	5	48	2504	50	138	1885	53826
安徽	147	619	5478	142643	8	61	709	27371	33	105	1181	37961
福建	134	341	3988	136325	7	78	936	36541	36	127	1631	45421
江西	167	567	9043	187294	1		2	103	48	177	2104	68491
山东	226	746	11458	319708	16	220	4323	103201	41	136	1526	50981
河南	208	895	10937	315165	25	270	3206	113286	38	114	1330	49831
湖北	350	1016	16966	540013	24	329	6645	266707	87	248	3125	110167
湖南	214	1041	12437	235187	11	105	1390	39426	40	140	1653	55416
广东	323	1645	25949	909628	39	397	4791	187481	69	267	3262	134543
广西	183	396	5082	137574	3	25	890	26902	58	143	1714	48532
海南	41	51	531	22883	10	19	240	10408	6	3	32	1545
重庆	95	267	3004	116093	8	6	54	3089	12	146	1715	61332
四川	287	421	4754	149443	8	12	102	4725	51	180	2164	59137
贵州	96	86	926	29568	3	5	72	2314	43	45	530	16571
云南	100	174	1851	61704	4	19	220	8802	21	72	837	25581
西藏	23	8	46	1984	6	3	17	824	8	3	21	618
陕西	257	423	5873	295185	17	24	257	12633	39	88	1082	34953
甘肃	120	438	4954	149626	10	345	4132	125155	35	44	477	13550
青海	45	11	87	3174					18	6	52	1824
宁夏	29	16	159	5862	1	2	23	798	12	7	66	2027
新疆	155	114	1137	39181	21	35	432	14263	37	31	304	9370
台湾												

注：含高校学报、公报、政报、年鉴1168种，平均期印数642万册，总印数5860万册，总印张263211千印张

全国期刊分类的种数、印数、印张数

	自然科学、技术				文化、教育				文学、艺术			
	种数（种）	平均期印数（万册）	总印数（万册）	总印张（千印张）	种数（种）	平均期印数（万册）	总印数（万册）	总印张（千印张）	种数（种）	平均期印数（万册）	总印数（万册）	总印张（千印张）
全国总计	**4368**	**4009**	**41992**	**1690712**	**776**	**4280**	**60754**	**1620759**	**532**	**1640**	**21112**	**1351139**
中央	**1181**	**1551**	**16908**	**797592**	**182**	**497**	**5495**	**192074**	**103**	**229**	**2528**	**523373**
地方	**3187**	**2458**	**25084**	**893120**	**594**	**3783**	**55259**	**1428685**	**429**	**1411**	**18584**	**827766**
北京	62	80	920	33123	15	101	2242	141047	4	10	73	8195
天津	137	126	1382	45731	20	143	1639	35615	12	64	735	32696
河北	100	53	506	17764	21	41	408	12387	13	29	326	11718
山西	71	43	305	10101	17	64	632	18893	16	26	276	11084
内蒙古	52	14	109	3646	13	38	444	5054	21	8	83	4087
辽宁	178	131	1156	38980	16	169	2452	40016	13	8	76	3320
吉林	93	62	641	20514	20	55	659	17215	21	22	213	9011
黑龙江	171	73	764	28172	48	235	3341	70358	17	20	300	16381
上海	344	250	2439	109434	75	273	3054	137571	37	522	6555	229903
江苏	235	159	1452	45084	33	225	4752	88552	21	41	399	28100
浙江	100	65	562	17107	27	441	5957	143698	13	69	553	16609
安徽	83	63	611	20396	8	22	238	10100	11	11	66	3784
福建	61	28	218	6400	12	20	302	11259	15	56	568	30758
江西	73	44	718	14027	33	56	882	22768	5	29	601	13892
山东	134	239	3329	108762	14	31	597	19752	14	36	532	16324
河南	104	66	618	21876	20	274	3457	73688	16	95	1441	40413
湖北	187	97	869	29356	32	118	1653	38703	15	32	318	29623
湖南	113	107	1071	28880	30	620	7561	94764	18	45	477	13727
广东	152	257	2793	112359	30	521	10967	329772	26	112	2161	112546
广西	72	43	368	10868	30	133	1546	34734	15	16	169	7998
海南	19	17	156	6497	4	11	96	3817	1	1	6	600
重庆	66	95	1011	44144	5	7	78	2953	2	1	4	327
四川	185	111	1111	42242	19	87	1078	33365	18	16	135	5446
贵州	34	12	88	3456	5	10	111	3333	8	10	72	2470
云南	55	59	517	17489	4	14	202	5610	14	7	40	2981
西藏	1			12	3	1	3	158	5	1	5	372
陕西	165	103	996	43910	18	54	701	26316	13	100	2192	165539
甘肃	63	40	251	8311	4	3	24	779	5	2	17	1031
青海	18	2	11	374	2	1	15	495	7	2	9	481
宁夏	6	1	4	199	5	5	61	2587	4	1	4	213
新疆	53	18	108	3906	11	10	107	3326	29	19	178	8137
台湾												

全国期刊分类的种数、印数、印张数

	少儿读物				画刊			
	种数（种）	平均期印数（万册）	总印数（万册）	总印张（千印张）	种数（种）	平均期印数（万册）	总印数（万册）	总印张（千印张）
全国总计	**103**	**2024**	**27250**	**464899**	**71**	**114**	**1334**	**49540**
中　　央	**13**	**177**	**2117**	**47833**	**33**	**58**	**732**	**33947**
地　　方	**90**	**1847**	**25133**	**417066**	**38**	**56**	**602**	**15593**
北　　京	2	14	164	5406	2	10	120	1920
天　　津	3	20	221	4153	1	2	8	390
河　　北	3	133	1500	22080	1	1	3	90
山　　西	2	28	367	6462	1		2	41
内 蒙 古	3	4	45	840	1		2	59
辽　　宁	4	98	1364	25960	2	15	182	1841
吉　　林	5	85	1019	15816	1	3	30	900
黑 龙 江	1	1	12	390	1	1	3	104
上　　海	13	153	1731	41061	1	1	6	204
江　　苏	5	47	773	10632				
浙　　江	3	41	486	6303	1		2	52
安　　徽	4	357	2673	43031				
福　　建	2	32	329	5755	1		4	191
江　　西	7	261	4736	68013				
山　　东	5	81	1130	19536	2	3	21	1152
河　　南	4	76	881	15917	1		4	154
湖　　北	4	192	4354	65415	1		2	42
湖　　南	1	23	281	2812	1	1	4	162
广　　东	3	87	1938	30900	4	4	37	2027
广　　西	4	35	389	8390	1	1	6	150
海　　南					1		1	16
重　　庆	2	12	142	4248				
四　　川	2	7	77	1130	4	8	87	3398
贵　　州	2	4	51	1367	1		2	57
云　　南					2	3	35	1241
西　　藏								
陕　　西	3	51	609	10623	2	3	36	1211
甘　　肃	2	4	52	778	1		1	22
青　　海								
宁　　夏					1		1	38
新　　疆	1	1	5	48	3		3	131
台　　湾								

各类期刊占其总数的百分比

	种 数	总 印 数	总 印 张
综 合	5.86	16.03	17.23
哲学、社会科学	22.68	30.41	29.27
自然科学、技术	53.35	14.75	17.47
文 化、教 育	9.48	21.34	16.75
文 学、艺 术	6.50	7.42	13.96
少 儿 读 物	1.26	9.57	4.80
画 刊	0.87	0.47	0.51

平均期印数在25万册以上的期刊（中央）

单位：册

杂 志 名 称	刊 期	平均期印数	杂 志 名 称	刊 期	平均期印数
时事(中学版)	双月	3000000	时事报告	月	380000
半月谈	半月	2760000	兵器知识	月	371162
半月谈（内部版）	月	1500000	党建研究	月	345000
中国税务	月	1280000	海外文摘	月	345000
青年文摘	月	1200000	中国民兵	月	343510
农民文摘	月	1173296	中国民航（航机杂志）	双月	320000
求是	半月	997678	舰船知识	月	317000
乡镇论坛	月	806000	了望	周	310000
党建	月	567000	航空杂志	月	300000
财务与会计	月	523000	证券市场周刊	周	300000
人生	月	502000	中华儿女	月	290000
电脑爱好者	半月	350000	时事资料手册	季	500000
人民调解	月	280000	中国航空班期时刻表	半年	500000
中学生	月	280000	中国航空旅游指南	半年	500000
米老鼠	半月	272875	民主与法制	半月	260000
农村财务会计	月	480000	大众软件	半月	260000
长安	月	480000	家电维修	月	260000
世界军事	月	440000	保密工作	月	250000
中国监察	月	414000	环球	半月	250000
婚姻与家庭	月	398975			

平均期印数在 25 万册以上的期刊（地方）

单位：册

杂 志 名 称	刊 期	平均期印数	杂 志 名 称	刊 期	平均期印数
北　　京:			演讲与口才	月	800000
北京支部生活	月	325000	中学生博览	月	372000
父母必读	月	316667	东西南北	月	300000
北京电视	周	271423	**黑 龙 江:**		
天　　津:			党的生活	月	1065000
小学生作文	月	496667	百家作文指导	月	600000
作文通讯	月	383333	家庭生活指南	月	360000
河　　北:			良师	半月	320000
~~知音~~	半月	~~2250000~~	小学生作文向导	月	305000
~~小学生天地~~	半月	~~1700000~~	**上　　海:**		
~~知音(海外版)~~	月	~~500000~~	故事会	月	3720627
党员生活	月	300000	上海服饰	月	571728
辽　　宁:			上海故事	月	558075
共产党员	月	1400000	现代家庭	月	447374
党员特刊	月	1135000	支部生活	月	343383
小学生优秀作文	月	945000	故事大王	月	324623
新少年	月	720000	**江　　苏:**		
辽宁青年	半月	550000	江苏电视教育	旬	680000
党建文汇	月	450000	初中生世界	旬	403600
老同志之友	月	410000	早期教育	月	395000
当代工人	月	340000	当代农业	月	318000
小学生学习指导	月	327500	东海民兵	月	260000
吉　　林:			小学生语文学习	月	251467

杂 志 名 称	刊 期	平均期印数	杂 志 名 称	刊 期	平均期印数
浙　　江:			农业知识	半月	450000
小学生时代	月	1615400	读报参考	半月	374708
中学生天地	月	1369500	祝你幸福	月	300000
家庭教育	月	450000	**河　　南:**		
幽默大师	双月	373822	中学生阅读(初中版)	月	617800
幼儿智力世界	月	278217	妇女生活	月	590000
幼儿教育	月	259000	中学生数理化(初)	月	466699
安　　徽:			中学生数理化(高)	月	418348
小学生导读(安徽教育)	月	1982300	党的生活	月	410000
初中生必读	月	1153600	公安月刊	月	380000
恋爱.婚姻.家庭	月	460000	老人春秋	月	350000
党员生活	月	362000	中学生阅读(高)	月	344712
少年博览	月	250000	人生与伴侣	月	325000
福　　建:			作文	月	300000
福建支部生活	月	636575	小学生作文选刊	月	266000
青年博览	月	400000	小小说选刊	半月	260000
小火炬	月	303430	**湖　　北:**		
江　　西:			知音	半月	2250000
小学生之友	周	1340000	小学生天地	半月	1700000
小星星	半月	540000	知音(海外版)	月	500000
江西党建	月	410000	党员生活	月	300000
初中生之友	旬	400000	**湖　　南:**		
山　　东:			小学生导刊中年级	月	1482899
当代小学生	半月	1000000	小学生导刊高年级	月	1452130
支部生活	月	580000	小学生导刊低年级	月	782599
驾驶天地	月	470000	初中生一年级版	月	713777

杂志名称	刊期	平均期印数	杂志名称	刊期	平均期印数
初中生二年级版	月	629318	小学生跟我学	月	480000
初中生三年级版	月	523097	今日小学生月刊	月	373658
湖南农业	月	340000	广西党建	月	360000
当代党建	月	320000	**四　　川:**		
三湘风纪	月	255000	四川党的建设.农村版	月	480000
广　　东:			**重　　庆:**		
广东第二课堂	半月	2135000	党员文摘	月	871900
家庭	半月	1625000	商界	月	275100
家庭医生	月	1604167	当代党员	月	256500
广东支部生活	月	1460000	农家科技	月	254000
人之初	月	1064167	**云　　南:**		
少先队员	半月	750000	云南支部生活	月	378000
少男少女	月	667000	**陕　　西:**		
佛山文艺	半月	400000	女友	半月	850000
深圳青年	月	380000	少年月刊	月	384167
党风	月	356000	当代陕西	月	320000
女报	月	280000	**甘　　肃:**		
广州党的生活	月	252000	读者	月	3295885
广　　西:					

各种刊期的期刊出版数量

	月刊				双月刊				季刊			
	种数（种）	平均期印数（万册）	总印数（万册）	总印张（千印张）	种数（种）	平均期印数（万册）	总印数（万册）	总印张（千印张）	种数（种）	平均期印数（万册）	总印数（万册）	总印张（千印张）
全国	**2556**	**15743**	**186498**	**5814816**	**2712**	**2218**	**13453**	**981385**	**2426**	**649**	**2665**	**124889**
中央	**817**	**3558**	**42731**	**1556061**	**704**	**953**	**5767**	**629130**	**457**	**215**	**900**	**40473**
地方	**1739**	**12185**	**143767**	**4258755**	**2008**	**1265**	**7686**	**352255**	**1969**	**434**	**1765**	**84416**
北京	62	273	3287	112970	35	41	245	13767	21	8	32	1320
天津	67	383	4545	137460	78	40	244	10277	68	17	66	2772
河北	57	392	4555	117203	68	45	285	11250	72	14	55	2997
山西					61	44	266	10001	46	11	44	1817
内蒙古	49	125	1495	37576	36	7	43	1734	49	9	34	1789
辽宁	89	839	10056	250753	106	58	345	12731	71	24	97	4015
吉林	80	438	5251	151199	72	38	220	8476	49	7	29	1367
黑龙江	94	508	6035	189045	104	45	263	10991	106	16	64	2869
上海	185	1218	14488	538666	220	173	1098	57546	169	52	215	10843
江苏	93	472	5597	168928	138	87	513	29424	137	24	97	5028
浙江	55	622	7449	191523	68	66	401	14220	62	22	90	2876
安徽	41	577	5263	132401	47	27	153	6994	55	14	60	3062
福建	42	272	3215	100885	37	37	240	20070	42	10	41	1825
江西	44	218	2606	77321	46	36	241	8836	66	10	42	1864
山东	62	441	5327	167565	64	34	211	10157	89	24	100	4697
河南	86	804	9616	281496	62	36	216	8792	53	9	37	1854
湖北	112	483	5810	208638	105	51	315	15399	120	26	107	5227
湖南	63	1306	15649	237443	85	59	350	15126	58	11	44	2057
广东	102	968	11698	460087	95	79	466	22303	92	21	83	3883
广西	55	321	3712	95269	52	24	146	5393	73	11	46	2288
海南	18	43	453	18703	12	5	30	1778	10	2	8	281
重庆	29	240	2851	109305	42	19	115	5048	21	6	26	1152
四川	71	302	3631	114764	99	59	358	16394	110	24	95	4518
贵州	24	62	729	22874	28	15	89	3164	40	6	25	1317
云南	25	127	1507	49151	40	34	201	6846	33	8	38	2972
西藏	2	1	10	204	5	3	17	924	14	5	18	808
陕西	58	268	3217	113450	88	39	230	9786	97	16	65	3267
甘肃	23	390	4657	138977	38	37	225	7896	53	9	35	1907
青海	7	4	49	1415	11	4	22	899	23	3	14	740
宁夏	10	12	140	4937	10	2	14	596	9	2	6	327
新疆	34	76	869	28547	56	21	124	5437	61	13	52	2677
台湾												

各类期刊的平均印张和平均定价

	每册		每印张定价（元）
	印张（印张）	定价（元）	
综合	3.654	3.516	0.962
哲学、社会科学	3.273	3.409	1.042
自然科学、技术	4.022	4.335	1.078
文化、教育	2.547	2.373	0.932
文学、艺术	6.400	4.536	0.709
少年儿童读物	1.707	1.867	1.094
画刊	3.724	6.557	1.761

全国少数民族文字期刊分类种数、印数、印张数

单位：　种数：一种　印数：万册　印张：千印张

	合计				综合				哲学、社会科学				自然科学、技术			
	种数	平均期印数	总印数	总印张	种数	平均期印数	总印数	总印张	种数	平均期印数	总印数	总印张	种数	平均期印数	总印数	总印张
全国总计	**185**	**111.3**	**1009.2**	**39190**	**26**	**38.0**	**395.1**	**14634**	**47**	**18.9**	**133.1**	**4569**	**28**	**7.2**	**46.5**	**1593**
中　央	**16**	**12.5**	**83.3**	**3314**	**7**	**11.0**	**65.6**	**2717**	**3**	**1.1**	**12.8**	**382**				
地　方	**169**	**98.8**	**925.9**	**35876**	**19**	**27.0**	**329.5**	**11917**	**44**	**17.8**	**120.3**	**4187**	**28**	**7.2**	**46.5**	**1593**
内蒙古	44	14.4	137.1	5032	3	1.9	22.8	876	13	4.1	37.8	1362	7	1.5	12.0	408
吉　林	14	9.7	100.7	5064	3	2.8	31.0	1280	2	1.0	9.9	396	1	0.2	1.2	36
黑龙江	3	2.9	17.1	740												
广　西	1	0.1	0.7	13												
四　川	4	1.2	5.2	176					2	0.8	3.2	96				
云　南	3	0.5	1.6	64												
西　藏	11	3.6	15.7	679	2	0.6	2.4	111	4	1.8	8.3	242				
甘　肃	3	0.5	1.6	83					2	0.2	0.4	20				
青　海	6	1.7	7.7	432					2	0.3	1.5	56				
新　疆	80	64.2	638.5	23593	11	21.7	273.3	9650	19	9.6	59.2	2015	20	5.5	33.3	1149

(续表)

	文化、教育				文学、艺术				少儿读物				画刊			
	种数	平均期印数	总印数	总印张	种数	平均期印数	总印数	总印张	种数	平均期印数	总印数	总印张	种数	平均期印数	总印数	总印张
全国总计	**15**	**12.3**	**128.2**	**4489**	**57**	**28.9**	**241.7**	**12073**	**4**	**5.3**	**58.0**	**1530**	**8**	**0.7**	**6.6**	**302**
中　央													**6**	**0.4**	**4.9**	**215**
地　方	**15**	**12.3**	**128.2**	**4489**	**57**	**28.9**	**241.7**	**12073**	**4**	**5.3**	**58.0**	**1530**	**2**	**0.3**	**1.7**	**87**
内蒙古	5	1.0	8.5	324	14	3.2	23.8	1420	2	2.7	32.2	642				
吉　林	1	1.5	17.8	889	6	2.4	19.8	1623	1	1.8	21.0	840				
黑龙江					3	2.9	17.1	740								
广　西					1	0.1	0.7	13								
四　川	1	0.3	1.8	72	1	0.1	0.2	8								
云　南					3	0.5	1.6	64								
西　藏	2	0.6	2.2	131	3	0.6	2.8	195								
甘　肃					1	0.3	1.2	63								
青　海	1	0.4	2.1	105	3	1.0	4.1	271								
新　疆	5	8.5	95.8	2968	22	17.8	170.4	7676	1	0.8	4.8	48	2	0.3	1.7	87

全国少数民族文字期刊出版数量与去年相比增减的百分比

	种数	总印数	总印张
全国	0.54	−8.15	−6.85
中央	0.00	4.52	3.11
地方	0.60	−9.14	−7.67

全国各级报纸出版数量

	合计				中央及省、自治区、直辖市级			
	种数(种)	平均期印数(万份)	总印数(万份)	总印张(千印张)	种数(种)	平均期印数(万份)	总印数(万份)	总印张(千印张)
全国总计	**2038**	**18632.39**	**3183815**	**63668220**	**1024**	**13056.90**	**2060489**	**42113522**
中央	**211**	**3011.92**	**633438**	**11980474**	**211**	**3011.92**	**633438**	**11980474**
地方	**1827**	**15620.47**	**2550377**	**51687746**	**813**	**10044.98**	**1427051**	**30133048**
北京	36	508.21	83015	2484708	36	508.21	83015	2484708
天津	26	374.58	58341	1148850	24	369.38	57937	1143830
河北	66	527.20	97300	1595391	24	293.83	42847	555810
山西	57	817.38	69108	796919	31	365.32	30475	433879
内蒙古	50	124.65	17673	148375	17	44.02	6239	60120
辽宁	85	743.63	109733	2064979	17	376.70	45099	789970
吉林	56	482.65	46335	536575	27	369.77	22504	224055
黑龙江	76	483.25	78685	1127391	31	283.74	39322	532335
上海	75	1310.99	184164	4625954	75	1310.99	184164	4625954
江苏	88	1391.32	224328	3596904	28	935.26	132503	2375159
浙江	78	877.68	166616	2770830	29	491.08	70767	1356606
安徽	62	408.00	63172	913604	27	235.30	30540	519913
福建	49	380.04	64195	986259	24	252.20	30576	408113
江西	40	235.38	40325	541604	18	111.74	20008	330775
山东	92	880.57	176265	3333684	34	430.45	82152	1762044
河南	81	810.30	121602	1858392	30	556.76	69757	1152246
湖北	101	578.88	124524	2675955	29	277.86	52439	1157688
湖南	62	599.62	84995	1183326	25	462.86	55906	830310
广东	113	1605.22	317613	12360023	42	727.76	129378	5251527
广西	66	323.70	55421	717949	29	186.46	26013	389105
海南	19	68.81	12334	188555	16	59.79	9992	165135
重庆	30	280.94	52658	1231705	22	255.94	46066	1172001
四川	100	785.68	127708	2403592	43	433.91	50138	652398
贵州	40	122.22	24052	357733	21	86.29	13919	269515
云南	41	175.91	29655	467764	22	141.38	20099	379311
西藏	14	14.36	2736	27360	8	10.86	1945	19450
陕西	49	363.53	63526	869952	29	276.83	42141	682272
甘肃	47	132.46	22573	342302	17	90.52	13533	192492
青海	17	26.88	4080	49290	11	21.73	3152	42942
宁夏	13	36.26	5155	66912	8	27.17	3613	49976
新疆	98	150.17	22490	214909	19	50.87	10812	123409
台湾								

全国各级报纸出版数量

	地、市级				县级			
	种数（种）	平均期印数（万份）	总印数（万份）	总印张（千印张）	种数（种）	平均期印数（万份）	总印数（万份）	总印张（千印张）
全国总计	**873**	**5257.95**	**1055410**	**21080282**	**141**	**317.54**	**67916**	**474416**
中央								
地方	**873**	**5257.95**	**1055410**	**21080282**	**141**	**317.54**	**67916**	**474416**
北京								
天津	2	5.20	404	5020				
河北	40	231.29	54247	1038051	2	2.08	206	1530
山西	26	452.06	38633	363040				
内蒙古	32	79.98	11366	87915	1	0.65	68	340
辽宁	61	357.25	63003	1265342	7	9.68	1631	9667
吉林	24	107.69	22901	307490	5	5.19	930	5030
黑龙江	42	195.24	38703	591760	3	4.27	660	3296
上海								
江苏	37	395.52	73780	1090593	23	60.54	18045	131152
浙江	26	338.45	82877	1322956	23	48.15	12972	91268
安徽	35	172.70	32632	393691				
福建	19	118.80	32188	565740	6	9.04	1431	12406
江西	15	66.07	14306	154944	7	57.57	6011	55885
山东	43	416.50	85610	1512845	15	33.62	8503	58795
河南	49	251.19	51317	703507	2	2.35	528	2639
湖北	55	273.81	64155	1475200	17	27.21	7930	43067
湖南	31	121.51	26509	340114	6	15.25	2580	12902
广东	71	877.46	188235	7108496				
广西	33	131.12	28220	322905	4	6.12	1188	5939
海南	1	5.15	1850	18500	2	3.87	492	4920
重庆	4	15.93	4883	45672	4	9.07	1709	14032
四川	56	350.29	77496	1750824	1	1.48	74	370
贵州	14	27.89	8304	72683	5	8.04	1829	15535
云南	18	33.53	9294	87143	1	1.00	262	1310
西藏	6	3.50	791	7910				
陕西	16	76.07	20662	184067	4	10.63	723	3613
甘肃	29	41.36	9011	149665	1	0.58	29	145
青海	6	5.15	928	6348				
宁夏	5	9.09	1542	16936				
新疆	77	98.15	11563	90925	2	1.15	115	575
台湾								

各级综合报纸出版数量

	合计				中央及省、自治区、直辖市级			
	种数(种)	平均期印数(万份)	总印数(万份)	总印张(千印张)	种数(种)	平均期印数(万份)	总印数(万份)	总印张(千印张)
全国总计	**986**	**8464.20**	**2197614**	**47521535**	**304**	**5215.90**	**1283688**	**29938503**
中央	**37**	**1259.05**	**331090**	**6005340**	**37**	**1259.05**	**331090**	**6005340**
地方	**949**	**7205.15**	**1866524**	**41516195**	**267**	**3956.85**	**952598**	**23933163**
北京	13	276.97	65685	2204918	13	276.97	65685	2204918
天津	8	162.23	42632	935764	7	158.23	42432	931764
河北	31	200.33	62615	1103916	7	71.62	22096	404223
山西	30	199.14	33919	453271	12	89.46	13385	204124
内蒙古	24	47.25	13384	108878	4	14.55	4189	41700
辽宁	45	459.73	86879	1680253	8	273.70	36618	649960
吉林	29	138.94	33875	402930	7	69.76	12314	136450
黑龙江	36	184.98	53435	853701	8	71.31	20752	372553
上海	17	537.57	123119	3594013	17	537.57	123119	3594013
江苏	62	690.04	185644	3105284	11	287.90	99535	1958148
浙江	51	418.86	131356	2347210	7	159.71	42687	1045804
安徽	26	162.90	45575	744962	7	88.48	20233	419366
福建	23	202.65	51895	808555	5	110.75	21085	290836
江西	29	149.48	35109	468607	10	87.00	18082	313760
山东	48	417.26	134714	2776396	9	167.64	52082	1451600
河南	37	242.99	77951	1465221	9	108.74	33818	850680
湖北	47	301.56	97972	2357204	4	109.11	37492	1006364
湖南	28	215.69	48925	732675	7	133.10	23880	418809
广东	63	1004.33	247398	10977442	15	437.39	105913	4862959
广西	31	144.57	40379	553904	6	55.79	13914	260594
海南	13	47.22	10638	164760	10	38.20	8296	141340
重庆	17	152.04	41117	871097	10	128.25	34835	812942
四川	38	320.73	74313	1089896	9	169.52	29248	391716
贵州	27	85.22	20765	314040	9	52.69	10809	227590
云南	27	87.58	23491	386037	8	53.05	13935	297584
西藏	11	12.96	2685	26848	5	9.46	1894	18938
陕西	24	146.96	37466	488520	9	80.00	18850	328523
甘肃	31	85.08	19579	271307	9	52.90	11326	132183
青海	9	10.71	2922	31747	4	7.16	2077	25839
宁夏	8	16.06	3927	39310	4	11.97	2645	28874
新疆	66	83.12	17160	157529	17	44.87	9372	109009
台湾								

各级综合报纸出版数量

	地、市级				县级			
	种数(种)	平均期印数(万份)	总印数(万份)	总印张(千印张)	种数(种)	平均期印数(万份)	总印数(万份)	总印张(千印张)
全国总计	**548**	**2975.15**	**849793**	**17150497**	**134**	**273.15**	**64133**	**432535**
中央								
地方	**548**	**2975.15**	**849793**	**17150497**	**134**	**273.15**	**64133**	**432535**
北京								
天津	1	4.00	200	4000				
河北	22	126.63	40313	698163	2	2.08	206	1530
山西	18	109.68	20534	249147				
内蒙古	19	32.05	9127	66838	1	0.65	68	340
辽宁	30	176.35	48630	1020626	7	9.68	1631	9667
吉林	17	63.99	20631	261450	5	5.19	930	5030
黑龙江	25	109.40	32023	477852	3	4.27	660	3296
上海								
江苏	28	341.60	68064	1015984	23	60.54	18045	131152
浙江	23	217.30	76564	1219138	21	41.85	12105	82268
安徽	19	74.42	25342	325596				
福建	12	82.86	29379	505313	6	9.04	1431	12406
江西	13	37.88	12730	125878	6	24.60	4297	28969
山东	25	217.06	74288	1266796	14	32.56	8344	58000
河南	26	131.90	43605	611902	2	2.35	528	2639
湖北	28	168.09	53283	1311394	15	24.36	7197	39446
湖南	15	67.34	22465	300964	6	15.25	2580	12902
广东	48	566.94	141485	6114483				
广西	21	82.66	25277	287371	4	6.12	1188	5939
海南	1	5.15	1850	18500	2	3.87	492	4920
重庆	4	15.93	4883	45672	3	7.86	1399	12483
四川	28	149.73	44991	697810	1	1.48	74	370
贵州	13	24.49	8127	70915	5	8.04	1829	15535
云南	18	33.53	9294	87143	1	1.00	262	1310
西藏	6	3.50	791	7910				
陕西	11	56.33	17893	156384	4	10.63	723	3613
甘肃	21	31.60	8224	138979	1	0.58	29	145
青海	5	3.55	845	5908				
宁夏	4	4.09	1282	10436				
新疆	47	37.10	7673	47945	2	1.15	115	575
台湾								

各级专业报纸出版数量

	合计				中央及省、自治区、直辖市级			
	种数（种）	平均期印数（万份）	总印数（万份）	总印张（千印张）	种数（种）	平均期印数（万份）	总印数（万份）	总印张（千印张）
全国总计	**1052**	**10168.23**	**986201**	**16146685**	**720**	**7841.01**	**776801**	**12175019**
中央	**174**	**1752.86**	**302348**	**5975134**	**174**	**1752.86**	**302348**	**5975134**
地方	**878**	**8415.37**	**683853**	**10171551**	**546**	**6088.15**	**474453**	**6199885**
北京	23	231.24	17330	279790	23	231.24	17330	279790
天津	18	212.35	15709	213086	17	211.15	15505	212066
河北	35	326.88	34685	491475	17	222.22	20751	151587
山西	27	618.24	35189	343648	19	275.86	17090	229755
内蒙古	26	77.40	4289	39497	13	29.47	2050	18420
辽宁	40	283.90	22854	384726	9	103.00	8481	140010
吉林	27	343.72	12460	133645	20	300.02	10190	87605
黑龙江	40	298.26	25250	273690	23	212.43	18570	159782
上海	58	773.42	61045	1031941	58	773.42	61045	1031941
江苏	26	701.28	38684	491620	17	647.36	32968	417011
浙江	27	458.81	35260	423620	22	331.36	28080	310802
安徽	36	245.11	17597	168642	20	146.82	10307	100547
福建	26	177.38	12300	177704	19	141.44	9491	117277
江西	11	85.90	5216	72997	8	24.74	1926	17015
山东	44	463.31	41551	557288	25	262.81	30070	310444
河南	44	567.32	43651	393171	21	448.03	35939	301566
湖北	54	277.32	26552	318751	25	168.75	14947	151324
湖南	34	383.93	36070	450651	18	329.76	32026	411501
广东	50	600.90	70215	1382581	27	290.37	23465	388568
广西	35	179.14	15042	164045	23	130.67	12099	128511
海南	6	21.58	1696	23795	6	21.58	1696	23795
重庆	13	128.91	11541	360608	12	127.,0	11231	359059
四川	62	464.95	53395	1313696	34	264.39	20890	260682
贵州	13	37.00	3287	43693	12	33.60	3110	41925
云南	14	88.33	6164	81727	14	88.33	6164	81727
西藏	3	1.40	51	512	3	1.40	51	512
陕西	25	216.58	26060	381432	20	196.83	23291	353749
甘肃	16	47.38	2994	70995	8	37.62	2207	60309
青海	8	16.18	1158	17543	7	14.58	1075	17103
宁夏	5	20.20	1228	27602	4	15.20	968	21102
新疆	32	67.05	5330	57380	2	6.00	1440	14400
台湾								

各级专业报纸出版数量

	地、市级				县级			
	种数(种)	平均期印数(万份)	总印数(万份)	总印张(千印张)	种数(种)	平均期印数(万份)	总印数(万份)	总印张(千印张)
全国总计	**325**	**2282.83**	**205617**	**3929785**	**7**	**44.39**	**3783**	**41881**
中央								
地方	**325**	**2282.83**	**205617**	**3929785**	**7**	**44.39**	**3783**	**41881**
北京								
天津	1	1.20	204	1020				
河北	18	104.66	13934	339888				
山西	8	342.38	18099	113893				
内蒙古	13	47.93	2239	21077				
辽宁	31	180.90	14373	244716				
吉林	7	43.70	2270	46040				
黑龙江	17	85.83	6680	113908				
上海								
江苏	9	53.92	5716	74609				
浙江	3	121.15	6313	103818	2	6.30	867	9000
安徽	16	98.29	7290	68095				
福建	7	35.94	2809	60427				
江西	2	28.19	1576	29066	1	32.97	1714	26916
山东	18	199.44	11322	246049	1	1.06	159	795
河南	23	119.29	7712	91605				
湖北	27	105.72	10872	163806	2	2.85	733	3621
湖南	16	54.17	4044	39150				
广东	23	310.53	46750	994013				
广西	12	48.47	2943	35534				
海南								
重庆					1	1.21	310	1549
四川	28	200.56	32505	1053014				
贵州	1	3.40	177	1768				
云南								
西藏								
陕西	5	19.75	2769	27683				
甘肃	8	9.76	787	10686				
青海	1	1.60	83	440				
宁夏	1	5.00	260	6500				
新疆	30	61.05	3890	42980				
台湾								

中央及省、自治区、直辖市级综合报纸出版数量

单位：印数：万份 印张：千印张

	开张版数	刊期	期数	平均期印数	总印数	总印张
农民日报	对开四版	周六	312	19.27	6011	60110
人民日报	对开十二版	日	365	192.47	70250	1774753
人民日报(海外版)	对开八版	周六	312	7.59	2365	51096
精品购物指南报	四开八版	周二	102	17.33	1767	207700
中国新闻	十六开八版	日	298	0.13	36	1080
新华每日电讯	对开八版	日	365	12.98	4737	83502
中国经济导报	对开十二版	周二	104	5.89	612	18360
人民武警报	对开四版	周三	153	7.85	1201	12010
中国少年报	四开八版	周一	51	114.71	5850	58503
科技日报	对开八版	日	348	7.80	2714	62024
中国儿童报	四开四版	周一	51	47.26	2410	12052
中国儿童画报	四开四版	周一	51	9.46	482	2412
中国剪报	四开八版	周二	103	68.84	7090	70900
中国中学生报	四开八版	周二	103	9.60	988	9886
空军报	四开四版	周三	158	5.37	847	4235
环球时报	四开十六版	周一	51	38.01	1938	38760
火箭兵报	四开四版	周二	103	1.51	155	773
青年参考	四开十六版	周一	51	18.69	953	19066
中国妇女报	对开四版	周六	312	15.51	4836	72560
光明日报	对开八版	日	364	32.37	11781	265083
文摘报	四开八版	周二	101	37.62	3799	18995
解放军报	对开八版	日	365	48.01	17520	325440
工人日报	对开八版	日	365	56.61	20659	349788
中学时事报	四开四版	其他	40	27.51	1100	20784
中华工商时报	对开八版	日	354	10.01	3540	75756
经济日报	对开十六版	日	363	51.32	18626	501960
人民海军	四开四版	周三	154	3.41	524	2622
生活时报	四开十六版	日	364	9.83	3576	71519
中国日报	对开十二版	日	358	10.03	3590	107700
北京周末	四开十六版	周一	50	2.57	128	2560
中国青年报	对开八版	日	364	64.32	23411	468231
参考消息	四开八版	日	365	279.98	102190	1167489
参考消息(大字)	对开八版	日	365	0.80	291	6678
战友报	对开四版	周三	154	4.51	693	6930
世界信息报	对开十二版	周二	101	3.74	377	11323
中国国防报	对开四版	周三	154	25.39	3910	40048

	开张版数	刊期	期数	平均期印数	总印数	总印张
名牌时报	对开八版	周二	102	1.31	133	2652
北京日报	对开十二版	日	365	31.81	11610	348300
北京青年报	对开十六版	日	363	36.45	13229	842717
京郊日报	四开四版	日	307	12.21	3747	18735
北京晚报	四开四版	日	365	71.55	26113	783390
中小学数学教学	四开十二版	周一	52	11.51	598	8970
北京晨报	对开十二版	日	360	12.81	4609	138270
首钢报	四开八版	周五	248	2.60	644	6440
中学时事报	四开八版	周二	40	53.16	2126	21256
民政之声报	对开四版	周一	50	4.01	200	2000
北京少年报	四开八版	其他	35	30.01	1050	10500
中学生科学报	四开八版	周一	50	3.21	160	1600
为您服务报	四开八版	周一	45	3.01	135	8100
北京工人报	对开四版	周六	310	4.73	1464	14640
今晚报	对开八版	日	365	56.99	20798	415960
天津日报	对开十二版	日	364	41.75	15196	455880
天津老年时报	对开四版	周二	108	15.01	1620	16200
天津工人报	对开四版	日	365	8.01	2920	29200
红领巾报	四开四版	其他	52	27.39	1424	7124
书报文摘	对开八版	其他	52	5.12	266	5320
农工商时报	对开四版	其他	52	4.01	208	2080
河北日报	对开八版	日	365	41.48	15140	302793
河北工人报	对开四版	周六	307	6.24	1914	19137
河北农民报	四开八版	周三	145	10.53	1526	15263
河北经济日报	对开八版	日	362	7.20	2606	49520
河北青年报	四开八版	周二	100	2.51	250	5000
决策参考报	四开八版	周一	52	1.00	52	350
信息大观报	四开十六版	周三	152	4.01	608	12160
山西日报	对开八版	日	365	17.55	6403	128065
山西农民报	对开八版	周二	104	6.01	624	12480
山西工人报	对开四版	周六	308	4.51	1386	13860
山西妇女报	四开八版	周二	102	3.01	306	3060
山西政协报	对开四版	周一	52	2.01	104	1040
人民代表报	对开四版	周二	104	6.41	666	6656
生活文摘报	四开八版	周二	104	18.81	1956	19560
德育报	对开四版	周一	52	7.01	364	3640
山西发展导报	对开四版	周二	98	2.80	274	2744

	开张版数	刊期	期数	平均期印数	总印数	总印张
山西青年报	四开八版	周三	156	2.01	312	3120
良友周报	四开八版	周一	51	19.42	990	9899
内蒙古日报	对开四版	日	365	8.49	3098	30980
内蒙古日报(蒙)	对开四版	日	365	0.60	216	2160
参考消息(蒙)	四开四版	日	344	0.12	39	200
周末报	对开四版	周二	156	5.36	836	8360
辽宁日报	对开十二版	日	361	22.81	8234	247020
辽宁朝鲜文报	对开四版	周三	156	1.51	234	2340
半岛晨报	四开十六版	周六	302	16.01	4832	96640
辽宁经济日报	对开四版	周六	312	5.26	1640	16400
新家庭报	四开八版	周一	52	12.01	624	6240
小学生报	四开四版	周一	52	175.01	9100	45500
辽宁青年报	对开四版	周三	104	3.14	326	3260
辽沈晚报	四开十六版	周六	306	38.01	11628	232560
吉林日报	对开八版	日	365	12.01	4380	87600
东亚经贸新闻	四开四版	周二	104	5.01	520	2600
城市晚报	四开四版	周六	358	15.01	5370	26850
中国朝鲜族少年报	四开四版	周一	52	4.01	208	1040
文摘旬刊	八开十六版	旬	52	30.01	1560	15600
关东周报	四开八版	周一	52	2.22	115	1150
吉林工人报	对开四版	周二	104	1.55	161	1610
黑龙江日报	对开八版	日	361	16.34	5898	117960
生活报	四开十六版	日	360	24.33	8757	175140
黑龙江新闻报	对开四版	周六	295	1.81	531	5310
农垦日报	四开四版	日	306	6.48	1980	9899
北方时报	四开八版	周三	140	1.58	220	2204
黑龙江晨报	四开十六版	日	326	6.80	2216	44320
新都市报	四开十六版	日	266	3.01	798	15960
学物理报	四开四版	周一	32	11.01	352	1760
解放日报	对开十六版	日	365	42.11	15367	643076
文汇报	对开十二版	日	365	38.57	14076	422676
新民晚报	四开十二版	日	365	140.10	51136	2107460
上海日报英文版	八版	周一	53	2.19	116	4816
劳动报	四开十六版	日	365	21.15	7718	154354
青年报	四开十六版	周六	295	13.35	3936	78726
少年报	四开四版	日	362	25.02	9055	45278
生活周刊	四开十六版	周一	73	15.17	1107	22140
联合时报	对开四版	周一	52	2.35	122	1265

	开张版数	刊期	期数	平均期印数	总印数	总印张
上海译报	四开八版	周二	103	3.21	330	3295
上海老年报	四开八版	周一	53	7.40	392	4775
小主人	四开四版	周一	41	67.08	2750	14389
东方城乡报	四开八版	周四	209	2.82	588	5885
报刊文摘	四开四版	周二	104	152.00	15807	79896
上海英文星报	四开十六版	周二	104	1.86	193	3854
新金山报	四开四版	周四	180	1.99	357	1784
上海农工商报	四开四版	周一	53	1.31	69	344
江苏工人报	四开四版	周六	307	5.32	1632	8160
扬子晚报	四开十六版	日	364	138.57	50436	1008720
服务导报	四开十六版	日	363	31.13	11300	226000
江苏经济报	对开四版	周六	312	4.51	1404	14040
新华日报	对开四版	日	364	42.01	15288	382200
人民前线	四开四版	周三	155	3.82	592	2960
现代经济报	四开十六版	日	330	18.81	6204	124080
江苏商报	四开十六版	日	237	8.26	1956	39120
市场报(江南市场版)	对开八版	日	245	3.62	885	17700
每日桥报	四开八版	周六	311	19.81	6160	61600
经济早报	四开十六版	周六	304	12.10	3678	73568
浙江日报	对开八版	日	365	40.35	14726	335509
联谊报	对开四版	周二	100	3.53	353	3534
浙江工人日报	对开四版	周六	312	6.78	2114	21141
钱江晚报	四开四版	日	365	55.01	20075	602250
浙江青年报	对开十六版	周一	52	4.81	250	9984
钱塘周末	对开八版	周一	52	40.85	2124	42480
之江晨报	四开八版	日	362	8.42	3045	30906
安徽日报	对开八版	日	365	19.95	7279	145880
文摘周刊	四开八版	周二	52	32.39	1684	16840
安徽工人报	对开四版	周五	258	2.61	671	6710
安徽青年报	对开四版	周三	152	3.20	486	4864
新安晚报	四开四版	日	363	20.01	7260	190575
江淮时报	对开四版	周二	128	2.01	256	2560
江淮晨报	对开八版	周六	311	8.36	2597	51937
福建日报	对开八版	日	365	22.01	8030	147300
福建经济报	对开四版	周六	299	3.28	979	9790
每周文摘	十六开八版	周二	105	72.40	7601	38005
海峡导报	四开十六版	日	299	3.58	1069	21380
海峡都市报	四开十六版	日	358	9.52	3406	74361

	开张版数	刊期	期数	平均期印数	总印数	总印张
江西日报	对开八版	日	358	20.09	7191	123330
信息日报	四开十六版	日	358	12.37	4428	88555
江南都市报	四开十六版	日	358	7.13	2549	54474
江西广播电视报	四开十六版	周一	52	20.01	1040	20800
江西工人报	对开四版	周二	100	3.06	305	3046
妇女之声报	四开八版	周一	52	5.01	260	2595
摇篮儿童文学报	四开四版	周一	52	8.20	426	2130
光华时报	对开四版	周一	54	3.01	162	1620
江西青年报	四开八版	周二	124	5.25	650	6500
经济晚报	四开八版	日	357	3.01	1071	10710
大众日报	对开八版	日	365	40.05	14618	292360
农村大众	四开四版	日	208	22.01	4576	22880
齐鲁晚报	四开四版	日	360	65.01	23400	936000
山东青年报	四开八版	周二	104	4.01	416	4160
半岛都市报	四开十六版	日	151	4.30	648	12960
联合日报	对开四版	周五	250	8.51	2125	21250
家庭生活报	四开八版	周三	153	6.21	949	9490
鲁中生活报	四开八版	周三	154	2.60	400	4000
生活日报	四开八版	周六	330	15.01	4950	148500
河南日报	对开八版	日	358	34.04	12186	243720
河南青年报	对开四版	周三	260	4.85	1261	12610
中国长城铝业报	对开四版	周一	50	1.00	50	500
读书生活报	四开八版	周一	26	1.20	31	310
大河报	四开八版	日	361	52.43	18927	567810
东方家庭报	对开四版	周一	52	2.60	135	1350
城市早报	四开四版	周二	76	7.97	605	18150
河南工人报	对开四版	周三	156	3.67	571	5710
中小学电脑报	四开八版	周一	52	1.00	52	520
湖北日报	对开八版	日	365	29.55	10785	214894
湖北农民报	四开八版	周二	103	3.12	321	3210
农民之友	对开四版	周一	52	3.20	166	1660
楚天都市报	四开四版	日	358	73.25	26220	786600
湖南日报	对开八版	日	365	29.34	10707	214147
湘声报	对开四版	周二	104	6.01	625	6248
中国老区报	对开四版	周一	51	3.16	161	1610
家庭导报	四开十六版	周二	105	4.81	504	10080
文萃周报	十六开十六版	周一	64	68.01	4352	43520
湖南工人报	对开四版	周五	232	3.20	742	7424

	开张版数	刊期	期数	平均期印数	总印数	总印张
三湘都市报	四开十六版	日	365	18.61	6789	135780
南方日报	对开十六版	日	365	72.94	26621	989009
南方周末	对开十六版	周一	53	122.01	6466	323300
羊城晚报	对开十六版	日	365	130.01	47450	2847000
粤港信息报	对开八版	日	362	9.01	3258	65160
广东农村信息报	对开四版	周一	50	2.11	105	1050
广东侨报	对开四版	周一	52	1.10	57	572
华商时报	对开八版	周二	100	3.17	316	6320
新闻人物报	对开八版	周一	52	7.12	370	7400
大时代文摘报	对开八版	周一	51	4.01	204	4080
声报	对开四版	周一	52	1.66	86	858
南方农村报	四开十六版	周三	156	10.65	1661	22152
南方都市报	四开十六版	日	365	25.72	9387	340280
新闻周刊	四开十六版	周一	52	15.01	780	23400
人民日报.华南新闻	对开四版	周五	248	17.98	4457	44578
新快报	对开十六版	周六	313	15.01	4695	187800
广西日报	对开八版	日	365	16.26	5933	118660
广西侨报	对开四版	周一	52	1.51	78	780
广西政协报	对开四版	周一	55	2.01	110	1100
南国早报	四开十六版	日	359	18.01	6462	129240
当代生活报	四开十六版	周一	52	4.01	208	5200
小博士报	四开四版	周二	80	14.04	1123	5614
特区时报	对开四版	周四	202	3.01	606	6060
海南特区报	四开八版	周四	182	3.60	655	6550
海外时报	四开十六版	周三	153	0.91	138	2760
海南农垦报	对开四版	周一	52	2.70	140	1400
海南日报	对开八版	日	394	14.47	5700	114000
海南新闻报	对开四版	周一	52	1.81	94	940
三亚晨报	对开四版	周五	261	1.04	271	2710
海南侨报	对开四版	周一	51	3.50	178	1780
海南特区法制报	对开四版	周二	98	3.21	314	3140
特区文摘报	四开八版	周一	50	4.01	200	2000
四川农村日报	四开四版	日	307	21.28	6531	32655
文摘周报	四开八版	周一	52	82.68	4299	42990
四川工人日报	对开四版	日	307	6.30	1934	19341
四川政协报	对开四版	周三	153	2.21	337	3370
四川经济日报	对开四版	日	357	2.16	768	7680
精神文明报	对开四版	周三	156	8.66	1350	13500

	开张版数	刊期	期数	平均期印数	总印数	总印张
晚霞报	四开四版	周三	151	10.73	1620	8100
四川日报	对开八版	日	365	31.82	11614	232280
旅游文化报	四开十六版	日	214	3.72	795	31800
重庆日报	对开八版	日	362	7.58	2741	54828
重庆晚报	对开十二版	日	360	25.78	9278	323088
重庆晨报	四开十二版	日	360	13.08	4708	133403
重庆商报	对开十二版	日	360	12.01	4320	105090
重庆青年报	四开十二版	周三	52	1.52	79	3542
新闻汇报	对开四版	周五	254	3.10	787	7870
现代工人报	对开六版	日	296	37.21	11013	165195
少年先锋报	四开四版	周一	52	23.89	1242	6210
新闻图片报	四开四版	周二	100	3.53	352	10566
西南经济日报	对开四版	日	315	1.00	315	3150
少年时代报	四开四版	周二	52	15.01	780	3900
贵州政协报	对开四版	周二	104	1.25	130	1300
贵州民族报	对开四版	周二	104	2.80	291	2910
文摘	四开四版	周二	103	6.26	644	3220
贵州日报	对开八版	日	365	12.42	4533	90660
贵州工人报	对开四版	周三	156	1.51	234	2340
贵州老年报	四开四版	周一	52	2.01	104	520
贵州都市报	四开四版	日	362	11.31	4091	122730
贵州民院报	四开四版	其他	12	0.17	2	10
云南日报	对开八版	日	365	16.59	6053	121068
春城晚报	四开八版	日	365	12.17	4441	133231
文摘周刊	四开十六版	周一	52	7.76	403	8079
云南信息报	对开四版	日	278	2.39	664	6630
云南老年报	四开四版	周二	104	7.01	728	3640
云南民族报	对开四版	周六	266	3.01	798	7980
生活新报	对开八版	周一	147	3.69	541	10820
东陆时报	对开八版	周五	260	1.19	307	6136
西藏日报	对开四版	日	365	2.08	757	7568
西藏日报(藏)	对开四版	日	365	1.64	598	5980
西藏青年报	十六开十六版	周二	101	5.01	505	5050
西藏青年报(藏)	四开四版	周一	52	0.45	23	230
西藏文化报	对开四版	旬	36	0.31	11	110
陕西工人报	对开四版	周四	205	3.51	718	7175
陕西老年报	四开四版	周二	100	4.21	420	2100
陕西日报	对开八版	日	364	18.17	6611	132220

	开张版数	刊期	期数	平均期印数	总印数	总印张
星期天	四开八版	周一	52	5.54	288	2880
各界导报	对开四版	周三	154	3.01	462	4620
消费者导报	对开四版	周二	104	8.01	832	8320
公安生活报	对开四版	周一	48	9.61	461	4608
陕西农民报	四开八版	周四	208	7.01	1456	14560
三秦都市报	对开八版	日	362	21.01	7602	152040
民主协商报	对开四版	周一	53	1.00	53	530
甘肃工人报	对开四版	周四	200	3.01	600	6000
少年文摘报	四开八版	周一	52	12.01	624	6240
兰州晨报	四开十六版	日	365	6.51	2373	47460
甘肃日报	对开四版	日	365	17.01	6205	62050
甘肃农民报	四开四版	周二	105	7.31	767	3833
甘肃经济日报	对开四版	周六	300	1.31	390	3900
甘肃青年报	四开八版	周二	100	1.20	120	1200
消费之声	四开四版	周一	54	3.60	194	970
青海日报（汉文版）	对开四版	日	365	4.99	1820	23380
青海日报（藏文版）	对开四版	双日	182	0.14	24	238
青海青年报	四开八版	周一	52	0.81	42	416
刚坚少年报	四开四版	旬	36	0.59	21	103
西海都市报	四开八版	周五	256	0.67	170	1702
宁夏日报	对开四版	日	365	6.28	2292	26979
宁夏政协报	四开四版	周一	52	0.41	21	105
小龙人报	四开四版	周二	64	4.79	306	1530
青年生活导报	四开八版	周一	51	0.51	26	260
新疆日报	对开四版	日	363	9.01	3267	50875
新疆日报(维)	对开四版	日	363	4.70	1704	24303
新疆日报(哈)	对开四版	日	363	0.89	320	3189
新疆日报(蒙)	对开四版	日	363	0.35	124	1239
兵团日报	对开四版	日	315	4.91	1545	15450
兵团日报(维)	四开四版	周一	50	0.41	20	100
参考消息(维)	四开四版	周六	307	1.00	307	1540
参考消息(哈)	四开四版	周六	307	0.16	49	250
工人时报	对开四版	周三	151	1.68	253	2530
工人时报(维)	对开四版	周二	99	0.68	67	673
人民军队报(维)	对开四版	周三	156	0.15	22	220
新疆民兵(维)	对开四版	其他	24	0.59	14	140
新疆少年报(维)	四开四版	周二	100	5.71	570	2850
都市生活报	四开四版	周三	300	1.51	450	2250

	开 张 版 数	刊期	期数	平均期印数	总 印 数	总 印 张
亚洲中心时报	对开四版	周一	52	0.39	20	200
亚洲中心时报(维)	四开四版	周一	52	0.77	40	200
老年康乐报	四开四版	周一	52	11.54	600	3000

各种刊期的报纸出版数量

	日刊			每周六刊			每周五刊			每周四刊		
	种数(种)	总印数(万份)	总印张(千印张)	种数(种)	总印数(万份)	总印张(千印张)	种数(种)	总印数(万份)	总印张(千印张)	种数(种)	总印数(万份)	总印张(千印张)
全国总计	**384**	**1862527**	**45312034**	**215**	**337717**	**4960614**	**118**	**91626**	**920336**	**88**	**98038**	**1133294**
中央	**28**	**363336**	**6639402**	**15**	**74737**	**1709165**	**19**	**28898**	**350116**	**20**	**57585**	**770428**
地方	**356**	**1499191**	**38672632**	**200**	**262980**	**3251449**	**99**	**62728**	**570220**	**68**	**40453**	**362866**
北京	6	60217	2149592	2	4524	45240	1	644	6440	1	432	4320
天津	3	38914	901040	5	3630	89596						
河北	11	47526	1039791	16	22110	278291	3	3492	31033	2	566	2832
山西	13	23059	353369	4	2971	25110	3	1136	5682	2	1040	9380
内蒙古	5	5311	52920	12	5855	41834	2	1408	7040	2	304	1520
辽宁	20	48453	1172987	7	23650	401100	5	3713	46519	3	1036	8350
吉林	7	19380	290820	6	7696	44650	1	300	1500	3	2464	22320
黑龙江	16	43499	757225	10	7934	89242	5	2175	12852	3	1531	7655
上海	9	109517	3679551	2	5274	85417				4	5348	59803
江苏	29	138920	2570375	24	36674	408219	6	3057	20491	2	699	3497
浙江	23	107896	2125484	12	17324	150912	11	5580	39320			
安徽	16	35419	629337	6	6482	79327	6	3170	26485	2	906	11040
福建	14	41898	761035	2	1986	19863				1	651	6510
江西	10	24275	367444	6	4426	43288	1	223	1115	1	205	2050
山东	22	103643	2372155	14	25782	347381	7	9280	86175	4	1093	6495
河南	16	65235	1340235	6	8157	81570	6	4561	61478	6	3232	32756
湖北	19	88561	2334744	16	11730	105567	6	3060	23869	2	550	2754
湖南	9	32707	587204	7	8701	79202	2	1264	12644	4	2848	19077
广东	28	229085	10520319	4	9476	279826	4	6850	71057	3	4078	40780
广西	10	27749	449228	6	6877	64171	5	3019	28942	4	1061	5820
海南	1	5700	114000	1	1850	18500	2	1021	10210	2	1261	12610
重庆	7	34160	829379	4	4883	45672	2	1097	9419	2	2699	26991
四川	19	78107	1829667	8	8497	75230	1	617	12340	4	3708	37089
贵州	10	17239	299875				4	1350	8830	2	496	3830
云南	7	15208	320893	6	4064	24314	4	1676	18517	3	1104	5522
西藏	3	2012	20118							1	61	610
陕西	5	25720	395475	8	19791	306587	1	858	4290	2	2174	21735
甘肃	6	13583	230660	2	803	5965	5	1363	8159	2	806	7020
青海	2	2544	28580				1	170	1702			
宁夏	2	2949	33549	1	237	1185	2	388	2681			
新疆	8	10705	115581	3	1596	14190	3	1256	11430	1	100	500
台湾												

全国少数民族文字报纸出版数量

	合计				其中：省、自治区、直辖市级			
	种数（种）	平均期印数（万份）	总印数（万份）	总印张（千印张）	种数（种）	平均期印数（万份）	总印数（万份）	总印张（千印张）
全国总计	**81**	**85.76**	**10486**	**119961**	**24**	**27.73**	**5050**	**52911**
内蒙古	3	0.91	257	2370	2	0.71	255	2360
辽宁	3	2.11	316	2740	1	1.50	234	2340
吉林	9	30.29	2334	39280	1	4.00	208	1040
黑龙江	1	1.80	531	5310	1	1.80	531	5310
广西	1	0.30	16	78	1	0.30	16	78
四川	3	0.84	147	738				
云南	5	0.54	47	244				
西藏	6	3.24	722	7220	3	2.24	625	6250
甘肃	1	0.14	22	109				
青海	5	1.14	64	434	4	0.89	51	369
新疆	44	44.45	6030	61438	11	16.29	3130	35164

全国少数民族文字报纸出版数量与去年相比增减的百分比

	合计				其中：省、自治区、直辖市级			
	种数	平均期印数	总印数	总印张	种数	平均期印数	总印数	总印张
全国	−2.41	16.87	8.65	30.01	14.29	−5.16	−1.77	1.80
中央								
地方	−2.41	16.87	8.65	30.01	14.29	−5.16	−1.77	1.80

全国录音制品出版品种、数量及发行总量

单位：万盒、万张

	盒式音带				密纹唱片				激光唱片				发行总量
	合计		其中：新版		合计		其中：新版		合计		其中：新版		
	种数	数量	种数	数量	种数	数量	种数	数量	种数	数量	种数	数量	
全国总计	**6456**	**10423.91**	**2812**	**5008.98**					**2490**	**906.90**	**2114**	**787.88**	**11023.23**
中　央	**2398**	**4236.24**	**1023**	**1736.17**					**697**	**237.56**	**548**	**206.73**	**4365.31**
地　方	**4058**	**6187.67**	**1789**	**3272.81**					**1793**	**669.34**	**1566**	**581.15**	**6657.92**
北　京	474	419.37	95	154.70					114	94.68	99	88.78	453.33
天　津	56	272.26	50	270.44					21	4.20	21	4.20	276.46
河　北	72	70.70	60	65.24					47	10.16	44	9.36	51.93
山　西	39	46.91	38	44.91					1	0.80	1	0.80	37.08
内蒙古	14	4.70	14	4.70									3.53
辽　宁	108	149.92	99	101.10					78	26.74	78	26.74	163.30
吉　林	31	20.00	31	20.00									14.99
黑龙江	3	0.18	1	0.10					5	1.61	5	1.61	1.85
上　海	1517	2794.73	607	1534.20					312	53.83	276	48.69	2966.86
江　苏	111	376.25	51	160.18					33	7.88	23	5.34	406.48
浙　江	117	83.40	57	64.60					55	13.89	45	11.86	69.66
安　徽	57	79.27	30	26.81					1	3.00	1	3.00	77.97
福　建	33	57.74	16	6.71					26	8.81	26	8.81	61.58
江　西	56	48.40	53	48.10									46.71
山　东	7	5.20	7	5.20					7	1.54	1	0.34	3.08
河　南	24	25.40	9	7.80					5	2.12	5	2.12	15.50
湖　北	91	57.66	91	57.66					354	120.40	354	120.40	160.80
湖　南	172	213.96	47	81.93					28	15.34	18	5.34	210.21
广　东	584	971.48	205	308.84					296	156.36	213	110.76	1085.27
广　西	45	193.08	7	169.70					212	62.72	179	48.31	235.77
海　南													
四　川	80	56.74	72	46.25					98	32.57	77	32.00	84.61
重　庆	41	29.22	13	10.96					1	0.20	1	0.20	34.68
贵　州	1	1.00	1	1.00					46	24.60	46	24.60	7.08
云　南	12	6.25	12	6.25									6.25
西　藏	3	1.50	3	1.50					2	2.50	2	2.50	2.15
陕　西	159	144.24	64	52.76					6	1.20	6	1.20	126.59
甘　肃	88	38.10	10	3.40					4	2.00	4	2.00	35.91
青　海	32	13.39	22	11.37					1	0.19	1	0.19	9.00
宁　夏	12	0.62	5	0.40					34	17.00	34	17.00	3.79
新　疆	19	6.00	19	6.00					6	5.00	6	5.00	5.50
台　湾													

全国录音制品出版数量

单位:万盒、万张

	盒式音带						密纹唱片						激光唱片					
	合计		新版		再版		合计		新版		再版		合计		新版		再版	
	种数	数量	种数	数量	种数	数量	种数	数量	种数	数量	种数	数量	种数	数量	种数	数量	种数	数量
合　计	**6456**	**10423.91**	**2812**	**5008.98**	**3644**	**5414.93**							**2490**	**906.90**	**2114**	**787.88**	**376**	**119.02**
一.自编节目	5636	7923.72	2262	2852.16	3374	5071.56							1928	774.13	1647	683.32	281	90.81
歌　曲	629	824.74	413	718.33	216	106.41							841	339.59	768	315.63	73	23.96
乐　曲	329	365.90	148	177.28	181	188.62							885	369.48	743	317.95	142	51.53
戏　曲	614	141.91	80	53.08	534	88.83							62	29.65	39	24.20	23	5.45
曲　艺	102	44.26	27	24.49	75	19.77							37	8.84	35	8.30	2	0.54
文　教	1993	4046.18	914	1074.48	1079	2971.70							43	17.69	21	11.11	22	6.58
语　言	1316	2150.65	482	633.28	834	1517.37							4	0.80	4	0.80		
少　儿	647	345.29	196	170.62	451	174.67							51	7.28	33	4.98	18	2.30
其　他	6	4.79	2	0.60	4	4.19							5	0.80	4	0.35	1	0.45
二.引进节目	796	2439.61	540	2143.22	256	296.39							506	119.13	425	92.14	81	26.99
古典音乐	18	13.29	3	8.30	15	4.99							68	17.88	59	7.38	9	10.50
现代音乐	51	219.31	36	214.80	15	4.51							38	21.56	29	14.97	9	6.59
流行歌曲	489	1997.11	411	1853.57	78	143.54							399	79.59	336	69.69	63	9.90
文化教育	237	207.40	89	64.05	148	143.35												
其　他	1	2.50	1	2.50									1	0.10	1	0.10		
三.对外合作	24	60.58	10	13.60	14	46.98							56	13.64	42	12.42	14	1.22

全国录音制品出版数量分类

(盒 式 音 带)

单位:万盒

	自编节目合计		歌曲		乐曲		戏曲	
	种数	数量	种数	数量	种数	数量	种数	数量
全国总计	**5636**	**7923.72**	**629**	**824.74**	**329**	**365.90**	**614**	**141.91**
中央	**2030**	**3354.99**	**243**	**436.01**	**75**	**54.50**	**389**	**67.12**
地方	**3606**	**4568.73**	**386**	**388.73**	**254**	**311.40**	**225**	**74.79**
北京	463	389.42	67	17.93	1	0.40	128	11.40
天津	56	272.26	26	118.08	2	2.00	2	0.40
河北	43	31.60	8	5.60	2	0.80	4	0.80
山西	39	46.91	1	2.00	1	0.51	2	0.40
内蒙古	10	2.70	9	2.50	1	0.20		
辽宁	97	137.82	1	0.10				
吉林	31	20.00	10	3.20	2	0.60		
黑龙江	3	0.18	1	0.10				
上海	1248	1577.98	53	87.84	69	92.38	8	2.80
江苏	92	298.17	6	4.12	41	58.56	4	0.71
浙江	99	55.54	13	4.60	3	1.00	15	20.70
安徽	50	66.65			3	4.40		
福建	33	57.74	1	0.01				
江西	56	48.40	25	25.00				
山东	7	5.20	3	1.80			3	2.40
河南	24	25.40			3	0.90	13	16.40
湖北	91	57.66	16	17.50				
湖南	167	152.46	13	6.53	6	6.00		
广东	568	859.00	50	49.73	70	127.53	15	3.30
广西	45	193.08	1	0.20				
海南								
重庆	41	29.22			17	2.38		
四川	77	55.24	34	26.30	8	6.30		
贵州	1	1.00						
云南	12	6.25	8	2.50	1	0.50	2	2.50
西藏	3	1.50	2	1.00	1	0.50		
陕西	159	144.24					12	8.60
甘肃	28	13.10	3	1.10	2	0.40	15	3.70
青海	32	13.39	25	10.41			2	0.68
宁夏	12	0.62	10	0.58	2	0.04		
新疆	19	6.00			19	6.00		
台湾								

全国录音制品出版数量分类

(盒 式 音 带)

单位:万盒

	曲艺		文教		语言		少儿	
	种数	数量	种数	数量	种数	数量	种数	数量
全国总计	**102**	**44.26**	**1993**	**4046.18**	**1316**	**2150.65**	**647**	**345.29**
中央	**84**	**37.30**	**751**	**1945.88**	**334**	**705.30**	**152**	**104.74**
地方	**18**	**6.96**	**1242**	**2100.30**	**982**	**1445.35**	**495**	**240.55**
北京			124	302.64	39	16.65	104	40.40
天津	7	2.02	14	148.76	2	0.40	3	0.60
河北	3	2.10	16	8.10	2	12.30	8	1.90
山西			23	38.20	12	5.80		
内蒙古								
辽宁			89	118.20	7	19.52		
吉林			16	8.91	3	7.29		
黑龙江			2	0.08				
上海	1	0.80	242	365.47	613	903.84	262	124.85
江苏	1	0.10	5	4.20	31	225.91	4	4.57
浙江	1	0.30	6	4.90	12	5.74	49	18.30
安徽			16	30.55	31	31.70		
福建			32	57.73				
江西			21	13.40	10	10.00		
山东			1	1.00				
河南			8	8.10				
湖北			74	39.66				
湖南			129	134.27	19	5.66		
广东	2	0.20	359	612.25	16	18.29	56	47.70
广西			41	185.38	3	7.50		
海南								
重庆			1	0.30	18	26.46	3	0.03
四川			3	0.15	32	22.49		
贵州					1	1.00		
云南					1	0.75		
西藏								
陕西			14	10.55	127	122.89	6.00	2.20
甘肃	1	0.20	6	7.50	1	0.20		
青海	2	1.24			2	0.96		
宁夏								
新疆								
台湾								

全国录音制品出版数量分类

(盒式音带)

单位:万盒

	其他		引进节目合计		古典音乐		现代音乐	
	种数	数量	种数	数量	种数	数量	种数	数量
全国总计	**6**	**4.79**	**796**	**2439.61**	**18**	**13.29**	**51**	**219.31**
中央	**2**	**4.14**	**346**	**825.70**	**15**	**9.70**	**24**	**73.63**
地方	**4**	**0.65**	**450**	**1613.91**	**3**	**3.59**	**27**	**145.68**
北京			11	29.95				
天津								
河北			28	36.60			1	1.00
山西								
内蒙古			4	2.00				
辽宁			11	12.10				
吉林								
黑龙江								
上海			269	1216.75	1	2.50	8	12.68
江苏			19	78.08	2	1.09		
浙江			18	27.86			2	1.20
安徽			7	12.62				
福建								
江西								
山东								
河南								
湖北	1	0.50						
湖南			5	61.50			5	61.50
广东			15	109.95			11	69.30
广西								
海南								
重庆	2	0.05						
四川			3	1.50				
贵州								
云南								
西藏								
陕西								
甘肃			60	25.00				
青海	1	0.10						
宁夏								
新疆								
台湾								

全国录音制品出版数量分类

(盒 式 音 带)

单位:万盒

	流行歌曲		文化教育		其他		对外合作	
	种数	数量	种数	数量	种数	数量	种数	数量
全国总计	**489**	**1997.11**	**237**	**207.40**	**1**	**2.50**	**24**	**60.58**
中央	**163**	**658.77**	**144**	**83.60**			**22**	**55.55**
地方	**326**	**1338.34**	**93**	**123.80**	**1**	**2.50**	**2**	**5.03**
北京	10	28.22	1	1.73				
天津								
河北	27	35.60					1	2.50
山西								
内蒙古	4	2.00						
辽宁	10	11.50	1	0.60				
吉林								
黑龙江								
上海	239	1117.40	20	81.67	1	2.50		
江苏	17	76.99						
浙江	16	26.66						
安徽			7	12.62				
福建								
江西								
山东								
河南								
湖北								
湖南								
广东	3	39.97	1	0.68			1	2.53
广西								
海南								
重庆								
四川			3	1.50				
贵州								
云南								
西藏								
陕西								
甘肃			60	25.00				
青海								
宁夏								
新疆								
台湾								

全国录音制品出版数量分类

（激 光 唱 片）

单位:万张

	自编节目合计		歌曲		乐曲		戏曲	
	种数	数量	种数	数量	种数	数量	种数	数量
全国总计	**1928**	**774.13**	**841**	**339.59**	**885**	**369.48**	**62**	**29.65**
中央	**528**	**200.87**	**179**	**103.08**	**211**	**59.82**	**33**	**11.78**
地方	**1400**	**573.26**	**662**	**236.51**	**674**	**309.66**	**29**	**17.87**
北京	108	93.38	11	14.27	89	75.97	7	2.84
天津	21	4.20	16	3.20	5	1.00		
河北	17	5.20			15	4.60	1	0.50
山西	1	0.80	1	0.80				
内蒙古								
辽宁	61	21.80			61	21.80		
吉林								
黑龙江	5	1.61	5	1.61				
上海	60	11.99	46	7.89	7	1.70	3	1.30
江苏	28	7.00	3	0.80	25	6.20		
浙江	40	11.91			39	11.81	1	0.10
安徽	1	3.00					1	3.00
福建	26	8.81	2	0.60	23	8.20		
江西								
山东	1	0.34			1	0.34		
河南	5	2.12	1	1.00	4	1.12		
湖北	354	120.40	183	49.10	171	71.30		
湖南	23	14.00	13	4.00	10	10.00		
广东	239	118.72	124	64.83	76	37.35	15	9.63
广西	212	62.72	157	42.40	55	20.32		
海南								
重庆	1	0.20			1	0.20		
四川	98	32.57	59	23.82	34	7.45	1	0.50
贵州	46	24.60	5	4.50	41	20.10		
云南								
西藏	2	2.50	1	0.50	1	2.00		
陕西	6	1.20			6	1.20		
甘肃	4	2.00			4	2.00		
青海	1	0.19	1	0.19				
宁夏	34	17.00	34	17.00				
新疆	6	5.00			6	5.00		
台湾								

全国录音制品出版数量分类

(激　光　唱　片)

单位:万张

	曲艺		文教		语言		少儿	
	种数	数量	种数	数量	种数	数量	种数	数量
全国总计	**37**	**8.84**	**43**	**17.69**	**4**	**0.80**	**51**	**7.28**
中央	**35**	**8.64**	**38**	**13.88**			**27**	**2.87**
地方	**2**	**0.20**	**5**	**3.81**	**4**	**0.80**	**24**	**4.41**
北京			1	0.30				
天津								
河北							1	0.10
山西								
内蒙古								
辽宁								
吉林								
黑龙江								
上海			1	0.80			3	0.30
江苏								
浙江								
安徽								
福建			1	0.01				
江西								
山东								
河南								
湖北								
湖南								
广东	2	0.20	2	2.70			20	4.01
广西								
海南								
重庆								
四川					4	0.80		
贵州								
云南								
西藏								
陕西								
甘肃								
青海								
宁夏								
新疆								
台湾								

全国录音制品出版数量分类

（激 光 唱 片）

单位:万张

	其它		引进节目合计		古典音乐		现代音乐	
	种数	数量	种数	数量	种数	数量	种数	数量
全国总计	**5**	**0.80**	**506**	**119.13**	**68**	**17.88**	**38**	**21.56**
中央	**5**	**0.80**	**154**	**34.97**	**41**	**5.61**	**14**	**3.91**
地方			**352**	**84.16**	**27**	**12.27**	**24**	**17.65**
北京			6	1.30				
天津								
河北			27	4.36			1	0.20
山西								
内蒙古								
辽宁			8	0.74				
吉林								
黑龙江								
上海			239	39.38	2	0.65	4	0.44
江苏			5	0.88				
浙江			15	1.98	2	0.28	1	0.20
安徽								
福建								
江西								
山东			6	1.20				
河南								
湖北								
湖南			5	1.34			5	1.34
广东			41	32.98	23	11.34	13	15.47
广西								
海南								
重庆								
四川								
贵州								
云南								
西藏								
陕西								
甘肃								
青海								
宁夏								
新疆								
台湾								

全国录音制品出版数量分类

(激　光　唱　片)

单位:万张

	流行歌曲		文化教育		其　　他		对外合作	
	种　数	数　量	种　数	数　量	种　数	数　量	种　数	数　量
全国总计	**399**	**79.59**			**1**	**0.10**	**56**	**13.64**
中　　央	**99**	**25.45**					**15**	**1.72**
地　　方	**300**	**54.14**			**1**	**0.10**	**41**	**11.92**
北　　京	6	1.30						
天　　津								
河　　北	26	4.16					3	0.60
山　　西								
内　蒙　古								
辽　　宁	8	0.74					9	4.20
吉　　林								
黑　龙　江								
上　　海	232	38.19			1	0.10	13	2.46
江　　苏	5	0.88						
浙　　江	12	1.50						
安　　徽								
福　　建								
江　　西								
山　　东	6	1.20						
河　　南								
湖　　北								
湖　　南								
广　　东	5	6.17					16	4.66
广　　西								
海　　南								
重　　庆								
四　　川								
贵　　州								
云　　南								
西　　藏								
陕　　西								
甘　　肃								
青　　海								
宁　　夏								
新　　疆								
台　　湾								

全国录像制品出版品种、数量及发行总量

单位：盒、张

	录像带				激光视盘				VCD				发行总量
	合计		其中：新版		合计		其中：新版		合计		其中：新版		
	种数	数量	种数	数量	种数	数量	种数	数量	种数	数量	种数	数量	
全国总计	**2437**	**905150**	**743**	**626286**	**32**	**41946**	**14**	**13000**	**7252**	**63419090**	**6128**	**53792542**	**50027297**
中　　央	**2038**	**540381**	**554**	**377816**					**2303**	**22177011**	**2002**	**20228607**	**17670713**
地　　方	**399**	**364769**	**189**	**248370**	**32**	**41946**	**14**	**13000**	**4949**	**41242079**	**4126**	**33563935**	**32356584**
北　京	27	37602	22	37240					308	5249671	260	4890400	5371913
天　津					5	2500	5	2500	292	659000	210	494000	665500
河　北	4	24000	4	24000					124	988500	109	930000	888400
山　西	9	7200	9	7200					39	137000	39	137000	94030
内蒙古									12	47300	11	35300	33982
辽　宁	25	15560	25	15560					277	1634700	258	1514700	1485954
吉　林	10	7540	10	7540					113	190600	97	152600	131856
黑龙江	3	10451	2	10000					21	166000	17	136000	176327
上　海	79	36165	29	18207	2	1446			353	1846277	245	1509359	2046777
江　苏	1	2000	1	2000					65	463500	59	423500	464500
浙　江	22	55400	22	55400					188	1221342	137	1046100	969500
安　徽									46	2223000	44	2217000	829000
福　建	34	4600	1	10	20	10000	5	2500	386	5077650	207	2313650	4563242
江　西									193	887900	157	857500	519545
山　东	19	46700	4	1700					110	814600	93	634600	593819
河　南	2	3050	1	3000					77	1102400	63	476400	815070
湖　北									361	2500100	360	2496100	1541112
湖　南	102	61557	35	15850					230	1663600	186	1249600	754694
广　东	14	37563	10	36603	5	28000	4	8000	986	8708452	860	6696336	6194092
广　西	3	2960	3	2960					207	1243600	205	1233600	1080663
海　南									32	527200	32	527200	271000
四　川	8	5630	6	5550					182	1601301	172	1452450	1119827
重　庆	6	410							26	173700	22	149700	173295
贵　州	2	100	2	100					79	738000	79	738000	394100
云　南									54	632000	54	632000	632000
西　藏									5	28000	5	28000	24000
陕　西	23	6221	3	5550					61	260396	32	161000	150276
甘　肃	6	60							26	77000	18	53000	35060
青　海									1	15640	1	15640	7100
宁　夏									27	113650	26	113200	30150
新　疆									68	250000	68	250000	299800
台　湾													

全国录像制品出版数量

单位:盒、张

	录像带						激光视盘						VCD					
	合计		新版		再版		合计		新版		再版		合计		新版		再版	
	种数	数量	种数	数量	种数	数量	种数	数量	种数	数量	种数	数量	种数	数量	种数	数量	种数	数量
合　　计	**2437**	**905150**	**743**	**626286**	**1694**	**278864**	**32**	**41946**	**14**	**13000**	**18**	**28946**	**7252**	**63419090**	**6128**	**53792542**	**1124**	**9626548**
一.自编节目	2387	858706	726	584886	1661	273820	32	41946	14	13000	18	28946	5792	50452437	4958	42543783	834	7908654
故事片	17	24400	16	23900	1	500							497	11225156	457	10986410	40	238746
戏曲片	4	6500	4	6500									1315	10154470	1118	8285181	197	1869289
音乐舞蹈	54	48643	43	40560	11	8083							676	4914311	550	2576277	126	2338034
卡拉OK.MTV							30	40500	14	13000	16	27500	802	5561097	721	4651424	81	909673
社会科学	24	7987	14	7280	10	707							52	477021	40	417740	12	59281
教　育	1489	608814	446	390663	1043	218151	2	1446			2	1446	1159	8520161	963	7185542	196	1334619
语　言	15	6819	5	1000	10	5819							36	283685	27	96400	9	187285
文　体	71	12298	16	8200	55	4098							224	922248	186	781653	38	140595
科　技	165	24116	56	14450	109	9666							76	385140	68	232140	8	153000
经　济	22	15763	17	14531	5	1232							37	257100	37	257100		
医药卫生	469	42666	71	32292	398	10374							100	227175	90	194580	10	32595
少　儿	35	25390	16	10200	19	15190							235	1644462	136	1384392	99	260070
其　他	22	35310	22	35310									583	5880411	565	5494944	18	385467
二.引进节目	45	44970	17	41400	28	3570							1420	11645253	1132	10033359	288	1611894
故事片	36	42051	17	41400	19	651							1215	8984444	956	7667050	259	1317394
文　教	9	2919			9	2919							76	906800	72	861800	4	45000
其　他													129	1754009	104	1504509	25	249500
三.对外合作	5	1474			5	1474							40	1321400	38	1215400	2	106000

全国录像制品出版数量分类

(录 像 带)

单位:盒

	自编节目合计		故 事 片		戏 曲 片		音 乐 舞 蹈	
	种 数	数 量	种 数	数 量	种 数	数 量	种 数	数 量
全国总计	**2387**	**858706**	**17**	**24400**	**4**	**6500**	**54**	**48643**
中 央	**2024**	**535988**	**2**	**5500**	**1**	**2000**	**37**	**25260**
地 方	**363**	**322718**	**15**	**18900**	**3**	**4500**	**17**	**23383**
北 京	27	37602					4	14600
天 津								
河 北	4	24000					1	2000
山 西	9	7200					1	300
内 蒙 古								
辽 宁	25	15560						
吉 林	10	7540	1	3000				
黑 龙 江	3	10451						
上 海	79	36165						
江 苏	1	2000						
浙 江	5	14000	1	4000	2	4000		
安 徽								
福 建	34	4600						
江 西								
山 东	19	46700						
河 南	2	3050						
湖 北								
湖 南	102	61557	13	11900			4	1403
广 东	14	37563			1	500	2	4700
广 西	3	2960						
海 南								
重 庆	6	410					5	380
四 川	8	5630						
贵 州	2	100						
云 南								
西 藏								
陕 西	4	5570						
甘 肃	6	60						
青 海								
宁 夏								
新 疆								
台 湾								

全国录像制品出版数量分类

(录　像　带)

单位:盒

	卡拉OK.MTV		社会科学		教育		语言	
	种数	数量	种数	数量	种数	数量	种数	数量
全国总计			**24**	**7987**	**1489**	**608814**	**15**	**6819**
中　央			**13**	**6067**	**1220**	**398339**	**14**	**6789**
地　方			**11**	**1920**	**269**	**210475**	**1**	**30**
北　京			2	1100	19	21702		
天　津								
河　北					2	2000		
山　西					8	6900		
内蒙古								
辽　宁					23	12060		
吉　林					8	2540		
黑龙江					3	10451		
上　海					53	18825		
江　苏								
浙　江								
安　徽								
福　建					34	4600		
江　西								
山　东					15	45000		
河　南					2	3050		
湖　北								
湖　南					85	48254		
广　东					10	31663		
广　西			2	360				
海　南								
重　庆							1	30
四　川					5	3330		
贵　州					2	100		
云　南								
西　藏								
陕　西			1	400				
甘　肃			6	60				
青　海								
宁　夏								
新　疆								
台　湾								

全国录像制品出版数量分类

(录　像　带)

单位:盒

	文体		科技		经济		医药卫生	
	种数	数量	种数	数量	种数	数量	种数	数量
全国总计	**71**	**12298**	**165**	**24116**	**22**	**15763**	**469**	**42666**
中央	**70**	**12278**	**163**	**23466**	**22**	**15763**	**464**	**19966**
地方	**1**	**20**	**2**	**650**			**5**	**22700**
北京							2	200
天津								
河北							1	20000
山西								
内蒙古								
辽宁							1	2000
吉林								
黑龙江								
上海								
江苏								
浙江								
安徽								
福建								
江西								
山东			1	500			1	500
河南								
湖北								
湖南								
广东								
广西								
海南								
重庆								
四川								
贵州								
云南								
西藏								
陕西	1	20	1	150				
甘肃								
青海								
宁夏								
新疆								
台湾								

全国录像制品出版数量分类

(录 像 带)

单位:盒

	少儿		其他		引进节目合计		故事片	
	种数	数量	种数	数量	种数	数量	种数	数量
全国总计	**35**	**25390**	**22**	**35310**	**45**	**44970**	**36**	**42051**
中央	**5**	**4550**	**13**	**16010**	**9**	**2919**		
地方	**30**	**20840**	**9**	**19300**	**36**	**42051**	**36**	**42051**
北京								
天津								
河北								
山西								
内蒙古								
辽宁			1	1500				
吉林	1	2000						
黑龙江								
上海	26	17340						
江苏			1	2000				
浙江			2	6000	17	41400	17	41400
安徽								
福建								
江西								
山东	1	500	1	200				
河南								
湖北								
湖南								
广东	1	700						
广西			1	2600				
海南								
重庆								
四川	1	300	2	2000				
贵州								
云南								
西藏								
陕西			1	5000	19	651	19	651
甘肃								
青海								
宁夏								
新疆								
台湾								

全国录像制品出版数量分类

(录　像　带)

单位:盒

	文教		其他		对外合作	
	种数	数量	种数	数量	种数	数量
全国总计	9	2919			5	1474
中　　央	9	2919			5	1474
地　　方						
北　　京						
天　　津						
河　　北						
山　　西						
内 蒙 古						
辽　　宁						
吉　　林						
黑 龙 江						
上　　海						
江　　苏						
浙　　江						
安　　徽						
福　　建						
江　　西						
山　　东						
河　　南						
湖　　北						
湖　　南						
广　　东						
广　　西						
海　　南						
重　　庆						
四　　川						
贵　　州						
云　　南						
西　　藏						
陕　　西						
甘　　肃						
青　　海						
宁　　夏						
新　　疆						
台　　湾						

全国录像制品出版数量分类

（激光视盘）

单位:张

	自编节目合计		音乐舞蹈		卡拉OK.MTV	
	种数	数量	种数	数量	种数	数量
全国总计	32	41946			30	40500
中央						
地方	32	41946			30	40500
北京						
天津	5	2500			5	2500
河北						
山西						
内蒙古						
辽宁						
吉林						
黑龙江						
上海	2	1446				
江苏						
浙江						
安徽						
福建	20	10000			20	10000
江西						
山东						
河南						
湖北						
湖南						
广东	5	28000			5	28000
广西						
海南						
重庆						
四川						
贵州						
云南						
西藏						
陕西						
甘肃						
青海						
宁夏						
新疆						
台湾						

全国录像制品出版数量分类

(激光视盘)

单位:张

	教育		语言		经济	
	种数	数量	种数	数量	种数	数量
全国总计	2	1446				
中央						
地方	2	1446				
北京						
天津						
河北						
山西						
内蒙古						
辽宁						
吉林						
黑龙江						
上海	2	1446				
江苏						
浙江						
安徽						
福建						
江西						
山东						
河南						
湖北						
湖南						
广东						
广西						
海南						
重庆						
四川						
贵州						
云南						
西藏						
陕西						
甘肃						
青海						
宁夏						
新疆						
台湾						

全国录像制品出版数量分类

(V C D)

单位:张

	自编节目合计		故事片		戏曲片		音乐舞蹈	
	种数	数量	种数	数量	种数	数量	种数	数量
全国总计	**5792**	**50452437**	**497**	**11225156**	**1315**	**10154470**	**676**	**4914311**
中央	**1937**	**19180011**	**254**	**7973700**	**330**	**1696261**	**146**	**988000**
地方	**3855**	**31272426**	**243**	**3251456**	**985**	**8458209**	**530**	**3926311**
北京	215	3760933	19	1283752	18	210400	6	24093
天津	196	470000	15	13000	23	55000	98	249000
河北	92	944000	2	40000	37	528000	17	64000
山西	39	137000			32	76000	2	6000
内蒙古	12	47300					11	46300
辽宁	186	844700	13	38000	16	111000	3	6500
吉林	83	156600	5	15000	10	30000	1	3000
黑龙江	21	166000	1	4000				
上海	275	1067768	8	24000	35	158000	9	13658
江苏	51	385500	2	18000	3	28000	9	65000
浙江	126	1027482	8	4494	57	618118	1	3000
安徽	40	2205000			26	2158000	10	30000
福建	176	2769650			29	276000	74	2102350
江西	173	687900	8	73000				
山东	87	748600	7	55000	33	282500	2	5000
河南	77	1102400			67	1041000		
湖北	359	2426100	25	106000	83	382500	89	277500
湖南	228	1651600	5	11000	125	844000	10	100000
广东	718	5362452	71	714710	244	1064656	90	395510
广西	202	1231600	6	552500	67	191000	31	89000
海南	11	227200			2	20000		
重庆	26	173700			4	40000	7	11000
四川	157	1570051	29	173000	9	61435	19	241400
贵州	79	738000	7	90000				
云南	54	632000			1	5000	4	35000
西藏	5	28000					1	5000
陕西	45	254600			38	210600		
甘肃	26	77000			20	49000		
青海	1	15640						
宁夏	27	113650						
新疆	68	250000	12	36000	6	18000	36	154000
台湾								

全国录像制品出版数量分类

(V C D)

单位:张

	卡拉OK.MTV		社会科学		教育		语言		文体	
	种数	数量	种数	数量	种数	数量	种数	数量	种数	数量
全国总计	**802**	**5561097**	**52**	**477021**	**1159**	**8520161**	**36**	**283685**	**224**	**922248**
中央	**142**	**668386**	**4**	**11140**	**586**	**4267648**	**6**	**37000**	**125**	**389585**
地方	**660**	**4892711**	**48**	**465881**	**573**	**4252513**	**30**	**246685**	**99**	**532663**
北京	15	328000	4	9000	79	874360			6	86288
天津	49	98000	1	2000			1	5000	2	11000
河北	1	30000	6	115000	12	29000			4	24000
山西					3	23000				
内蒙古										
辽宁	103	559000	1	2000	18	37100			1	2000
吉林	50	64000			14	24600			2	8000
黑龙江	20	162000								
上海	7	21000			91	484225	9	105685	6	20000
江苏			2	70000	21	167000			3	8000
浙江	1	5000	18	107600	24	158000			1	2000
安徽					3	9000	1	8000		
福建	22	59000			16	81700			12	54100
江西	28	280000			132	317900			3	15000
山东			1	100000	6	42000			4	14000
河南					1	24000			9	37400
湖北	49	555000			71	774100				
湖南	60	600000			8	22000			1	2000
广东	102	905934	8	24281	50	967228	1	2000	34	195875
广西	53	86000	1	9000	5	50000			3	4000
海南	3	122000			2	15000			2	17000
重庆	2	10000			3	15000	1	21000		
四川	37	728487			6	27300	16	102000	1	2000
贵州	29	145000			5	75000				
云南									3	25000
西藏	1	5000	1	5000					1	3000
陕西			4	14000	2	25000				
甘肃			1	8000	1	10000			1	2000
青海	1	15640								
宁夏	27	113650								
新疆							1	3000		
台湾										

全国录像制品出版数量分类

(V C D)

单位:张

	科技		经济		医药卫生		少儿		其他	
	种数	数量	种数	数量	种数	数量	种数	数量	种数	数量
全国总计	**76**	**385140**	**37**	**257100**	**100**	**227175**	**235**	**1644462**	**583**	**5880411**
中央	**54**	**316440**	**20**	**125100**	**66**	**106040**	**49**	**520585**	**155**	**2080126**
地方	**22**	**68700**	**17**	**132000**	**34**	**121135**	**186**	**1123877**	**428**	**3800285**
北京			6	60000			34	553000	28	332040
天津	1	1000	2	2000					4	34000
河北									13	114000
山西					2	32000				
内蒙古									1	1000
辽宁	3	6000			11	11000	1	3000	16	69100
吉林									1	12000
黑龙江										
上海	1	15000	1	2000	8	24000	93	182200	7	18000
江苏			1	1000					10	28500
浙江					1	4000	1	2000	14	123270
安徽										
福建					1	3000	1	20000	21	173500
江西	1	1000							1	1000
山东	1	2000	1	5000	2	3000			30	240100
河南										
湖北							17	132000	25	199000
湖南					1	2000	2	2000	16	68600
广东	12	27700	1	2000	3	11135	30	206677	72	844746
广西							6	17000	30	233100
海南									2	53200
重庆							1	6000	8	70700
四川	1	1000	2	6000	1	1000			36	226429
贵州					4	30000			34	398000
云南			2	52000					44	515000
西藏	1	10000								
陕西	1	5000								
甘肃			1	2000					2	6000
青海										
宁夏										
新疆									13	39000
台湾										

全国录像制品出版数量分类

(V C D)

单位:张

	引进节目合计		故事片		文教		其他		对外合作	
	种数	数量	种数	数量	种数	数量	种数	数量	种数	数量
全国总计	**1420**	**11645253**	**1215**	**8984444**	**76**	**906800**	**129**	**1754009**	**40**	**1321400**
中央	**357**	**2884600**	**314**	**2328600**	**2**	**8000**	**41**	**548000**	**9**	**112400**
地方	**1063**	**8760653**	**901**	**6655844**	**74**	**898800**	**88**	**1206009**	**31**	**1209000**
北京	93	1488738	85	1472738	8	16000				
天津	96	189000	96	189000						
河北	31	40500	21	21000			10	19500	1	4000
山西										
内蒙古										
辽宁	91	790000	76	585000	9	187000	6	18000		
吉林	30	34000	30	34000						
黑龙江										
上海	78	778509	37	391200	2	59800	39	327509		
江苏	14	78000	11	40000			3	38000		
浙江	61	143860	60	113860			1	30000	1	50000
安徽	6	18000	6	18000						
福建	210	2308000	149	1585000	45	613000	16	110000		
江西	20	200000	20	200000						
山东	23	66000	23	66000						
河南										
湖北	2	74000	1	4000			1	70000		
湖南	2	12000					2	12000		
广东	239	2191000	219	1587000	10	23000	10	581000	29	1155000
广西	5	12000	5	12000						
海南	21	300000	21	300000						
重庆										
四川	25	31250	25	31250						
贵州										
云南										
西藏										
陕西	16	5796	16	5796						
甘肃										
青海										
宁夏										
新疆										
台湾										

全国音像出版单位机构数和职工人数

单位：处、人

	机构数			职工人数			
	合计	音像出版社	图书出版社音像部	合计	编辑、技术人员	经营管理人员	其他人员
全国总计	**292**	**205**	**87**	**9303**	**4047**	**1819**	**3469**
中央	**123**	**72**	**51**	**4029**	**1788**	**729**	**1512**
地方	**169**	**133**	**36**	**5274**	**2259**	**1090**	**1957**
北京	9	8	1	352	138	67	147
天津	5	3	2	67	50	17	
河北	5	3	2	108	42	17	49
山西	3	3		83	39	21	23
内蒙古	1	1		15	9	4	2
辽宁	8	6	2	263	141	44	78
吉林	7	4	3	144	67	30	47
黑龙江	4	4		89	70	19	
上海	24	11	13	633	278	151	204
江苏	5	3	2	138	44	31	63
浙江	4	2	2	164	54	37	73
安徽	4	3	1	80	12	20	48
福建	6	5	1	157	107	31	19
江西	3	3		103	36	31	36
山东	3	2	1	55	51	4	
河南	5	5		151	42	17	92
湖北	5	5		309	121	39	149
湖南	5	5		186	166	46	
广东	22	22		998	308	249	441
广西	6	5	1	184	84	45	55
海南	2	2		33	29	10	
重庆	3	3		53	29	9	15
四川	9	6	3	412	79	40	293
贵州	3	3		44	40	4	
云南	2	2		94	29	19	46
西藏	2	2		16	7	7	2
陕西	7	6	1	129	71	38	20
甘肃	3	2	1	100	47	18	35
青海	2	2		67	53	13	1
宁夏	1	1		12	9	2	1
新疆	1	1		35	7	10	18
台湾							

全国图书发行进、销、存情况

单位：万册、万元

	图书购进		图书销售			图书库存	
	册数	金额	册数	金额	纯销售额	册数	金额
全国总计	**1741052**	**8658185**	**1703833**	**8253113**	**3550345**	**346247**	**2416305**
中央	**104716**	**1145184**	**96637**	**1002773**	**209404**	**51458**	**674822**
地方	**1636336**	**7513001**	**1607196**	**7250340**	**3340941**	**294789**	**1741483**
北京	22155	181871	19917	176010	88764	4278	60055
天津	15681	109118	16087	105667	47793	3538	32459
河北	107705	408735	101892	387122	179322	20655	69836
山西	39748	172816	42181	170333	95750	4091	25700
内蒙古	18422	82888	18104	80675	45785	2285	14717
辽宁	63776	286341	62790	270375	102487	8713	70288
吉林	23554	136972	22659	124156	49396	5139	32495
黑龙江	32441	144996	32664	143223	66755	7240	36463
上海	51006	427319	48884	401529	132746	16930	179509
江苏	140651	701057	133165	675845	288376	25061	150100
浙江	57782	328657	59666	324421	162395	10733	97530
安徽	84634	310084	84043	303556	155438	9756	53860
福建	48532	232717	48546	230951	117308	4602	28402
江西	53898	215991	56242	218203	119443	5827	34296
山东	132183	554668	130439	539644	284691	19995	118332
河南	147553	544189	146409	528257	207352	22228	83082
湖北	74365	355537	69334	333516	94209	22946	103079
湖南	95493	370929	93010	359340	173248	11854	62672
广东	83301	466763	81328	438525	231766	18864	124961
广西	51393	227106	53563	228017	66778	7183	49832
海南	7674	40666	7848	40478	23935	1663	5522
重庆	25082	139212	21150	128568	69177	5390	31527
四川	78709	366962	79253	357649	175351	17058	103680
贵州	35527	94837	34516	93290	44482	6839	11777
云南	39436	158463	38417	149351	83729	8576	43171
西藏	243	2041	278	1571	287	701	1822
陕西	51308	229702	51471	220983	115131	12060	70945
甘肃	24856	98396	24894	97336	53952	2879	16643
青海	1271	13429	994	11756	5548	1114	5832
宁夏	4780	19362	4752	18900	11007	1417	6107
新疆	23177	91177	22700	91093	48540	5174	16789
台湾							

注： 本表中购进、销售为总购进、总销售（按国家商品流通企业统计口径，包括新华书店系统内购销），这个指标反映图书发行企业购进、销售图书的总量。纯销售额：指向读者实际销售的图书以及直接向国外出口的图书。

全国图书总销售分类情况

单位：万册、万元

	1998年		1999年		增 减（%）		1998年比重		1999年比重	
	册 数	金 额	册 数	金 额	册 数	金 额	册 数	金 额	册 数	金 额
总 计	**1657369**	**7478364**	**1703833**	**8253113**	**2.80**	**10.36**	**100.0**	**100.0**	**100.0**	**100.0**
哲学、社会科学	42129	405169	46097	429244	9.42	5.94	2.5	5.4	2.7	5.2
文化、教育	527388	2036558	535519	2303644	1.54	13.11	31.8	27.2	31.4	27.9
文学、艺术	58413	432224	45616	435954	−21.91	0.86	3.5	5.8	2.7	5.3
自然科学、技术	52765	536996	49318	571334	−6.53	6.39	3.2	7.2	2.9	6.9
少儿读物	47378	233504	48608	260692	2.60	11.64	2.9	3.1	2.9	3.2
大中专教材	35017	334975	43028	403043	22.88	20.32	2.1	4.5	2.5	4.9
课 本	870804	3208504	913450	3556180	4.90	10.84	52.5	42.9	53.6	43.1
图 片	11381	65940	10433	60993	−8.33	−7.50	0.7	0.9	0.6	0.7
其他出版物	12094	101474	11764	105726	−2.73	4.19	0.7	1.4	0.7	1.3
非图书商品		123020		126303		2.67		1.6		1.5

全国图书纯销售情况

单位：万元

	总计	对居民和社会集团零售				批给供销社	批给集、个体	出口
		合计	市	县	县以下			
全国总计	**3550345**	**2730729**	**1271718**	**718651**	**740360**	**288740**	**522681**	**8195**
中央	**209404**	**66224**	**63378**	**1820**	**1026**	**12339**	**124650**	**6191**
地方	**3340941**	**2664505**	**1208340**	**716831**	**739334**	**276401**	**398031**	**2004**
北京	88764	72086	60395	9843	1848	637	16041	
天津	47793	38996	30658	7223	1115	235	8479	83
河北	179322	172815	48943	61831	62041	1267	5240	
山西	95750	79906	28600	17552	33754	1434	14410	
内蒙古	45785	44124	20273	20432	3419	200	1461	
辽宁	102487	82479	64033	14626	3820	1762	18246	
吉林	49396	47823	26651	16528	4644	290	1283	
黑龙江	66755	61644	38704	19473	3467	1083	4028	
上海	132746	107861	90321	11853	5687	663	22948	1274
江苏	288376	251224	84006	15312	151906	2574	34448	130
浙江	162395	109895	66893	23898	19104	25273	26901	326
安徽	155438	122013	39108	36838	46067	5979	27446	
福建	117308	81948	41473	22933	17542	27616	7698	46
江西	119443	113168	34035	71531	7602	1416	4859	
山东	284691	244469	94443	51134	98892	3364	36858	
河南	207352	145333	42263	20453	82617	31403	30616	
湖北	94209	62982	32359	14523	16100	12453	18774	
湖南	173248	161072	49293	65191	46588	393	11757	26
广东	231766	121526	107026	11406	3094	97992	12199	49
广西	66778	47602	25857	12954	8791	6378	12764	34
海南	23935	8192	5584	2559	49		15743	
重庆	69177	52413	23910	21389	7114	9186	7578	
四川	175351	126821	50617	47797	28407	30052	18442	36
贵州	44482	32609	10246	15269	7094	2420	9453	
云南	83729	74520	18567	28042	27911	1221	7988	
西藏	287	148	148				139	
陕西	115131	93332	28050	40875	24407	7334	14465	
甘肃	53952	46645	13868	12237	20540	1663	5644	
青海	5548	5538	3352	2136	50		10	
宁夏	11007	10183	5289	4698	196	57	767	
新疆	48540	45138	23375	16295	5468	2056	1346	
台湾								

图书发行机构数和职工人数

单位：处、人

	发行网点					职工人数	其中：国有书店
	国有书店机构数	国有书店售书点	供销社售书点	出版社售书点	其他售书点		
全国总计	**2734**	**10839**	**17707**	**722**	**9348**	**149759**	**66727**
中央	**5**	**137**		**296**		**2971**	**2386**
地方	**2729**	**10702**	**17707**	**426**	**9348**	**146788**	**64341**
北京	31	160	42	12	2	3762	1540
天津	33	85	4	19	4	2040	847
河北	162	527	1205	1	427	7767	3630
山西	112	336	667	12	642	3865	2044
内蒙古	102	202	62		58	3443	1866
辽宁	63	183	904	21	148	5848	2819
吉林	52	157	813	21	60	4327	2756
黑龙江	94	158	1264	21	76	4917	2539
上海	26	212	72	48	2256	4163	2074
江苏	85	873	1548	27	548	9114	2674
浙江	85	425	1036	16	286	4941	1831
安徽	81	530	457	14		4325	1602
福建	77	258	643	9	207	3781	1799
江西	99	270	765	3	299	4767	2250
山东	131	890	490	13	450	10380	4306
河南	137	1069	804	12	394	10807	4224
湖北	88	549	305	34	203	7551	2959
湖南	120	475	962	18	707	6488	3032
广东	118	461	1551	22	500	9046	2904
广西	102	229	412	21	752	4142	2089
海南	20	44	133		55	1258	482
重庆	47	185	537	3	145	3843	1138
四川	163	629	1390	19	204	8538	3894
贵州	94	396	101	14	377	2334	1152
云南	133	413	709	9	195	3768	1682
西藏	66	4		2		213	184
陕西	129	315	565	25	280	4364	2266
甘肃	100	307	190	3	52	2634	1210
青海	46	69		2		1280	959
宁夏	26	64	25	2	7	748	362
新疆	107	227	51	3	14	2334	1227
台湾							

注： 上海机构、人员数中含上海发行所。

全国书刊印刷企业工业产值及印刷用纸总量

	厂家数	工业总产值(万元)				工业销售产值(万元)		全年印刷用纸总量(万令)
		不变价		现行价				
		合计	其中:书刊产品	合计	其中:书刊产品	不变价	现行价	
全国总计	**1185**	**1286711.75**	**796500.45**	**1550545.05**	**967025.72**	**1229870.86**	**1487978.31**	**8652.07**
国家定点厂合计	**304**	**591038.50**	**387639.81**	**741536.14**	**499374.31**	**570130.39**	**712551.77**	**4532.33**
其中:直属厂小计	**84**	**187515.54**	**160884.40**	**263513.26**	**226097.17**	**182921.97**	**256101.30**	**1915.18**
非直属厂小计	**220**	**403522.96**	**226755.41**	**478022.88**	**273277.14**	**387208.42**	**456450.47**	**2617.15**
省级定点厂合计	**881**	**695673.25**	**408860.64**	**809008.91**	**467651.41**	**659740.47**	**775426.54**	**4119.74**
中央	**85**	**74160.00**	**55858.17**	**110285.74**	**80408.11**	**73232.14**	**105711.97**	**1101.63**
国家定点厂合计	**38**	**50881.75**	**36310.45**	**82321.81**	**56265.71**	**51831.25**	**80826.71**	**880.59**
其中:直属厂小计	**5**	**7006.00**	**6729.80**	**10989.50**	**10416.00**	**6742.00**	**10773.70**	**102.00**
非直属厂小计	**33**	**43875.75**	**29580.65**	**71332.31**	**45849.71**	**45089.25**	**70053.01**	**778.59**
省级定点厂合计	**47**	**23278.25**	**19547.72**	**27963.93**	**24142.40**	**21400.89**	**24885.26**	**221.04**
地方	**1100**	**1212551.75**	**740642.28**	**1440259.31**	**886617.61**	**1156638.72**	**1382266.34**	**7550.44**
国家定点厂合计	**266**	**540156.75**	**351329.36**	**659214.33**	**443108.60**	**518299.14**	**631725.06**	**3651.74**
其中:直属厂小计	**79**	**180509.54**	**154154.60**	**252523.76**	**215681.17**	**176179.97**	**245327.60**	**1813.18**
非直属厂小计	**187**	**359647.21**	**197174.76**	**406690.57**	**227427.43**	**342119.17**	**386397.46**	**1838.56**
省级定点厂合计	**834**	**672395.00**	**389312.92**	**781044.98**	**443509.01**	**638339.58**	**750541.28**	**3898.70**
北京	154	95800.65	74538.56	113018.72	86526.24	89790.93	104227.29	869.98
国家定点厂合计	9	14601.83	5338.80	20545.40	8817.90	13338.07	18803.30	121.14
其中:直属厂小计								
非直属厂小计	9	14601.83	5338.80	20545.40	8817.90	13338.07	18803.30	121.14
省级定点厂合计	145	81198.82	69199.76	92473.32	77708.34	76452.86	85423.99	748.84
天津	42	42764.61	11934.16	46794.74	14709.27	41597.96	45217.99	164.51
国家定点厂合计	7	31525.00	5355.00	34356.00	7199.00	31822.00	34356.00	90.60
其中:直属厂小计	4	5231.00	2615.00	9947.00	5031.00	5528.00	9947.00	63.80
非直属厂小计	3	26294.00	2740.00	24409.00	2168.00	26294.00	24409.00	26.80
省级定点厂合计	35	11239.61	6579.16	12438.74	7510.27	9775.96	10861.99	73.91
河北	83	75680.95	41953.74	93418.11	52655.11	77770.95	91418.53	429.99
国家定点厂合计	16	15428.70	12942.80	22020.50	18848.00	15898.10	20871.60	174.96
其中:直属厂小计	3	6991.00	6313.00	10869.00	9642.00	7638.00	10361.00	108.23
非直属厂小计	13	8437.70	6629.80	11151.50	9206.00	8260.10	10510.60	66.73
省级定点厂合计	67	60252.25	29010.94	71397.61	33807.11	61872.85	70546.93	255.03

	厂家数	工业总产值(万元)				工业销售产值(万元)		全年印刷用纸总量(万令)
		不变价		现行价				
		合计	其中:书刊产品	合计	其中:书刊产品	不变价	现行价	
山西	17	11714.20	8610.84	14596.57	10830.45	10549.34	13886.50	104.76
国家定点厂合计	4	5630.51	4432.85	7401.90	5842.20	5082.83	7419.48	73.86
其中:直属厂小计	3	5529.20	4396.90	7259.60	5802.00	4979.90	7299.50	65.84
非直属厂小计	1	101.31	35.95	142.30	40.20	102.93	119.98	8.02
省级定点厂合计	13	6083.69	4177.99	7194.67	4988.25	5466.51	6467.02	30.90
内蒙古	15	7428.10	4948.50	8271.60	5761.70	7130.40	7581.50	51.79
国家定点厂合计	5	3990.60	3552.20	4916.80	4420.40	3859.90	4579.50	33.90
其中:直属厂小计	1	862.00	848.00	1028.00	956.00	799.00	731.00	4.70
非直属厂小计	4	3128.60	2704.20	3888.80	3464.40	3060.90	3848.50	29.20
省级定点厂合计	10	3437.50	1396.30	3354.80	1341.30	3270.50	3002.00	17.89
辽宁	30	30386.30	20975.70	39658.80	28614.30	29569.10	39177.10	249.51
国家定点厂合计	13	21628.60	15906.90	28353.60	22463.30	21775.60	28526.60	181.40
其中:直属厂小计	3	7738.00	7738.00	12820.00	12820.00	7566.00	12536.00	86.00
非直属厂小计	10	13890.60	8168.90	15533.60	9643.30	14209.60	15990.60	95.40
省级定点厂合计	17	8757.70	5068.80	11305.20	6151.00	7793.50	10650.50	68.11
吉林	27	14363.60	13095.60	17740.50	15812.50	14837.50	17783.50	126.70
国家定点厂合计	7	6668.00	5587.00	10463.00	8707.00	6550.00	10011.00	76.20
其中:直属厂小计	3	5229.00	4213.00	8427.00	6736.00	5013.00	8231.00	60.00
非直属厂小计	4	1439.00	1374.00	2036.00	1971.00	1537.00	1780.00	16.20
省级定点厂合计	20	7695.60	7508.60	7277.50	7105.50	8287.50	7772.50	50.50
黑龙江	21	16072.33	10573.25	22958.42	14323.02	15582.53	20577.42	185.00
国家定点厂合计	7	10245.00	6475.00	15387.00	9294.00	10302.00	13792.00	85.50
其中:直属厂小计	2	3139.00	2881.00	6988.00	5518.00	2787.00	6475.00	50.00
非直属厂小计	5	7106.00	3594.00	8399.00	3776.00	7515.00	7317.00	35.50
省级定点厂合计	14	5827.33	4098.25	7571.42	5029.02	5280.53	6785.42	99.50
上海	46	66512.90	21626.91	96797.70	32461.34	66639.68	95983.19	264.18
国家定点厂合计	17	31490.80	14094.57	43078.50	21237.30	30212.30	42786.40	175.63
其中:直属厂小计	14	19513.80	13580.37	26926.50	20414.30	18237.30	26644.40	147.83
非直属厂小计	3	11977.00	514.20	16152.00	823.00	11975.00	16142.00	27.80
省级定点厂合计	29	35022.10	7532.34	53719.20	11224.04	36427.38	53196.79	88.55
江苏	61	74054.31	46965.54	78474.53	50384.88	67137.85	71059.12	410.61
国家定点厂合计	13	29639.78	17101.40	34175.45	21069.20	29302.38	32157.95	163.44
其中:直属厂小计	3	5514.78	5074.20	7867.35	7276.90	4959.78	7440.35	67.00
非直属厂小计	10	24125.00	12027.20	26308.10	13792.30	24342.60	24717.60	96.44
省级定点厂合计	48	44414.53	29864.14	44299.08	29315.68	37835.47	38901.17	247.17

	厂家数	工业总产值(万元)				工业销售产值(万元)		全年印刷用纸总量(万令)
		不变价		现行价				
		合计	其中:书刊产品	合计	其中:书刊产品	不变价	现行价	
浙江	33	53156.17	25186.35	65148.34	29891.89	50124.71	61892.96	216.77
国家定点厂合计	9	23295.90	15828.58	28638.76	20092.13	21322.70	26975.45	106.40
其中:直属厂小计	1	8677.00	8311.30	9886.50	9394.50	7117.60	8575.30	28.00
非直属厂小计	8	14618.90	7517.28	18752.26	10697.63	14205.10	18400.15	78.40
省级定点厂合计	24	29860.27	9357.77	36509.58	9799.76	28802.01	34917.51	110.37
安徽	39	37783.78	28900.57	44068.48	33656.41	34306.44	39807.25	207.52
国家定点厂合计	7	11458.54	8961.51	15184.12	12271.60	11738.24	15409.12	96.70
其中:直属厂小计	2	4978.90	4345.90	7667.61	6867.88	5059.10	7774.51	69.90
非直属厂小计	5	6479.64	4615.61	7516.51	5403.72	6679.14	7634.61	26.80
省级定点厂合计	32	26325.24	19939.06	28884.36	21384.81	22568.20	24398.13	110.82
福建	28	32616.61	9517.82	43490.56	13583.44	32091.17	41335.51	222.76
国家定点厂合计	6	13376.00	7045.00	18278.00	9854.00	11465.00	16447.00	122.85
其中:直属厂小计	2	3059.00	2836.00	4683.00	4304.00	3036.00	4801.00	37.65
非直属厂小计	4	10317.00	4209.00	13595.00	5550.00	8429.00	11646.00	85.20
省级定点厂合计	22	19240.61	2472.82	25212.56	3729.44	20626.17	24888.51	99.91
江西	31	47336.68	28886.53	41606.17	25587.64	41424.19	34303.49	143.03
国家定点厂合计	10	39572.24	23500.22	33251.90	19246.32	35109.89	27185.31	94.57
其中:直属厂小计	3	14587.80	10890.96	15527.00	11516.11	13136.60	9971.60	52.77
非直属厂小计	7	24984.44	12609.26	17724.90	7730.21	21973.29	17213.71	41.80
省级定点厂合计	21	7764.44	5386.31	8354.27	6341.32	6314.30	7118.18	48.46
山东	79	116008.87	78041.21	118628.77	80078.66	102714.85	131282.13	583.90
国家定点厂合计	19	56663.41	43533.55	62228.21	48936.43	54854.15	60352.41	314.29
其中:直属厂小计	5	12269.70	12269.70	17988.10	17988.10	13617.20	18859.60	169.50
非直属厂小计	14	44393.71	31263.85	44240.11	30948.33	41236.95	41492.81	144.79
省级定点厂合计	60	59345.46	34507.66	56400.56	31142.23	47860.70	70929.72	269.61
河南	61	55894.76	35424.39	72981.30	47563.04	56655.69	70135.78	491.55
国家定点厂合计	14	27734.90	13412.40	36101.80	18755.00	26574.50	34272.80	251.37
其中:直属厂小计	2	7376.50	5467.60	10752.80	7211.60	6650.70	10081.10	140.80
非直属厂小计	12	20358.40	7944.80	25349.00	11543.40	19923.80	24191.70	110.57
省级定点厂合计	47	28159.86	22011.99	36879.50	28808.04	30081.19	35862.98	240.18
湖北	46	57134.70	34959.29	66898.00	42376.70	55320.31	65050.40	488.91
国家定点厂合计	17	26416.10	22982.00	34327.20	29178.00	26295.60	33880.10	315.61
其中:直属厂小计	1	2628.00	2477.00	4471.00	4286.00	2623.00	4467.00	44.60
非直属厂小计	16	23788.10	20505.00	29856.20	24892.00	23672.60	29413.10	271.01
省级定点厂合计	29	30718.60	11977.29	32570.80	13198.70	29024.71	31170.30	173.30

	厂家数	工业总产值(万元)				工业销售产值(万元)		全年印刷用纸总量(万令)
		不变价		现行价				
		合计	其中:书刊产品	合计	其中:书刊产品	不变价	现行价	
湖南	41	37767.25	25613.52	47610.25	33262.07	34764.09	43804.50	343.71
国家定点厂合计	13	23074.40	20188.47	28845.33	25726.25	20537.42	26147.83	210.70
其中:直属厂小计	3	7845.34	7601.61	11992.84	11717.69	7845.34	11992.84	119.97
非直属厂小计	10	15229.06	12586.86	16852.49	14008.56	12692.08	14154.99	90.73
省级定点厂合计	28	14692.85	5425.05	18764.92	7535.82	14226.67	17656.67	133.01
广东	63	130746.80	106239.60	161120.93	134456.51	134269.95	154150.76	770.87
国家定点厂合计	16	35645.12	29432.20	45254.59	38413.23	35292.92	43871.16	193.03
其中:直属厂小计	2	7276.00	7276.00	10568.00	10568.00	6922.00	10034.00	45.00
非直属厂小计	14	28369.12	22156.20	34686.59	27845.23	28370.92	33837.16	148.03
省级定点厂合计	47	95101.68	76807.40	115866.34	96043.28	98977.03	110279.60	577.84
广西	25	37570.58	17170.24	41519.83	19321.06	32583.91	35619.65	240.87
国家定点厂合计	8	13489.90	8544.73	14721.01	9524.54	13017.80	14815.71	117.31
其中:直属厂小计	2	5560.90	5338.73	7466.01	7194.54	5486.80	7249.71	76.61
非直属厂小计	6	7929.00	3206.00	7255.00	2330.00	7531.00	7566.00	40.70
省级定点厂合计	17	24080.68	8625.51	26798.82	9796.52	19566.11	20803.94	123.56
海南	10	8643.62	3176.34	12332.12	4124.12	8193.93	11946.10	57.66
国家定点厂合计	2	2606.68	76.30	4743.00	136.30	2607.17	4751.00	30.20
其中:直属厂小计								
非直属厂小计	2	2606.68	76.30	4743.00	136.30	2607.17	4751.00	30.20
省级定点厂合计	8	6036.94	3100.04	7589.12	3987.82	5586.76	7195.10	27.46
重庆	6	6912.60	5231.60	7944.00	6321.00	6331.10	7271.30	66.85
国家定点厂合计	3	2440.60	2440.60	4409.00	4409.00	2414.10	4453.30	51.83
其中:直属厂小计	2	2316.60	2316.60	4117.00	4117.00	2306.10	4099.30	49.40
非直属厂小计	1	124.00	124.00	292.00	292.00	108.00	354.00	2.43
省级定点厂合计	3	4472.00	2791.00	3535.00	1912.00	3917.00	2818.00	15.02
四川	23	40674.86	21525.58	46913.60	25922.50	35842.69	43439.30	185.28
国家定点厂合计	12	32472.56	15370.18	38318.70	19188.10	29097.39	36163.20	137.72
其中:直属厂小计	2	3578.20	3491.50	4029.10	3947.70	3790.20	5224.10	46.50
非直属厂小计	10	28894.36	11878.68	34289.60	15240.40	25307.19	30939.10	91.22
省级定点厂合计	11	8202.30	6155.40	8594.90	6734.40	6745.30	7276.10	47.56
贵州	13	10559.30	6265.00	11667.70	7044.87	10112.30	13070.00	92.22
国家定点厂合计	3	4848.00	4133.10	5291.00	4542.00	4484.00	7109.00	47.00
其中:直属厂小计	2	4320.00	3954.00	4809.00	4365.00	4077.00	6699.00	42.00
非直属厂小计	1	528.00	179.10	482.00	177.00	407.00	410.00	5.00
省级定点厂合计	10	5711.30	2131.90	6376.70	2502.87	5628.30	5961.00	45.22

	厂家数	工业总产值(万元)				工业销售产值(万元)		全年印刷用纸总量(万令)
		不变价		现行价				
		合计	其中:书刊产品	合计	其中:书刊产品	不变价	现行价	
云　　南	24	33322.58	4818.16	43062.93	8460.52	33016.27	43247.80	131.66
国家定点厂合计	4	4412.18	2829.16	8446.03	6107.62	4871.87	9315.50	70.80
其中:直属厂小计	3	3296.30	2324.20	6313.60	4906.40	3473.80	6745.80	48.00
非直属厂小计	1	1115.88	504.96	2132.43	1201.22	1398.07	2569.70	22.80
省级定点厂合计	20	28910.40	1989.00	34616.90	2352.90	28144.40	33932.30	60.86
西　　藏	2	1062.30	1028.10	1701.20	1646.00	1062.30	1701.20	3.05
国家定点厂合计	2	1062.30	1028.10	1701.20	1646.00	1062.30	1701.20	3.05
其中:直属厂小计	1	835.00	800.80	1337.00	1281.80	835.00	1337.00	2.34
非直属厂小计	1	227.30	227.30	364.20	364.20	227.30	364.20	0.71
省级定点厂合计								
陕　　西	25	40061.50	33538.38	44842.06	36681.04	38051.76	42289.59	205.15
国家定点厂合计	8	31088.04	26034.52	35184.85	28750.35	30020.37	32807.82	155.17
其中:直属厂小计	3	23390.24	19660.68	27470.30	22473.26	22870.50	25491.50	111.42
非直属厂小计	5	7697.80	6373.84	7714.55	6277.09	7149.87	7316.32	43.75
省级定点厂合计	17	8973.46	7503.86	9657.21	7930.69	8031.39	9481.77	49.98
甘　　肃	11	13651.48	11412.16	15625.79	13340.99	12673.71	14475.56	98.82
国家定点厂合计	6	11724.78	10146.86	13607.19	11871.79	11268.11	13030.26	90.93
其中:直属厂小计	2	4368.92	3844.34	5428.42	4881.48	5297.74	6168.09	38.20
非直属厂小计	4	7355.86	6302.52	8178.77	6990.31	5970.37	6862.17	52.73
省级定点厂合计	5	1926.70	1265.30	2018.60	1469.20	1405.60	1445.30	7.89
青　　海	9	3445.90	1221.80	4113.10	1598.10	3520.90	3979.90	16.46
国家定点厂合计	3	1845.20	990.30	2358.80	1330.10	1982.80	2276.40	10.80
其中:直属厂小计	1	545.60	408.00	673.00	503.30	607.00	748.70	4.30
非直属厂小计	2	1299.60	582.30	1685.80	826.80	1375.80	1527.70	6.50
省级定点厂合计	6	1600.70	231.50	1754.30	268.00	1538.10	1703.50	5.66
宁　　夏	8	2918.48	2015.48	3260.20	2354.20	2677.28	3008.06	18.56
国家定点厂合计	2	1193.00	1161.00	1138.00	1104.00	1164.00	1118.00	10.99
其中:直属厂小计	1	313.00	281.00	334.00	300.00	294.00	314.00	3.32
非直属厂小计	1	880.00	880.00	804.00	804.00	870.00	804.00	7.67
省级定点厂合计	6	1725.48	854.48	2122.20	1250.20	1513.28	1890.06	7.57
新　　疆	27	10504.98	5247.36	13994.29	7268.04	10294.93	13542.96	107.81
国家定点厂合计	4	4888.08	2904.06	6487.49	4127.54	4975.63	6338.66	43.79
其中:直属厂小计	3	3538.76	2599.21	4877.03	3660.61	3626.31	5028.20	29.50
非直属厂小计	1	1349.32	304.85	1610.46	466.93	1349.32	1310.46	14.29
省级定点厂合计	23	5616.90	2343.30	7506.80	3140.50	5319.30	7204.30	64.02
台　　湾								

全国书刊印刷企业主要产品产量

	厂家数	书刊排字(万字)		书刊印刷(万令)		胶印印刷(万色令)	零件印刷(万千印)	书刊装订(万令)
		合计	其中:照相排字	合计	其中:胶印印书			
全国总计	1185	1879927.09	1530397.66	6157.22	5029.05	11043.93	1837.75	4618.31
国家定点厂合计	304	790177.14	737706.18	3117.48	2766.26	5817.93	567.01	2734.92
其中:直属厂小计	84	280629.80	274643.04	1343.93	1318.51	2930.35	111.24	1469.42
非直属厂小计	220	509547.34	463063.14	1773.55	1447.78	2887.55	455.78	1265.47
省级定点厂合计	881	1089749.95	792691.48	3039.71	2262.72	5225.96	1270.75	1883.37
中央	85	310783.83	288385.73	571.83	524.10	726.47	73.97	286.81
国家定点厂合计	38	180612.80	162947.70	426.37	404.01	486.75	49.15	243.80
其中:直属厂小计	5	9234.10	7958.00	83.76	83.63	90.47	2.89	84.84
非直属厂小计	33	171378.70	154989.70	342.61	320.38	396.28	46.26	158.96
省级定点厂合计	47	130171.03	125438.03	145.46	120.09	239.72	24.83	43.01
地方	1100	1569143.26	1242011.93	5585.39	4504.95	10317.46	1763.78	4331.50
国家定点厂合计	266	609564.34	574758.48	2691.11	2362.25	5331.18	517.86	2491.12
其中:直属厂小计	79	271395.70	266685.04	1260.17	1234.88	2839.88	108.35	1384.58
非直属厂小计	187	338168.64	308073.44	1430.94	1127.40	2491.27	409.52	1106.51
省级定点厂合计	834	959578.92	667253.45	2894.25	2142.63	4986.24	1245.92	1840.36
北京	154	101983.58	69799.62	1049.89	580.77	642.03	362.91	306.33
国家定点厂合计	9	25010.72	25010.72	61.00	56.86	134.60	22.97	28.24
其中:直属厂小计								
非直属厂小计	9	25010.72	25010.72	61.00	56.86	134.60	22.97	28.24
省级定点厂合计	145	76972.86	44788.90	988.88	523.91	507.43	339.94	278.09
天津	42	30943.00	30561.00	107.00	105.34	309.06	17.11	77.47
国家定点厂合计	7	6892.00	6892.00	59.13	59.11	180.93	5.47	40.97
其中:直属厂小计	4	6224.00	6224.00	38.09	38.07	78.95	5.47	33.95
非直属厂小计	3	668.00	668.00	21.03	21.03	101.98		7.02
省级定点厂合计	35	24051.00	23669.00	47.87	46.23	128.13	11.64	36.50
河北	83	133832.10	94240.00	336.63	319.71	580.33	97.28	335.08
国家定点厂合计	16	34015.00	31646.00	142.91	133.78	297.26	6.46	149.77
其中:直属厂小计	3	18045.00	18045.00	74.37	74.37	218.66		103.64
非直属厂小计	13	15970.00	13601.00	68.54	59.41	78.59	6.46	46.13
省级定点厂合计	67	99817.10	62594.00	193.72	185.92	283.07	90.82	185.32

	厂家数	书刊排字(万字)		书刊印刷(万令)		胶印印刷(万色令)	零件印刷(万千印)	书刊装订(万令)
		合计	其中:照相排字	合计	其中:胶印印书			
山西	17	12382.36	11980.86	85.04	82.53	161.76	7.76	93.06
国家定点厂合计	4	9041.66	9019.66	50.18	49.77	99.47	1.96	58.03
其中:直属厂小计	3	8979.32	8957.32	49.44	49.44	99.30	1.96	57.37
非直属厂小计	1	62.34	62.34	0.74	0.33	0.16		0.67
省级定点厂合计	13	3340.70	2961.20	34.86	32.76	62.30	5.80	35.03
内蒙古	15	15755.80	14765.30	28.33	28.19	139.97	21.72	43.32
国家定点厂合计	5	8086.80	8035.30	19.70	19.70	92.43	3.82	32.69
其中:直属厂小计	1	4828.00	4828.00	4.33	4.33	9.08	0.23	4.76
非直属厂小计	4	3258.80	3207.30	15.37	15.37	83.35	3.59	27.93
省级定点厂合计	10	7669.00	6730.00	8.63	8.49	47.54	17.90	10.63
辽宁	30	79681.70	73269.90	189.38	169.97	263.15	15.73	188.53
国家定点厂合计	13	53473.70	51547.90	145.66	130.51	221.91	4.67	147.46
其中:直属厂小计	3	26757.00	26757.00	74.89	66.02	139.33	0.22	83.11
非直属厂小计	10	26716.70	24790.90	70.77	64.48	82.58	4.46	64.36
省级定点厂合计	17	26208.00	21722.00	43.72	39.46	41.23	11.06	41.06
吉林	27	21481.30	21471.30	98.37	84.57	90.45	4.67	92.65
国家定点厂合计	7	4271.30	4271.30	60.62	60.62	85.27	1.80	58.77
其中:直属厂小计	3	4224.30	4224.30	48.56	48.56	74.32		46.21
非直属厂小计	4	47.00	47.00	12.05	12.05	10.96	1.80	12.56
省级定点厂合计	20	17210.00	17200.00	37.76	23.96	5.18	2.87	33.87
黑龙江	21	26530.00	20055.00	117.72	73.44	152.35	27.53	81.92
国家定点厂合计	7	6467.00	5828.00	48.55	39.61	88.80	16.43	58.47
其中:直属厂小计	2	2736.00	2736.00	33.59	29.99	71.44	14.39	43.28
非直属厂小计	5	3731.00	3092.00	14.96	9.62	17.36	2.03	15.18
省级定点厂合计	14	20063.00	14227.00	69.17	33.83	63.55	11.10	23.46
上海	46	51669.90	50157.80	144.93	136.27	563.64	105.85	73.33
国家定点厂合计	17	32040.30	31256.30	94.30	94.30	347.16	30.94	55.53
其中:直属厂小计	14	31361.00	30577.00	90.58	90.58	287.98	4.77	54.37
非直属厂小计	3	679.30	679.30	3.72	3.72	59.18	26.18	1.16
省级定点厂合计	29	19629.60	18901.50	50.63	41.96	216.48	74.91	17.79
江苏	61	93159.20	85399.20	354.76	322.85	891.53	200.83	338.94
国家定点厂合计	13	31008.00	30054.00	154.92	134.77	350.21	50.27	124.60
其中:直属厂小计	3	4403.00	4403.00	51.61	51.61	89.13	11.00	57.23
非直属厂小计	10	26605.00	25651.00	103.31	83.16	261.08	39.27	67.37
省级定点厂合计	48	62151.20	55345.20	199.84	188.08	541.31	150.56	214.34

	厂家数	书刊排字(万字)		书刊印刷(万令)		胶印印刷(万色令)	零件印刷(万千印)	书刊装订(万令)
		合计	其中:照相排字	合计	其中:胶印印书			
浙江	33	48924.74	47392.15	125.41	116.50	442.40	44.48	102.43
国家定点厂合计	9	23952.36	22913.75	76.65	76.45	180.28	11.50	57.38
其中:直属厂小计	1	10380.00	10380.00	17.42	17.42	75.71	1.39	22.78
非直属厂小计	8	13572.36	12533.75	59.24	59.04	104.57	10.11	34.60
省级定点厂合计	24	24972.38	24478.40	48.76	40.05	262.12	32.98	45.05
安徽	39	28208.38	25967.68	237.39	222.16	300.27	144.64	182.58
国家定点厂合计	7	4568.38	4261.38	86.39	81.89	103.43	13.20	79.09
其中:直属厂小计	2	2501.20	2501.20	66.66	64.66	70.72	1.60	57.00
非直属厂小计	5	2067.18	1760.18	19.74	17.23	32.71	11.60	22.08
省级定点厂合计	32	23640.00	21706.30	150.99	140.28	196.84	131.45	103.49
福建	28	50905.00	46699.10	110.77	96.41	381.40	31.33	101.10
国家定点厂合计	6	16909.00	16909.00	68.95	60.39	206.16	15.83	68.05
其中:直属厂小计	2	3319.00	3319.00	27.02	27.02	65.93	2.74	38.76
非直属厂小计	4	13590.00	13590.00	41.92	33.37	140.23	13.10	29.29
省级定点厂合计	22	33996.00	29790.10	41.82	36.01	175.24	15.49	33.05
江西	31	30942.20	24833.20	127.74	119.95	348.24	44.00	115.55
国家定点厂合计	10	7572.30	7469.30	89.74	82.94	239.98	32.51	81.90
其中:直属厂小计	3	1355.60	1320.60	33.68	33.68	122.38	3.20	44.07
非直属厂小计	7	6216.70	6148.70	56.05	49.26	117.59	29.31	37.83
省级定点厂合计	21	23369.90	17363.90	38.01	37.01	108.26	11.49	33.66
山东	79	297289.35	152941.30	436.82	401.07	898.21	86.60	457.04
国家定点厂合计	19	96456.31	93538.67	271.85	261.15	526.45	24.88	292.87
其中:直属厂小计	5	34501.00	34299.00	121.67	121.67	331.72	0.52	148.23
非直属厂小计	14	61955.31	59239.67	150.17	139.48	194.73	24.36	144.64
省级定点厂合计	60	200833.04	59402.63	164.97	139.91	371.76	61.72	164.17
河南	61	68701.23	58437.90	257.00	223.18	619.15	111.65	218.80
国家定点厂合计	14	30931.20	27307.20	157.05	146.20	308.36	68.86	127.97
其中:直属厂小计	2	14249.00	14249.00	71.05	71.05	84.49	1.20	60.71
非直属厂小计	12	16682.20	13058.20	86.00	75.16	223.87	67.66	67.26
省级定点厂合计	47	37770.03	31130.70	99.95	76.98	310.79	42.79	90.82
湖北	46	63766.54	57394.54	203.72	183.35	421.98	42.32	220.77
国家定点厂合计	17	34298.44	34270.44	138.51	124.35	280.53	6.90	168.81
其中:直属厂小计	1	4719.00	4719.00	34.81	34.81	58.53	1.37	36.07
非直属厂小计	16	29579.44	29551.44	103.70	89.54	221.99	5.52	132.73
省级定点厂合计	29	29468.10	23124.10	65.21	59.00	141.45	35.43	51.96

	厂家数	书刊排字(万字)		书刊印刷(万令)		胶印印刷(万色令)	零件印刷(万千印)	书刊装订(万令)
		合计	其中:照相排字	合计	其中:胶印印书			
湖南	41	51303.80	48629.60	201.27	194.46	300.23	25.16	174.70
国家定点厂合计	13	35978.00	33865.00	150.36	144.57	254.56	16.93	142.81
其中:直属厂小计	3	22140.00	22140.00	78.95	78.95	187.26	0.37	93.63
非直属厂小计	10	13838.00	11725.00	71.41	65.62	67.30	16.55	49.18
省级定点厂合计	28	15325.80	14764.60	50.91	49.89	45.66	8.23	31.89
广东	63	53313.69	45400.29	519.75	409.21	1012.90	119.47	417.81
国家定点厂合计	16	19613.29	12752.89	259.35	164.76	230.40	44.58	204.53
其中:直属厂小计	2	3230.00	1588.00	40.25	40.25	25.82	0.04	45.90
非直属厂小计	14	16383.29	11164.89	219.10	124.51	204.58	44.54	158.62
省级定点厂合计	47	33700.40	32647.40	260.40	244.45	782.49	74.89	213.28
广西	25	43643.40	30457.30	183.38	122.54	291.30	64.22	130.13
国家定点厂合计	8	10056.30	9168.30	73.87	72.32	99.42	46.23	84.19
其中:直属厂小计	2	4945.40	4945.40	46.02	46.02	73.45	3.72	57.85
非直属厂小计	6	5110.90	4222.90	27.85	26.30	25.98	42.51	26.34
省级定点厂合计	17	33587.10	21289.00	109.51	50.22	191.87	17.99	45.94
海南	10	9562.20	6273.20	19.97	4.20	33.13	6.53	8.64
国家定点厂合计	2	40.00	20.00	1.07	1.07	1.70	0.14	1.09
其中:直属厂小计								
非直属厂小计	2	40.00	20.00	1.07	1.07	1.70	0.14	1.09
省级定点厂合计	8	9522.20	6253.20	18.90	3.13	31.43	6.39	7.55
重庆	6	7978.00	7950.00	52.33	51.85	95.07	1.33	37.32
国家定点厂合计	3	3029.00	3029.00	37.21	37.21	79.08	0.20	29.47
其中:直属厂小计	2	2979.00	2979.00	35.84	35.84	75.46	0.20	29.27
非直属厂小计	1	50.00	50.00	1.38	1.38	3.63		0.20
省级定点厂合计	3	4949.00	4921.00	15.12	14.63	15.99	1.13	7.85
四川	23	31866.11	30047.52	170.47	94.35	351.42	39.21	125.68
国家定点厂合计	12	18113.40	16865.40	124.97	70.18	255.73	25.25	86.22
其中:直属厂小计	2	10556.00	10556.00	31.91	31.91	97.33	0.78	34.25
非直属厂小计	10	7557.40	6309.40	93.07	38.28	158.40	24.48	51.97
省级定点厂合计	11	13752.71	13182.12	45.50	24.16	95.68	13.95	39.46
贵州	13	28259.00	17195.05	54.09	50.32	193.38	16.74	58.54
国家定点厂合计	3	10691.00	7517.05	36.20	35.89	71.09	7.28	36.83
其中:直属厂小计	2	6143.00	6109.00	33.41	33.41	64.54	6.46	34.24
非直属厂小计	1	4548.00	1408.05	2.79	2.48	6.54	0.82	2.59
省级定点厂合计	10	17568.00	9678.00	17.88	14.42	122.29	9.46	21.71

	厂家数	书刊排字(万字)		书刊印刷(万令)		胶印印刷(万色令)	零件印刷(万千印)	书刊装订(万令)
		合计	其中:照相排字	合计	其中:胶印印书			
云　南	24	47179.00	41840.00	70.69	69.38	170.12	43.20	68.91
国家定点厂合计	4	13012.00	12803.00	51.92	51.12	57.05	14.57	50.29
其中:直属厂小计	3	8922.00	8713.00	37.32	36.53	50.75	14.05	41.84
非直属厂小计	1	4090.00	4090.00	14.59	14.59	6.30	0.51	8.45
省级定点厂合计	20	34167.00	29037.00	18.77	18.25	113.07	28.63	18.61
西　藏	2	3526.60	3190.60	3.81	3.19	15.28	0.44	2.35
国家定点厂合计	2	3526.60	3190.60	3.81	3.19	15.28	0.44	2.35
其中:直属厂小计	1	3155.60	3155.60	3.34	3.10	12.20	0.33	1.91
非直属厂小计	1	371.00	35.00	0.47	0.10	3.08	0.11	0.44
省级定点厂合计								
陕　西	25	34044.29	32918.89	156.96	154.71	358.91	29.01	132.24
国家定点厂合计	8	15103.19	15049.29	118.10	117.97	299.50	16.55	112.01
其中:直属厂小计	3	7554.39	7554.39	73.63	73.63	218.52	10.51	77.34
非直属厂小计	5	7548.80	7494.90	44.48	44.34	80.98	6.05	34.66
省级定点厂合计	17	18941.10	17869.60	38.85	36.74	59.41	12.46	20.23
甘　肃	11	30609.10	27399.30	71.48	48.11	104.64	10.32	66.00
国家定点厂合计	6	20286.20	19285.00	64.58	41.36	91.32	7.95	58.51
其中:直属厂小计	2	4330.00	4261.00	26.61	26.13	56.36	3.39	34.35
非直属厂小计	4	15956.20	15024.00	37.98	15.24	34.96	4.56	24.16
省级定点厂合计	5	10322.90	8114.30	6.89	6.74	13.32	2.38	7.49
青　海	9	27881.20	23313.50	4.37	3.37	51.10	23.25	19.14
国家定点厂合计	3	17704.00	14591.80	2.71	1.77	48.47	8.67	17.84
其中:直属厂小计	1	8086.00	7140.00			24.38	8.02	11.34
非直属厂小计	2	9618.00	7451.80	2.71	1.77	24.09	0.65	6.50
省级定点厂合计	6	10177.20	8721.70	1.66	1.60	2.63	14.58	1.30
宁　夏	8	9754.00	9628.00	14.67	7.15	23.45	2.62	8.86
国家定点厂合计	2	5429.00	5429.00	9.82	2.68	9.24	0.17	4.30
其中:直属厂小计	1	94.00	94.00	2.41	2.41	9.00	0.17	4.04
非直属厂小计	1	5335.00	5335.00	7.41	0.27	0.24		0.26
省级定点厂合计	6	4325.00	4199.00	4.85	4.47	14.21	2.45	4.56
新　疆	27	34066.49	32402.83	51.25	25.85	110.61	15.87	52.28
国家定点厂合计	4	11987.89	10961.23	31.03	5.76	75.11	10.43	30.08
其中:直属厂小计	3	10677.89	9910.23	12.71	3.42	67.14	10.25	27.08
非直属厂小计	1	1310.00	1051.00	18.32	2.34	7.96	0.18	3.00
省级定点厂合计	23	22078.60	21441.60	20.22	20.09	35.51	5.43	22.20
台　湾								

全国书刊印刷企业主要生产设备

单位:台(套)

	厂家数	激光照排系统	整页拼版设备	电子分色机	胶印打样机	凸版印刷机 圆压圆 全张卷筒纸	凸版印刷机 圆压圆 全张双面	凸版印刷机 圆压圆 全张单面	凸版印刷机 圆压平 全张平台	凸版印刷机 圆压平 对开平台	平版印刷机 卷筒纸 全张	平版印刷机 卷筒纸 对开	平版印刷机 平版纸 全张双面单色	平版印刷机 平版纸 对开双面单色	平版印刷机 平版纸 全张四色及以上	平版印刷机 平版纸 全张双色	平版印刷机 平版纸 全张单色	平版印刷机 平版纸 对开五色及以上	平版印刷机 平版纸 对开四色	平版印刷机 平版纸 对开双色	平版印刷机 平版纸 对开单色	凹版印刷机	全张折页机	对开折页机	锁线机	骑马联动订书机	平装无线胶订联动机	精装联动机
全国总计	1185	1293	512	319	618	42	10	57	86	1332	313	961	131	1165	82	69	53	125	927	1480	2670	166	190	1748	1396	1386	683	81
国家定点厂合计	304	415	139	198	315	16	5	22	33	292	226	558	70	460	35	18	15	69	585	585	687	44	149	822	739	452	244	54
其中:直属厂小计	84	100	30	90	113	6	2	4	3	17	101	218	47	181	14	5	2	31	263	203	214	2	99	310	320	156	80	35
非直属厂小计	220	315	109	108	193	10	3	18	30	275	125	340	23	279	21	13	13	38	322	382	473	42	50	512	419	296	164	19
省级定点厂合计	881	878	373	121	303	26	5	35	53	1040	87	403	61	705	47	51	38	56	342	895	1983	122	41	926	657	934	439	27
中央	85	127	73	53	64	2				37	51	122	17	126	4	5	6	4	98	89	96		18	119	92	88	32	6
国家定点厂合计	38	65	48	43	46					8	48	98	14	76	4	5	4	4	83	50	29		18	83	80	65	23	6
其中:直属厂小计	5	4	1	6							6	8	12	4	3	3			17	7	5		13	15	38	8	5	4
非直属厂小计	33	61	47	37	37					8	42	90	2	72	1	2	4	4	66	43	24		5	68	42	57	18	2
省级定点厂合计	47	62	25	10	18	2				29	3	24	3	50			2		15	39	67			36	12	23	9	
地方	1100	1166	439	266	554	40	10	57	86	1295	262	839	114	1039	78	64	47	121	829	1391	2574	166	172	1629	1304	1298	651	75
国家定点厂合计	266	350	91	155	269	16	5	22	33	284	178	460	56	384	31	13	11	65	502	535	658	44	131	739	659	387	221	48
其中:直属厂小计	79	96	29	84	113	6	2	4	3	17	95	210	35	177	11	2	2	31	246	196	209	2	86	295	282	148	75	31
非直属厂小计	187	254	62	71	156	10	3	18	30	267	83	250	21	207	20	11	9	34	256	339	449	42	45	444	377	239	146	17
省级定点厂合计	834	816	348	111	285	24	5	35	53	1011	84	379	58	655	47	51	36	56	327	856	1916	122	41	890	645	911	430	27
北京	154	66	34	12	34	12	2	6	20	138	26	22	10	204	15	11	8	6	53	133	312	3	6	38	59	70	46	1
国家定点厂合计	9	6	1	5	7	2			8	11	10	4		11	4			2	18	12	10			6	6	4	3	
其中:直属厂小计																												
非直属厂小计	9	6	1	5	7	2			8	11	10	4		11	4			2	18	12	10			6	6	4	3	
省级定点厂合计	145	60	33	7	27	10	2	6	12	127	16	18	10	193	11	11	8	4	35	121	302	3	6	32	53	66	43	1

	厂家数	激光照排系统	整页拼版设备	电子分色机	胶印打样机	凸版印刷机					平版印刷机											凹版印刷机	全张折页机	对开折页机	锁线机	骑马联动订书机	平装无线胶订联动机	精装联动机
						圆压圆			圆压平		卷筒纸		平版纸															
						全张卷筒纸	全张双面	全张单面	全张平台	对开平台	全张	对开	全张双面单色	对开双面单色	全张四色及以上	全张双色	全张单色	对开五色及以上	对开四色	对开双色	对开单色							
天　　津	42	47	9	8	23	2				39	11	5	2	31	2	7	1	3	17	38	115	1	3	38	11	57	12	
国家定点厂合计	7	7	3	6	10	2					10	4	2	18	1	1		1	14	18	9		2	14	4	11	5	
其中:直属厂小计	4	4	2	3	4	2					10	1		11	1	1			6	8	4			8	4	11	4	
非直属厂小计	3	3	1	3	6							3	2	7				1	8	10	5		2	6			1	
省级定点厂合计	35	40	6	2	13					39	1	1		13	1	6	1	2	3	20	106	1	1	24	7	46	7	
河　　北	83	74	53	13	39	4		2	11	157	8	48	5	111	5	7	6	4	53	114	199	8	5	216	87	71	67	2
国家定点厂合计	16	18	7	7	18				4	38	3	22		34	2	3	2	1	24	35	44	3		93	33	13	17	
其中:直属厂小计	3	4	1	5	8						2	12		11				1	15	16	3			32	7	8	6	
非直属厂小计	13	14	6	2	10				4	38	1	10		23	2	3	2		9	19	41	3		61	26	5	11	
省级定点厂合计	67	56	46	6	21	4		2	7	119	5	26	5	77	3	4	4	3	29	79	155	5	5	123	54	58	50	2
山　　西	17	19	4	6	9				3	34	6	9	3	25		1	1	3	17	24	38		9	26	20	11	10	1
国家定点厂合计	4	4	3	5	5				3		6	5	1	7		1		3	12	12	11		7	10	11	6	3	1
其中:直属厂小计	3	3	3	4	4						4	5		7		1		3	12	10	6		7	9	10	5	2	1
非直属厂小计	1	1		1	1				3		2		1							2	5			1	1	1	1	
省级定点厂合计	13	15	1	1	4					34		4	2	18			1		5	12	27		2	16	9	5	7	
内　蒙　古	15	15	3	4	12					19	7	3		7					8	23	36	1	5	38	20	16	12	1
国家定点厂合计	5	7	2	3	6					3	6	2		5					5	12	9		4	15	11	7	7	1
其中:直属厂小计	1	3		1	2						2			2					2	3	3		2	4	3	3	2	
非直属厂小计	4	4	2	2	4					3	4	2		3					3	9	6		2	11	8	4	5	1
省级定点厂合计	10	8	1	1	6					16	1	1		2					3	11	27	1	1	23	9	9	5	

	厂家数	激光照排系统	整页拼版设备	电子分色机	胶印打样机	凸版印刷机 圆压圆 全张卷筒纸	凸版印刷机 圆压圆 全张双面	凸版印刷机 圆压圆 全张单面	凸版印刷机 圆压平 全张平台	凸版印刷机 圆压平 对开平台	平版印刷机 卷筒纸 全张	平版印刷机 卷筒纸 对开	平版印刷机 平版纸 全张双面单色	平版印刷机 平版纸 对开双面单色	平版印刷机 平版纸 全张四色及以上	平版印刷机 平版纸 全张双色	平版印刷机 平版纸 全张单色	平版印刷机 平版纸 对开五色及以上	平版印刷机 平版纸 对开四色	平版印刷机 平版纸 对开双色	平版印刷机 平版纸 对开单色	凹版印刷机	全张折页机	对开折页机	锁线机	骑马联动订书机	平装无线胶订联动机	精装联动机
辽宁	30	41	26	15	27	6	2	18	2	68	16	43	6	16	1			9	26	43	70	18	19	49	72	43	22	3
国家定点厂合计	13	19	5	10	15	4		6	2	19	15	30	6	11				8	22	25	26	8	17	26	50	21	11	3
其中:直属厂小计	3	6	2	4	5						6	9	4	5				6	8	4	2		7	14	20	8	2	3
非直属厂小计	10	13	3	6	10	4		6	2	19	9	21	2	6				2	14	21	24	8	10	12	30	13	9	
省级定点厂合计	17	22	21	5	12	2	2	12		49	1	13		5	1			1	4	18	44	10	2	23	22	22	11	
吉林	27	19	2	4	8					10	13	15	4	13	2				11	13	75	14	14	27	41	20	18	2
国家定点厂合计	7	6		4	5					1	12	14	4	5	2				8	10	35	1	14	13	25	8	6	2
其中:直属厂小计	3	4		4	5						11	12	4	5	2				8	4	18	1	14	11	19	7	3	2
非直属厂小计	4	2								1	1	2								6	17			2	6	1	3	
省级定点厂合计	20	13	2		3					9	1	1		8					3	3	40	13		14	16	12	12	
黑龙江	21	32	3	7	14					28	2	21		17	3	1	2	2	17	24	64	1	4	47	31	27	12	
国家定点厂合计	7	9	1	4	7					6	1	14		13			2		12	14	19	1	4	27	18	10	4	
其中:直属厂小计	2	3	1	2	3					1		9		8					9	7	4		2	20	8	4	1	
非直属厂小计	5	6		2	4					5	1	5		5			2		3	7	15	1	2	7	10	6	3	
省级定点厂合计	14	23	2	3	7					22	1	7		4	3	1		2	5	10	45			20	13	17	8	
上海	46	33	4	18	28				4	20	6	15	13	35	5		1	19	40	23	131	7	21	25	56	27	9	4
国家定点厂合计	17	13	2	13	18					3	6	13	13	22	4		1	7	29	13	43	2	21	13	38	15	5	4
其中:直属厂小计	14	11	1	11	14						6	13	13	18	3		1	3	26	9	41		21	13	35	15	4	4
非直属厂小计	3	2	1	2	4					3				4	1			4	3	4	2	2			3		1	
省级定点厂合计	29	20	2	5	10				4	17		2		13	1			12	11	10	88	5		12	18	12	4	

	厂家数	激光照排系统	整页拼版设备	电子分色机	胶印打样机	凸版印刷机					平版印刷机											凹版印刷机	全张折页机	对开折页机	锁线机	骑马联动订书机	平装无线胶订联动机	精装联动机
						圆压圆			圆压平		卷筒纸		平版纸															
						全张卷筒纸	全张双面	全张单面	全张平台	对开平台	全张	对开	全张双面单色	对开双面单色	全张四色及以上	全张双色	全张单色	对开五色及以上	对开四色	对开双色	对开单色							
江　　苏	61	61	16	14	25			3	3	109	9	32	4	73	6	6	4	3	52	112	210	19	3	167	133	120	53	6
国家定点厂合计	13	17	4	9	15					9	9	20	3	23	3			2	31	31	34	3	1	48	38	27	10	4
其中:直属厂小计	3	4	1	2	5						9	6	3	6					10	8	7			13	8	5	5	1
非直属厂小计	10	13	3	7	10					9		14		17	3			2	21	23	27	3	1	35	30	22	5	3
省级定点厂合计	48	44	12	5	10			3	3	100		12	1	50	3	6	4	1	21	81	176	16	2	119	95	93	43	2
浙　　江	33	30	6	6	16			2	1	39		5	10	32	3	1		11	22	66	101	4	6	82	65	51	13	
国家定点厂合计	9	9		2	9					17		2	2	21	1			3	10	25	27		6	38	28	7	3	
其中:直属厂小计	1	1			4							2	2	5				1	4	5	3		3	8	8	2	1	
非直属厂小计	8	8		2	5					17				16	1			2	6	20	24		3	30	20	5	2	
省级定点厂合计	24	21	6	4	7			2	1	22		3	8	11	2	1		8	12	41	74	4		44	37	44	10	
安　　徽	39	39	11	10	13	1		3	1	37	13	34	8	40	2	2	5	4	25	32	89	1	16	59	48	51	30	5
国家定点厂合计	7	4	1	4	5	1					7	10	3	8	1			2	7	8	11		6	14	19	6	6	1
其中:直属厂小计	2	2		3	2						4	6		6	1			2	4	4	3			6	10	3	2	1
非直属厂小计	5	2	1	1	3	1					3	4	3	2					3	4	8		6	8	9	3	4	
省级定点厂合计	32	35	10	6	8			3	1	37	6	24	5	32	1	2	5	2	18	24	78	1	10	45	29	45	24	4
福　　建	28	44	5	5	14			1		17		40	1	16				2	19	44	51	4		26	28	60	5	1
国家定点厂合计	6	16	1	4	9			1		4		22		9				1	16	21	8			12	12	13	4	1
其中:直属厂小计	2	3		3	5							7		3					7	7				3	4	6	1	1
非直属厂小计	4	13	1	1	4			1		4		15		6				1	9	14	8			9	8	7	3	
省级定点厂合计	22	28	4	1	5					13		18	1	7				1	3	23	43	4		14	16	47	1	

	厂家数	激光照排系统	整页拼版设备	电子分色机	胶印打样机	凸版印刷机					平版印刷机											凹版印刷机	全张折页机	对开折页机	锁线机	骑马联动订书机	平装无线胶订联动机	精装联动机
						圆压圆			圆压平		卷筒纸		平版纸															
						全张卷筒纸	全张双面	全张单面	全张平台	对开平台	全张	对开	全张双面单色	对开双面单色	全张四色及以上	全张双色	全张单色	对开五色及以上	对开四色	对开双色	对开单色							
江　西	31	23	6	4	16					38	6	21		21				3	28	27	105	5	2	38	36	39	9	5
国家定点厂合计	10	11	3	3	11					10	5	18		11				2	20	14	53	1	2	23	24	14	5	1
其中:直属厂小计	3	3	3	2	3					2		14		6					11	3	23		2	7	11	3	2	
非直属厂小计	7	8		1	8					8	5	4		5				2	9	11	30	1		16	13	11	3	1
省级定点厂合计	21	12	3	1	5					28	1	3		10				1	8	13	52	4		15	12	25	4	4
山　东	79	119	39	27	50			4	5	93	23	68	13	76	9	6	7	11	64	115	198	14	3	97	105	111	87	12
国家定点厂合计	19	41	7	15	17			1	1	20	17	35	10	29	2			10	44	39	42	3		35	52	29	28	9
其中:直属厂小计	5	9	2	9	8						11	11	2	14	1			8	22	18	7			18	22	7	6	8
非直属厂小计	14	32	5	6	9			1	1	20	6	24	8	15	1			2	22	21	35	3		17	30	22	22	1
省级定点厂合计	60	78	32	12	33			3	4	73	6	33	3	47	7	6	7	1	20	76	156	11	3	62	53	82	59	3
河　南	61	58	45	12	24	6	1	3	3	95	13	49	3	64	4	7	4	4	58	95	145	13	1	72	50	70	29	3
国家定点厂合计	14	17	3	4	10			1	1	30	12	18	2	15	2	6	3	1	33	40	36	9	1	40	20	19	7	2
其中:直属厂小计	2	2	2	2	2						5	10		8	1				10	4	5			6	5	3	4	1
非直属厂小计	12	15	1	2	8			1	1	30	7	8	2	7	1	6	3	1	23	36	31	9	1	34	15	16	3	1
省级定点厂合计	47	41	42	8	14	6	1	2	2	65	1	31	1	49	2	1	1	3	25	55	109	4		32	30	51	22	1
湖　北	46	60	26	7	29	1		2		74	21	65	4	48	2	2		6	45	60	105	3	9	101	69	54	47	4
国家定点厂合计	17	24	5	4	14			2		15	18	34	1	23	1	1		3	32	29	32		5	49	38	28	21	4
其中:直属厂小计	1	2	1	2	2					1	6	2		3	1				6	6	2			7	6		2	2
非直属厂小计	16	22	4	2	12			2		14	12	32	1	20		1		3	26	23	30		5	42	32	28	19	2
省级定点厂合计	29	36	21	3	15	1				59	3	31	3	25	1	1		3	13	31	73	3	4	52	31	26	26	

	厂家数	激光照排系统	整页拼版设备	电子分色机	胶印打样机	凸版印刷机					平版印刷机											凹版印刷机	全张折页机	对开折页机	锁线机	骑马联动订书机	平装无线胶订联动机	精装联动机
						圆压圆			圆压平		卷筒纸		平版纸															
						全张卷筒纸	全张双面	全张单面	全张平台	对开平台	全张	对开	全张双面单色	对开双面单色	全张四色及以上	全张双色	全张单色	对开五色及以上	对开四色	对开双色	对开单色							
湖南	41	47	4	9	21					23	4	51	4	60		1			31	38	58	10	2	50	55	48	15	6
国家定点厂合计	13	19	4	7	8					7		33	2	31					23	22	26	5	2	32	36	21	9	2
其中:直属厂小计	3	5	3	4	4							16	2	12					14	6	7		2	12	18	10	4	2
非直属厂小计	10	14	1	3	4					7		17		19					9	16	19	5		20	18	11	5	
省级定点厂合计	28	28		2	13					16	4	18	2	29		1			8	16	32	5		18	19	27	6	4
广东	63	76	43	23	29	1				46	30	98	5	15	4	2	1	11	92	85	51	3	2	106	62	99	53	9
国家定点厂合计	16	14	4	10	15	1				14	2	50		9	2			4	35	25	8	1		39	29	42	15	6
其中:直属厂小计	2	3	1	2	3	1						13		1					7	3				6	6	5	3	
非直属厂小计	14	11	3	8	12					14	2	37		8	2			4	28	22	8	1		33	23	37	12	6
省级定点厂合计	47	62	39	13	14					32	28	48	5	6	2	2	1	7	57	60	43	2	2	67	33	57	38	3
广西	25	59	31	13	19					43	1	53	2	24	1		2	4	18	45	59	2	3	42	31	43	14	3
国家定点厂合计	8	23	1	5	7					20		20		16			1	2	11	15	26	1	1	26	22	12	8	2
其中:直属厂小计	2	2		2	3							11		7					4	7	8			8	8	5	2	1
非直属厂小计	6	21	1	3	4					20		9		9			1	2	7	8	18	1	1	18	14	7	6	1
省级定点厂合计	17	36	30	8	12					23	1	33	2	8	1		1	2	7	30	33	1	2	16	9	31	6	1
海南	10	22	19	4	3	1			2	6	3	8	2	1		2	3	1	7	14	9	6		9	7	19	8	1
国家定点厂合计	2	3	16	1	1							5						1	1	2	1			1	2	1		
其中:直属厂小计																												
非直属厂小计	2	3	16	1	1							5						1	1	2	1			1	2	1		
省级定点厂合计	8	19	3	3	2	1			2	6	3	3	2	1		2	3		6	12	8	6		8	5	18	8	1

	厂家数	激光照排系统	整页拼版设备	电子分色机	胶印打样机	凸版印刷机					平版印刷机											凹版印刷机	全张折页机	对开折页机	锁线机	骑马联动订书机	平装无线胶订联动机	精装联动机
							圆压圆		圆压平		卷筒纸		平版纸															
						全张卷筒纸	全张双面	全张单面	全张平台	对开平台	全张	对开	全张双面单色	对开双面单色	全张四色及以上	全张双色	全张单色	对开五色及以上	对开四色	对开双色	对开单色							
重　　庆	6	12	1	2	2					4		17		7					7	14	15			26	11	4	1	1
国家定点厂合计	3	3	1	2	2					4		11		6					7	9	7			16	7	3	1	1
其中:直属厂小计	2	2	1	2	2							11		3					6	9	5			14	6	3	1	1
非直属厂小计	1	1								4				3					1		2			2	1			
省级定点厂合计	3	9										6		1						5	8			10	4	1		
四　　川	23	33	6	10	22	1	1	1	9	35	13	28	5	15				6	42	57	61	2	2	85	50	30	7	
国家定点厂合计	12	14	2	9	17	1	1	1	2	18	9	21	3	9				5	30	36	42	2	2	47	38	20	4	
其中:直属厂小计	2	2		4	4						2	2	3	4				2	12	9	14			14	8	6	1	
非直属厂小计	10	12	2	5	13	1	1	1	2	18	7	19		5				3	18	27	28	2	2	33	30	14	3	
省级定点厂合计	11	19	4	1	5				7	17	4	7	2	6				1	12	21	19			38	12	10	3	
贵　　州	13	10	5	4	9			2	10	23	5	5	4	25	7	1			15	34	17	1	10	20	24	19	7	1
国家定点厂合计	3	2		2	3			1	1	9	5	4		10	3				7	9	1		10	11	13	3	1	
其中:直属厂小计	2	1		2	2					5	5	4		9					7	9	1		10	8	12	3	1	
非直属厂小计	1	1			1			1	1	4				1	3									3	1			
省级定点厂合计	10	8	5	2	6			1	9	14		1	4	15	4	1			8	25	16	1		9	11	16	6	1
云　　南	24	28	5	6	12			1		27	7	24		14		2		1	11	27	49	3	1	41	18	39	10	1
国家定点厂合计	4	4	2	2	6						6	12		9					7	9	5		1	19	9	9	6	1
其中:直属厂小计	3	3	1	1	4							12		7					7	9	4			18	6	6	4	1
非直属厂小计	1	1	1	1	2						6			2							1		1	1	3	3	2	
省级定点厂合计	20	24	3	4	6			1		27	1	12		5		2		1	4	18	44	3		22	9	30	4	

	厂家数	激光照排系统	整页拼版设备	电子分色机	胶印打样机	凸版印刷机 圆压圆 全张卷筒纸	凸版印刷机 圆压圆 全张双面	凸版印刷机 圆压圆 全张单面	凸版印刷机 圆压平 全张平台	凸版印刷机 圆压平 对开平台	平版印刷机 卷筒纸 全张	平版印刷机 卷筒纸 对开	平版印刷机 平版纸 全张双面单色	平版印刷机 平版纸 对开双面单色	平版印刷机 平版纸 全张四色及以上	平版印刷机 平版纸 全张双色	平版印刷机 平版纸 全张单色	平版印刷机 平版纸 对开五色及以上	平版印刷机 平版纸 对开四色	平版印刷机 平版纸 对开双色	平版印刷机 平版纸 对开单色	凹版印刷机	全张折页机	对开折页机	锁线机	骑马联动订书机	平装无线胶订联动机	精装联动机
西　藏	2	6	1	2	2	2	2	1	3	1	1	1	2	5		1	1	1	2	3	5		5	5	3	1	1	
国家定点厂合计	2	6	1	2	2	2	2	1	3	1	1	1	2	5		1	1	1	2	3	5		5	5	3	1	1	
其中:直属厂小计	1	3		1	1					1				4					2	2	3		4	2	2			
非直属厂小计	1	3	1	1	1	2	2	1	3		1	1	2	1		1	1	1		1	2		1	3	1	1	1	
省级定点厂合计																												
陕　西	25	29	7	11	28					15	10	18	1	20	5	4		5	27	38	125	6	2	35	46	42	23	2
国家定点厂合计	8	9	4	5	13					4	10	13		16	1			4	22	21	59	1	2	27	33	16	17	2
其中:直属厂小计	3	2	2	3	6					4	8	12		4	1			3	11	9	25			10	14	8	6	1
非直属厂小计	5	7	2	2	7						2	1		12				1	11	12	34	1	2	17	19	8	11	1
省级定点厂合计	17	20	3	6	15					11		5	1	4	4	4		1	5	17	66	5		8	13	26	6	
甘　肃	11	15	8	4	12	2	2	6	2	24	2	12	3	2	2		1		12	15	26	3	14	21	28	22	11	1
国家定点厂合计	6	11	8	4	8	2	2	6	1	16	2	12	2	1	2		1		11	11	15	2	14	18	21	12	6	1
其中:直属厂小计	2	2	2	3	3	2	2	2	1	2	2	5	2	1			1		8	7	3		10	8	10	6	2	1
非直属厂小计	4	9	6	1	5			4		14		7			2				3	4	12	2	4	10	11	6	4	
省级定点厂合计	5	4			4				1	8			1	1					1	4	11	1		3	7	10	5	
青　海	9	11		1	1				5	13	2	4		4					2	6	8	3	3	6	11	6	4	
国家定点厂合计	3	5		1	1				5	4	2	4		1					2	5	5		3	5	8	2	2	
其中:直属厂小计	1	2		1	1							1		1					2	2	1		1	1	3	1		
非直属厂小计	2	3							5	4	2	3								3	4		2	4	5	1	2	
省级定点厂合计	6	6								9				3						1	3	3		1	3	4	2	

	厂家数	激光照排系统	整页拼版设备	电子分色机	胶印打样机	凸版印刷机					平版印刷机											凹版印刷机	全张折页机	对开折页机	锁线机	骑马联动订书机	平装无线胶订联动机	精装联动机
						圆压圆			圆压平		卷筒纸		平版纸															
						全张卷筒纸	全张双面	全张单面	全张平台	对开平台	全张	对开	全张双面单色	对开双面单色	全张四色及以上	全张双色	全张单色	对开五色及以上	对开四色	对开双色	对开单色							
宁　　夏	8	8	4	3	3					4		4		2					2	6	13	7		9	2	6	5	
国家定点厂合计	2	3		2	1							3							1	1	4			3		1	2	
其中:直属厂小计	1	1		1	1							1							1	1	3			3		1	1	
非直属厂小计	1	2		1								2									1						1	
省级定点厂合计	6	5	4	1	2					4		1		2					1	5	9	7		6	2	5	3	
新　　疆	27	30	13	2	10	1		2	2	16	4	21		16				2	6	23	34	4	2	28	25	22	11	
国家定点厂合计	4	6		1	4	1		2	2	1	4	4		6				2	6	9	5	1	1	14	11	6	4	
其中:直属厂小计	3	4		1	3	1		2	2	1	2	3		6				2	5	7	4	1	1	12	9	4	3	
非直属厂小计	1	2			1						2	1							1	2	1			2	2	2	1	
省级定点厂合计	23	24	13	1	6					15		17		10						14	29	3	1	14	14	16	7	
台　　湾																												

国家定点书刊印刷企业主要财务经济指标(一)

单位:万元

	企业单位数(个)		产品销售收入	产品销售成本	产品销售费用	产品销售税金及附加	管理费用	财务费用	
	合计	亏损企业						合计	其中:利息支出
全国总计	**301**	**76**	**650245.47**	**483664.66**	**13859.72**	**5308.97**	**140818.8**	**23135.74**	**23151.14**
其中:直属厂小计	**84**	**11**	**250912.84**	**179702.23**	**3422.33**	**2320.63**	**64733.44**	**6666.58**	**6722.98**
非直属厂小计	**217**	**65**	**399332.63**	**303962.43**	**10437.39**	**2988.34**	**76085.37**	**16469.16**	**16428.16**
中央	**36**	**8**	**64391.92**	**50360.7**	**900.8**	**468**	**22438.45**	**1219.1**	**1372**
其中:直属厂小计	**5**	**1**	**9531.7**	**7457.7**	**103**	**92.7**	**4829.5**	**420.7**	**405.9**
非直属厂小计	**31**	**7**	**54860.22**	**42903**	**797.8**	**375.3**	**17608.95**	**798.4**	**966.1**
地方	**265**	**68**	**585853.55**	**433303.96**	**12958.92**	**4840.97**	**118380.3**	**21916.64**	**21779.14**
其中:直属厂小计	**79**	**10**	**241381.14**	**172244.53**	**3319.33**	**2227.93**	**59903.94**	**6245.88**	**6317.08**
非直属厂小计	**186**	**58**	**344472.41**	**261059.43**	**9639.59**	**2613.04**	**58476.42**	**15670.76**	**15462.06**
北京	9	2	18772.80	13473.40	119.70	152.70	5695.70	178.00	181.50
其中:直属厂小计									
非直属厂小计	9	2	18772.80	13473.40	119.70	152.70	5695.70	178.00	181.50
天津	7		39668.90	24303.10	431.00	361.70	4180.80	302.80	304.80
其中:直属厂小计	4		9947.10	7536.80	143.00	65.30	2112.10	90.10	90.80
非直属厂小计	3		29721.80	16766.30	288.00	296.40	2068.70	212.70	214.00
河北	16	7	21710.80	16155.10	319.90	207.50	5690.50	592.00	533.00
其中:直属厂小计	3		11609.50	7701.90	25.50	138.60	3455.80	253.30	252.30
非直属厂小计	13	7	10101.30	8453.20	294.40	68.90	2234.70	338.70	280.70
山西	4		8338.19	6252.24	32.23	116.50	2162.58	192.98	166.80
其中:直属厂小计	3		7911.50	5896.00	14.50	116.50	2047.70	182.80	166.80
非直属厂小计	1		426.69	356.24	17.73		114.88	10.18	
内蒙古	5	2	4489.70	3037.50	80.10	33.10	1537.20	362.20	364.40
其中:直属厂小计	1	1	716.00	542.00		5.00	436.00	78.00	78.00
非直属厂小计	4	1	3773.70	2495.50	80.10	28.10	1101.20	284.20	286.40
辽宁	13	6	27430.60	19444.10	1075.50	265.20	7320.60	2968.00	2917.00
其中:直属厂小计	3	1	12270.00	7982.00	424.00	157.00	2894.00	890.00	890.00
非直属厂小计	10	5	15160.60	11462.10	651.50	108.20	4426.60	2078.00	2027.00
吉林	7	2	10204.00	7278.00	102.00	84.00	2129.50	142.00	127.00
其中:直属厂小计	3		8676.00	6005.00	86.00	76.00	1903.00	111.00	111.00
非直属厂小计	4	2	1528.00	1273.00	16.00	8.00	226.50	31.00	16.00
黑龙江	7	2	11756.00	8785.00	809.00	103.30	2334.00	229.70	221.00
其中:直属厂小计	2		6069.00	4099.00		75.00	1688.00	32.00	31.00
非直属厂小计	5	2	5687.00	4686.00	809.00	28.30	646.00	197.70	190.00

	企业单位数(个)		产品销售收入	产品销售成本	产品销售费用	产品销售税金及附加	管理费用	财务费用	
	合计	亏损企业						合计	其中:利息支出
上海	17	4	42489.07	32264.01	653.80	280.20	9616.67	1285.74	1286.30
其中:直属厂小计	14	3	26313.70	19534.10	422.80	210.90	7136.90	614.60	614.30
非直属厂小计	3	1	16175.37	12729.91	231.00	69.30	2479.77	671.14	672.00
江苏	13	1	32798.91	24491.12	948.19	289.81	6062.57	899.83	792.48
其中:直属厂小计	3		8539.00	6183.00	76.00	78.00	1987.00	68.00	68.00
非直属厂小计	10	1	24259.91	18308.12	872.19	211.81	4075.57	831.83	724.48
浙江	9	2	23046.63	20299.61	246.07	146.75	3700.81	6.25	82.15
其中:直属厂小计	1		8576.60	7586.20	44.60	16.90	1496.60	−154.90	−155.70
非直属厂小计	8	2	14470.03	12713.41	201.47	129.85	2204.21	161.15	237.85
安徽	7	3	10805.50	8108.20	73.20	109.40	2626.90	168.30	154.70
其中:直属厂小计	2		7578.70	5693.90	44.30	78.30	1718.70	22.00	8.40
非直属厂小计	5	3	3226.80	2414.30	28.90	31.10	908.20	146.30	146.30
福建	6		17043.00	12924.00	297.00	196.00	2855.00	491.00	490.00
其中:直属厂小计	2		4802.00	3663.00	50.00	63.00	1087.00	81.00	76.00
非直属厂小计	4		12241.00	9261.00	247.00	133.00	1768.00	410.00	414.00
江西	10	4	22463.40	16184.20	363.20	151.70	4204.70	1599.30	1589.20
其中:直属厂小计	3	1	6830.00	4531.00	69.00	69.00	1859.00	365.00	356.00
非直属厂小计	7	3	15633.40	11653.20	294.20	82.70	2345.70	1234.30	1233.20
山东	19	2	47020.90	34589.42	1102.90	469.68	9694.51	3401.13	3397.15
其中:直属厂小计	5	1	18484.50	12715.10	154.30	148.50	5129.40	468.40	467.30
非直属厂小计	14	1	28536.40	21874.32	948.60	321.18	4565.11	2932.73	2929.85
河南	13	6	29715.40	22465.50	520.90	272.70	6312.30	983.90	986.90
其中:直属厂小计	2		10904.00	7413.00	5.00	130.00	3739.00	203.00	202.00
非直属厂小计	11	6	18811.40	15052.50	515.90	142.70	2573.30	780.90	784.90
湖北	17	3	23623.70	16770.20	726.24	155.80	5706.40	737.60	777.80
其中:直属厂小计	1		4892.00	3116.00	360.00	48.00	1571.00	−22.00	−22.00
非直属厂小计	16	3	18731.70	13654.20	366.24	107.80	4135.40	759.60	799.80
湖南	13	5	23547.29	17454.33	364.45	242.96	5599.52	564.08	560.25
其中:直属厂小计	3		12020.51	8179.08	175.07	187.10	3564.81	210.18	210.18
非直属厂小计	10	5	11526.78	9275.25	189.38	55.86	2034.71	353.90	350.07
广东	16	3	39714.43	30704.78	1039.80	201.70	7513.69	1184.46	1088.65
其中:直属厂小计	2		7954.00	5938.00	110.00	28.00	1709.00	68.00	32.00
非直属厂小计	14	3	31760.43	24766.78	929.80	173.70	5804.69	1116.46	1056.65

	企业单位数(个)		产品销售收入	产品销售成本	产品销售费用	产品销售税金及附加	管理费用	财务费用	
	合计	亏损企业						合计	其中:利息支出
广　　西	8	3	14567.48	10823.23	450.30	110.09	3191.19	701.74	709.33
其中:直属厂小计	2		6801.50	4764.80	183.30	69.10	1712.70	170.60	180.30
非直属厂小计	6	3	7765.98	6058.43	267.00	40.99	1478.49	531.14	529.03
海　　南	2	1	4358.30	3528.60	24.00	66.60	349.70		
其中:直属厂小计									
非直属厂小计	2	1	4358.30	3528.60	24.00	66.60	349.70		
重　　庆	3	1	4497.00	2924.00	64.00	87.00	2061.00	226.00	226.00
其中:直属厂小计	2	1	4143.00	2706.00	62.00	81.00	1956.00	226.00	226.00
非直属厂小计	1		354.00	218.00	2.00	6.00	105.00		
四　　川	12	3	36234.80	28130.20	1894.40	311.50	4985.10	2014.80	1991.80
其中:直属厂小计	2		5458.60	3634.50	141.30	80.50	1428.50	332.40	328.50
非直属厂小计	10	3	30776.20	24495.70	1753.10	231.00	3556.60	1682.40	1663.30
贵　　州	3		4547.00	3025.00	19.00	52.00	1325.00	153.00	151.00
其中:直属厂小计	2		4192.00	2797.00		50.00	1225.00	129.00	129.00
非直属厂小计	1		355.00	228.00	19.00	2.00	100.00	24.00	22.00
云　　南	4		12269.64	6775.67	62.60	101.94	2296.17	182.17	235.10
其中:直属厂小计	3		9631.20	4589.60	62.60	84.90	1865.50	159.20	212.20
非直属厂小计	1		2638.44	2186.07		17.04	430.67	22.97	22.90
西　　藏	2	1	1686.68	1449.00	7.24	9.07	318.30	38.70	38.70
其中:直属厂小计	1		1336.00	1180.00		7.00	177.80	38.70	38.70
非直属厂小计	1	1	350.68	269.00	7.24	2.07	140.50		
陕　　西	8	2	31019.60	25746.78	692.73	116.30	3465.30	1303.87	1407.54
其中:直属厂小计	3		24141.94	20576.86	519.03	64.30	2414.58	799.53	900.30
非直属厂小计	5	2	6877.66	5169.92	173.70	52.00	1050.72	504.34	507.24
甘　　肃	6	1	11737.65	8461.72	259.04	78.54	2039.59	734.52	730.29
其中:直属厂小计	2	1	5150.00	3192.00	58.00	43.00	991.00	582.00	578.00
非直属厂小计	4		6587.65	5269.72	201.04	35.54	1048.59	152.52	152.29
青　　海	3	1	2264.10	1805.10	58.10	11.60	616.20	18.30	18.30
其中:直属厂小计	1		748.70	539.70	36.70	7.40	235.60	14.70	14.70
非直属厂小计	2	1	1515.40	1265.40	21.40	4.20	380.60	3.60	3.60
宁　　夏	2	1	1247.39	958.86	1.40	3.40	316.61	84.00	84.00
其中:直属厂小计	1	1	314.40	270.00	1.40	3.40	182.00	84.00	84.00
非直属厂小计	1		932.99	688.86			134.61		
新　　疆	4		6784.69	4691.99	120.93	52.23	2472.25	170.27	166.00
其中:直属厂小计	3		5369.69	3678.99	50.93	46.23	2180.25	149.27	149.00
非直属厂小计	1		1415.00	1013.00	70.00	6.00	292.00	21.00	17.00
台　　湾									

国家定点书刊印刷企业主要财务经济指标(二)

单位:万元

	盈利企业利润总额	亏损企业亏损额	平均流动资产	产成品存货	固定资产净值平均余额	平均营运资金	工业中间物质消耗价值	工业增加值(现行价格)	全部职工年平均人数(人)
全国总计	**34691.67**	**15471.41**	**535600.16**	**101422.86**	**770516.81**	**24719.29**	**414141.46**	**310909.24**	**151626**
其中:直属厂小计	**7424.04**	**3036.40**	**184616.37**	**38519.89**	**348156.63**	**7094.82**	**138042.00**	**136647.84**	**60861**
非直属厂小计	**27267.63**	**12435.01**	**350983.79**	**62902.97**	**422360.18**	**17624.47**	**276099.46**	**174261.40**	**90765**
中央	**3397.30**	**1728.58**	**57352.70**	**10416.20**	**105874.00**	**18405.75**	**41560.37**	**37807.39**	**16212.00**
其中:直属厂小计	**456.90**	**482.40**	**12062.50**	**2445.60**	**25360.20**	**4147.60**	**3421.60**	**7543.70**	**3853.00**
非直属厂小计	**2940.40**	**1246.18**	**45290.20**	**7970.60**	**80513.80**	**14258.15**	**38138.77**	**30263.69**	**12359.00**
地方	**31294.37**	**13742.83**	**478247.46**	**91006.66**	**664642.81**	**6313.54**	**372581.09**	**273101.85**	**135414**
其中:直属厂小计	**6967.14**	**2554.00**	**172553.87**	**36074.29**	**322796.43**	**2947.22**	**134620.40**	**129104.14**	**57008**
非直属厂小计	**24327.23**	**11188.83**	**305693.59**	**54932.37**	**341846.38**	**3366.32**	**237960.69**	**143997.71**	**78406**
北京	543.50	414.70	17130.20	2466.50	25721.40	−104.50	9900.80	11373.80	3937
其中:直属厂小计									
非直属厂小计	543.50	414.70	17130.20	2466.50	25721.40	−104.50	9900.80	11373.80	3937
天津	14033.80		56917.50	1837.10	23204.40	24672.00	9972.40	27773.40	3693
其中:直属厂小计	342.20		5643.20	911.50	9780.60	133.00	5275.80	5428.00	2204
非直属厂小计	13691.60		51274.30	925.60	13423.80	24539.00	4696.60	22345.40	1489
河北	249.92	1025.10	16828.80	3018.80	32287.40	−5927.90	17867.10	11190.70	7468
其中:直属厂小计	156.70		7561.70	179.40	20835.30	−3672.50	4648.60	7267.20	2735
非直属厂小计	93.22	1025.10	9267.10	2839.40	11452.10	−2255.40	13218.50	3923.50	4733
山西	298.74		4153.36	638.43	9396.90	−2419.50	3082.00	5680.79	2294
其中:直属厂小计	234.60		3435.00	354.89	9396.90	−2419.50	3082.00	5160.19	2130
非直属厂小计	64.14		718.36	283.54				520.60	164
内蒙古	4.40	575.50	4347.90	1490.60	8562.50	−1282.90	2836.60	1711.20	2385
其中:直属厂小计		398.00	1720.00	507.00	2749.00	−2058.00	419.00	425.00	625
非直属厂小计	4.40	177.50	2627.90	983.60	5813.50	775.10	2417.60	1286.20	1760
辽宁	656.30	3181.20	26506.60	6310.00	51400.80	−5134.00	19611.40	7976.40	8492
其中:直属厂小计	636.00	386.00	11857.00	2768.00	25666.00	2775.00	6972.00	7255.00	2692
非直属厂小计	20.30	2795.20	14649.60	3542.00	25734.80	−7909.00	12639.40	721.40	5800
吉林	663.00	11.30	9903.00	3698.00	7302.00	1895.00	6163.00	4611.00	3299
其中:直属厂小计	635.00		6868.00	2341.00	6336.00	1655.00	4958.00	4171.00	2086
非直属厂小计	28.00	11.30	3035.00	1357.00	966.00	240.00	1205.00	440.00	1213
黑龙江	376.00	668.00	11137.00	3850.00	20143.00	1265.00	9636.00	6042.00	5145
其中:直属厂小计	366.00		5682.00	2203.00	13437.00	1583.00	3321.00	4338.00	2556
非直属厂小计	10.00	668.00	5455.00	1647.00	6706.00	−318.00	6315.00	1704.00	2589

	盈利企业利润总额	亏损企业亏损额	平均流动资产	产成品存货	固定资产净值平均余额	平均营运资金	工业中间物质消耗价值	工业增加值(现行价格)	全部职工年平均人数(人)
上海	1043.40	325.26	37981.77	4257.65	33283.44	6865.05	25500.20	18793.10	6102
其中:直属厂小计	803.40	227.60	19332.50	1621.80	23708.70	1793.30	14753.20	13522.10	5036
非直属厂小计	240.00	97.66	18649.27	2635.85	9574.74	5071.75	10747.00	5271.00	1066
江苏	1944.08	105.00	20772.42	2899.00	36494.32	−2714.51	18186.10	17002.90	6230
其中:直属厂小计	879.00		6498.00	1035.00	10429.00	741.00	2378.00	6115.00	1846
非直属厂小计	1065.08	105.00	14274.42	1864.00	26065.32	−3455.51	15808.10	10887.90	4384
浙江	1254.35	456.00	16163.33	1461.52	12673.61	5565.19	15553.98	9296.35	3093
其中:直属厂小计	61.00		9176.50	170.80	4738.80	3902.70	6279.20	3715.20	901
非直属厂小计	1193.35	456.00	6986.83	1290.72	7934.81	1662.49	9274.78	5581.15	2192
安徽	434.70	374.10	8910.80	841.70	10019.60	1341.30	9845.90	4700.30	3260
其中:直属厂小计	316.70		5271.10	129.80	7411.10	1956.40	4383.30	2990.80	1583
非直属厂小计	118.00	374.10	3639.70	711.90	2608.50	−615.10	5462.60	1709.50	1677
福建	981.00		7971.00	356.00	12922.00	−814.00	10890.00	6334.00	2953
其中:直属厂小计	256.00		3305.00	159.00	6964.00	−263.00	2476.00	2197.00	1211
非直属厂小计	725.00		4666.00	197.00	5958.00	−551.00	8414.00	4137.00	1742
江西	751.80	244.40	19219.90	2588.20	28751.50	−3416.10	22510.04	9418.69	7230
其中:直属厂小计	159.00	7.00	4931.00	1855.00	10317.00	−559.00	11167.00	3371.00	2655
非直属厂小计	592.80	237.40	14288.90	733.20	18434.50	−2857.10	11343.04	6047.69	4575
山东	857.56	2263.60	42782.35	12403.15	58459.66	−1360.20	40094.92	15706.38	10362
其中:直属厂小计	172.80	472.60	11856.60	3551.30	26909.20	−9051.60	8842.40	8988.10	4611
非直属厂小计	684.76	1791.00	30925.75	8851.85	31550.46	7691.40	31252.52	6718.28	5751
河南	1240.50	778.20	19902.20	6171.00	41856.10	−8639.60	19986.30	16057.70	8863
其中:直属厂小计	588.00		5986.00	1618.00	21261.00	−2574.00	4593.00	7427.00	2073
非直属厂小计	652.50	778.20	13916.20	4553.00	20595.10	−6065.60	15393.30	8630.70	6790
湖北	2313.50	385.00	19235.80	2540.70	31582.80	1189.30	19978.30	12256.00	6568
其中:直属厂小计	63.00		3777.00	468.00	6286.00	1348.00	2783.00	2227.00	1314
非直属厂小计	2250.50	385.00	15458.80	2072.70	25296.80	−158.70	17195.30	10029.00	5254
湖南	492.14	295.55	14637.27	3223.79	24008.04	−3981.56	16772.15	13976.48	6830
其中:直属厂小计	284.56		7447.38	308.00	14481.58	−2520.82	4867.51	8607.68	3233
非直属厂小计	207.58	295.55	7189.89	2915.79	9526.46	−1460.74	11904.64	5368.80	3597
广东	1108.80	341.00	29203.50	4894.22	42327.88	27.51	23609.00	19592.67	5983
其中:直属厂小计	498.00		5135.00	1413.00	13529.00	2732.00	3815.00	7036.00	840
非直属厂小计	610.80	341.00	24068.50	3481.22	28798.88	−2704.49	19794.00	12556.67	5143

	盈利企业利润总额	亏损企业亏损额	平均流动资产	产成品存货	固定资产净值平均余额	平均营运资金	工业中间物质消耗价值	工业增加值(现行价格)	全部职工年平均人数(人)
广　　西	63.48	268.00	13712.69	3260.25	18553.50	−2623.94	8439.94	6506.55	4446
其中:直属厂小计	40.00		4368.50	912.40	8358.70	−690.90	4378.40	3800.90	1509
非直属厂小计	23.48	268.00	9344.19	2347.85	10194.80	−1933.04	4061.54	2705.65	2937
海　　南	489.40	70.00	2947.20	96.00	6098.98	508.00	2787.01	1696.29	638
其中:直属厂小计									
非直属厂小计	489.40	70.00	2947.20	96.00	6098.98	508.00	2787.01	1696.29	638
重　　庆	105.00	823.00	3856.00	1302.00	11962.00	1673.00	2343.00	2618.00	2116
其中:直属厂小计	82.00	823.00	3584.00	1255.00	11559.00	1585.00	2128.00	2541.00	1993
非直属厂小计	23.00		272.00	47.00	403.00	88.00	215.00	77.00	123
四　　川	542.50	549.00	26252.70	9738.90	30184.70	−5279.70	14824.60	13241.60	7018
其中:直属厂小计	137.00		5757.00	3345.30	9378.20	386.20	2336.80	3262.60	1836
非直属厂小计	405.50	549.00	20495.70	6393.60	20806.50	−5665.90	12487.80	9979.00	5182
贵　　州	63.00		8124.00	1407.00	7760.00	2896.00	2550.00	3241.00	2156
其中:直属厂小计	60.00		7658.00	1297.00	7349.00	2894.00	2242.00	2927.00	1893
非直属厂小计	3.00		466.00	110.00	411.00	2.00	308.00	314.00	263
云　　南	138.96		6809.57	1627.00	14617.39	−2165.29	4133.20	2889.21	2291
其中:直属厂小计	72.80		5403.90	1627.00	10947.60	−2558.30	4133.20	1880.00	1825
非直属厂小计	66.16		1405.67		3669.79	393.01		1009.21	466
西　　藏	18.00	68.12	2455.35	103.60	4735.60	281.85	1005.00	695.10	435
其中:直属厂小计	18.00		1952.50		1938.80		808.00	528.00	320
非直属厂小计		68.12	502.85	103.60	2796.80	281.85	197.00	167.10	115
陕　　西	290.62	181.00	16465.03	4406.45	27464.95	4106.06	23004.85	11844.56	5318
其中:直属厂小计	71.80		11155.29	3773.50	17436.25	6214.34	18629.58	8535.64	3213
非直属厂小计	218.82	181.00	5309.74	632.95	10028.70	−2108.28	4375.27	3308.92	2105
甘　　肃	76.16	28.00	8004.12	2310.10	12413.64	1024.08	6242.32	6892.53	3463
其中:直属厂小计	2.00	28.00	3215.00	784.00	6081.00	1351.00	1758.00	3029.00	1544
非直属厂小计	74.16		4789.12	1526.10	6332.64	−326.92	4484.32	3863.53	1919
青　　海	15.10	100.00	1548.80	544.60	4468.80	498.30	900.00	897.00	824
其中:直属厂小计	0.50		722.40	316.20	1211.80	151.30	390.00	283.00	420
非直属厂小计	14.60	100.00	826.40	228.40	3257.00	347.00	510.00	614.00	404
宁　　夏	106.58	211.80	876.40	147.20	1943.50	−833.30	799.37	346.72	533
其中:直属厂小计		211.80	365.40	147.20	1685.50	−1089.30	211.80	122.30	427
非直属厂小计	106.58		511.00		258.00	256.00	587.57	224.42	106
新　　疆	138.08		3490.90	1117.20	14042.40	−797.10	3555.61	2739.43	1989
其中:直属厂小计	31.08		2888.90	1022.20	12614.40	−797.10	2590.61	1953.43	1697
非直属厂小计	107.00		602.00	95.00	1428.00		965.00	786.00	292
台　　湾									

全国出版系统销售收入情况

单位：万元

	全年销售收入					
	合计	出版	印刷	发行	物资	其他
全国总计	**6489452**	**1574589**	**253845**	**4109766**	**468143**	**83109**
中央	**168816**	**52015**	**14806**	**58981**	**43014**	
地方	**6320636**	**1522574**	**239039**	**4050785**	**425129**	**83109**
北京	122180	1001		120242	937	
天津	95487	20767	11158	46901	6921	9740
河北	343338	79092	11611	247960	2498	2177
山西	193694	40355	7989	123408	21792	150
内蒙古	64893	2276	716	61899		2
辽宁	153256	57125	12270	53008	29912	941
吉林	109253	24520	5074	71212	6961	1486
黑龙江	119924	27055	6068	82582	3547	672
上海	328471	104798	29700	177978	4400	11595
江苏	606756	135985	8540	386195	75217	820
浙江	360944	75587	8577	232476	43084	1220
安徽	325826	92080	7579	221901	3972	294
福建	133810	59745	4802	67488	1490	285
江西	239432	58130	6830	161049	13423	
山东	597899	107069	18485	385127	58527	28691
河南	477331	89191	10903	333693	42091	1453
湖北	176798	77281	4912	65370	29235	
湖南	323041	64922	12021	223824	21961	313
广东	240604	106102	7964	108681	6936	10921
广西	145301	52869	6801	66003	17016	2612
海南	34142	14937		19205		
重庆	152236	23522	4143	117176	1646	5749
四川	335802	78162	5459	245698	5790	693
贵州	103508	23518	4251	72991	2748	
云南	154087	33591	7129	110768		2599
西藏	4946	1354	1336	2256		
陕西	135945	29099	24139	68466	13667	574
甘肃	115162	30292	4150	79387	1333	
青海	8815	2180	749	5268	619	
宁夏	22986	6633	314	12049	3867	122
新疆	94770	3337	5369	80524	5540	
台湾						

全国出版系统利润情况

单位：万元

	全年利润总额					
	合计	出版	印刷	发行	物资	其他
全国总计	**532432**	**389740**	**5170**	**121721**	**9862**	**5939**
中央	**11386**	**10039**	**218**	**1125**	**4**	
地方	**521046**	**379701**	**4952**	**120596**	**9858**	**5939**
北京	1110	−283		1398	−5	
天津	8594	4340	358	797	93	3006
河北	30550	19508	156	10990	−63	−41
山西	6497	3751	331	2019	444	−48
内蒙古	2727	74	−398	3051		
辽宁	17441	13702	345	1934	1254	206
吉林	6479	4540	543	1073	194	129
黑龙江	8218	6089	367	1715	26	21
上海	20949	15924	793	4348	−200	84
江苏	53019	37262	914	11774	2959	110
浙江	19224	12590	61	5848	545	180
安徽	44814	35575	317	8908	41	−27
福建	21269	19004	255	1930		80
江西	30043	19570	82	10220	171	
山东	41247	29166	−108	9398	1639	1152
河南	35253	20678	588	12983	1028	−24
湖北	29767	27224	52	1691	800	
湖南	26329	18263	284	7283	284	215
广东	37424	31844	535	4512	33	500
广西	17475	14906	39	1926	525	79
海南	1197	1179		18		
重庆	4818	3205	−741	2049	−82	387
四川	27311	20995	136	6364	2	−186
贵州	5657	3216	75	2357	9	
云南	7380	5999	84	1245		52
西藏	79	59	18	2		
陕西	6576	5061	72	1281	113	49
甘肃	6389	4862	−27	1632	−78	
青海	−61	−76	1	13	1	
宁夏	1506	1400	−212	252	50	15
新疆	1765	74	32	1584	75	
台湾						

出版社、书刊印刷企业、印刷物资公司机构数和职工人数

单位：处、人

	出版社		书刊印刷两级定点企业				印刷物资公司(站)	
	机构数	职工人数	机构数		职工人数		机构数	职工人数
			合计	其中:国家定点	合计	其中:国家定点		
全国总计	**530**	**46390**	**1185**	**304**	**310462**	**152476**	**33**	**3799**
中央	**204**	**21082**	**85**	**38**	**21599**	**17050**	**1**	**495**
地方	**326**	**25308**	**1100**	**266**	**288863**	**135426**	**32**	**3304**
北京	10	786	154	9	18803	3891	1	13
天津	12	1035	42	7	7540	3676	1	99
河北	7	631	83	16	22316	7405	1	68
山西	7	473	17	4	5397	2310	2	128
内蒙古	7	504	15	5	4362	2370	1	43
辽宁	17	1066	30	13	13885	8317	1	178
吉林	14	883	27	7	5991	3304	1	104
黑龙江	12	702	21	7	7628	5048	2	118
上海	35	3646	46	17	11446	5866	1	144
江苏	16	1039	61	13	20054	6153	1	215
浙江	14	728	33	9	7255	3173	1	210
安徽	9	505	39	7	10730	3271	1	41
福建	10	605	28	6	6489	2915	1	25
江西	7	489	31	10	10979	7282	1	100
山东	16	1100	79	19	26163	10718	1	161
河南	11	738	61	14	19093	9091	1	191
湖北	14	1332	46	17	12736	6576	2	304
湖南	12	1006	41	13	11088	6707	1	252
广东	19	1333	63	16	14036	5906	1	55
广西	7	816	25	8	8224	4544	1	157
海南	3	245	10	2	2152	638		
重庆	3	477	6	3	2562	2109	1	24
四川	17	1257	23	12	9092	7013	1	136
贵州	4	403	13	3	4976	2190	1	63
云南	8	482	24	4	5864	2315	1	37
西藏	2	78	2	2	455	455		
陕西	15	1281	25	8	8331	5447	1	115
甘肃	5	367	11	6	4335	3451	1	72
青海	1	100	9	3	1382	804	1	15
宁夏	3	141	8	2	1402	541	1	85
新疆	9	1060	27	4	4097	1940	1	151
台湾								

全国图书、期刊、报纸进出口情况

		出口			进口		
		种数(种次)	数量(万册、份)	金额(万美元)	种数(种次)	数量(万册、份)	金额(万美元)
图书	**合计**	**704842**	**224.20**	**1248.00**	**445563**	**152.22**	**2263.28**
	哲学、社会科学	316950	70.69	498.98	27760	5.74	178.17
	文化、教育	56143	36.91	186.17	23067	4.89	202.42
	文学、艺术	167691	56.53	266.47	115082	57.19	486.42
	自然、科学技术	34582	13.28	69.79	219396	62.54	1089.47
	少儿读物	38314	23.85	70.02	185	0.19	0.07
	综合性图书	91162	22.94	156.57	60073	21.67	306.73
期刊		**36393**	**168.70**	**231.31**	**27478**	**19.32**	**2495.86**
报纸		**2037**	**91.05**	**109.25**	**538**	**85.55**	**896.66**

全国音像、电子出版物进出口情况

		出口			进口		
		种数(种次)	数量(盒、张)	金额(万美元)	种数(种次)	数量(盒、张)	金额(万美元)
录音制品	**合计**	**7461**	**49602**	**10.21**	**3753**	**104015**	**75.39**
	录音带	1291	13726	4.25	120	3100	1.90
	激光唱片	6170	35876	5.96	3633	100915	73.49
	密纹唱片						
录像制品	**合计**	**22399**	**157193**	**33.07**	**17**	**214**	**0.19**
	录像带	64	1209	1.00			
	激光视盘						
	VCD	22335	155984	32.07	17	214	0.19
电子出版物		**199**	**10193**	**4.88**	**635**	**400726**	**283.35**

全国图书出版社名录

中央出版社

出版社名称	出版社名称	出版社名称
人民出版社	中国 ISBN 中心	国家行政学院出版社
东方出版社(副牌)	商务印书馆国际有限公司	海洋出版社
生活·读书·新知三联书店	东方出版中心	海豚出版社(副牌)
人民文学出版社	北京图书馆出版社	航空工业出版社
外国文学出版社(副牌)	兵器工业出版社	红旗出版社
商务印书馆	朝华出版社	华龄出版社
中华书局	大众文艺出版社	华文出版社
人民美术出版社	当代世界出版社	华夏出版社
朝花少年儿童出版社	当代中国出版社	化学工业出版社
人民音乐出版社	党建读物出版社	机械工业出版社
华乐出版社(副牌)	地震出版社	教育科学出版社
中国大百科全书出版社	地质出版社	金城出版社
知识出版社(副牌)	电子工业出版社	今日中国出版社
中国对外翻译出版社	法律出版社	经济管理出版社
印刷工业出版社	方志出版社	经济科学出版社
现代出版社	改革出版社	经济日报出版社
荣宝斋出版社(副牌)	高等教育出版社	九洲图书出版社
连环画出版社(副牌)	工商出版社	开明出版社
中国书籍出版社	光明日报出版社	科学出版社
中国盲文出版社	国际文化出版公司	龙门书局(副牌)

60 (8)

出版社名称	出版社名称	出版社名称
科学技术文献出版社	团结出版社	中国藏学出版社
科学普及出版社	外文出版社	中国城市出版社
中国科学技术出版社(副牌)	华语教学出版社(副牌)	中国大地出版社
煤炭工业出版社	万国学术出版社	中国档案出版社
民主与建设出版社	世界图书出版公司	中国地图出版社
民族出版社	文化艺术出版社	测绘出版社（副牌）
企业管理出版社	文物出版社	中华地图学社(副牌)
气象出版社	五洲传播出版社	中国电力出版社
群言出版社	西苑出版社	中国电影出版社
群众出版社	线装书局	中国对外经济贸易出版社
人民法院出版社	新华出版社	中国发展出版社
人民交通出版社	新世界出版社	中国法制出版社
人民教育出版社	新星出版社	中国方正出版社
人民日报出版社	学习出版社	中国纺织出版社
人民体育出版社	学苑出版社	中国妇女出版社
人民卫生出版社	冶金工业出版社	中国工人出版社
人民邮电出版社	宇航出版社	中国广播电视出版社
人民中国出版社	语文出版社	中国国际广播出版社
社会科学文献出版社	原子能出版社	中国和平出版社
石油工业出版社	中共党史出版社	中国华侨出版社
时事出版社	中共中央党校出版社	中国画报出版社
世界知识出版社	中国标准出版社	中国环境科学出版社
台海出版社	中国财政经济出版社	中国计划出版社

出 版 社 名 称	出 版 社 名 称	出 版 社 名 称
中国计量出版社	中国社会出版社	中央编译出版社
中国检察出版社	中国社会科学出版社	中央文献出版社
中国建材工业出版社	中国审计出版社	中医古籍出版社
中国建筑工业出版社	中国石化出版社	知识产权出版社
中国金融出版社	中国世界语出版社	紫禁城出版社
中国经济出版社	中国水利水电出版社	宗教文化出版社
中国劳动社会保障出版社	中国税务出版社	作家出版社
中国林业出版社	中国铁道出版社	北京大学出版社
中国旅游出版社	中国统计出版社	北京广播学院出版社
中国民航出版社	中国文联出版社	北京航空航天大学出版社
中国民主法制出版社	中国文史出版社	北京理工大学出版社
中国民族摄影艺术出版社	中国文学出版社	北京师范大学出版社
中国农业出版社	中国物价出版社	北京体育大学出版社
农村读物出版社(副牌)	中国物资出版社	北京邮电大学出版社
中国农业科技出版社	中国戏剧出版社	北京语言文化大学出版社
中国青年出版社	中国协和医科大学出版社	北京医科大学出版社
中国轻工业出版社	中国言实出版社	对外经济贸易大学出版社
中国人口出版社	中国医药科技出版社	警官教育出版社
中国人事出版社	中国友谊出版公司	旅游教育出版社
中国三峡出版社	中国致公出版社	清华大学出版社
中国商业出版社	中国中医药出版社	外语教学与研究出版社
中国少年儿童出版社	中华工商联合出版社	中国农业大学出版社
中国摄影出版社	中信出版社	中国人民大学出版社

69(1)

出版社名称	出版社名称	出版社名称
中国人民公安大学出版社	金盾出版社	长征出版社
中国政法大学出版社	军事科学出版社	国防大学出版社
中央广播电视大学出版社	军事医学科学出版社	国防工业出版社
中央民族大学出版社	军事谊文出版社	新时代出版社(副牌)
解放军出版社	蓝天出版社	海潮出版社
长虹出版公司(副牌)	人民军医出版社	华艺出版社
解放军文艺出版社	星球地图出版社	
昆仑出版社(副牌)	长城出版社	

22 (3)

地方出版社

出版社名称	出版社名称	出版社名称
北京	天津教育出版社	山西古籍出版社
北京出版社	新蕾出版社	山西教育出版社
北京古籍出版社(副牌)	天津科学技术出版社	山西经济出版社
北京教育出版社(副牌)	天津人民美术出版社	山西科学技术出版社
北京美术摄影出版社(副牌)	天津社会科学院出版社	希望出版社
北京少年儿童出版社(副牌)	天津杨柳青画社	**内蒙古**
北京十月文艺出版社(副牌)	天津科技翻译出版公司	内蒙古人民出版社
文津出版社(副牌)	南开大学出版社	内蒙古科学技术出版社
同心出版社	天津大学出版社	内蒙古少年儿童出版社
北京科学技术出版社	**河北**	内蒙古文化出版社
北京工艺美术出版社	河北人民出版社	远方出版社
北京燕山出版社	河北教育出版社	内蒙古大学出版社
京华出版社	河北科学技术出版社	内蒙古教育出版社
中国书店	河北美术出版社	**辽宁**
北京工业大学出版社	河北少年儿童出版社	辽宁人民出版社
首都经济贸易大学出版社	花山文艺出版社	春风文艺出版社(副牌)
首都师范大学出版社	河北大学出版社	辽海出版社
天津	**山西**	辽宁画报出版社
天津人民出版社	山西人民出版社	辽宁教育出版社
百花文艺出版社	书海出版社(副牌)	辽宁科学技术出版社
天津古籍出版社	北岳文艺出版社	辽宁美术出版社

出版社名称	出版社名称	出版社名称
辽宁民族出版社	东北师范大学出版社	上海古籍出版社
辽宁少年儿童出版社	吉林大学出版社	上海画报出版社
大连出版社	延边大学出版社	上海教育出版社
沈阳出版社	**黑龙江** 12	上海科技教育出版社
大连海事大学出版社	黑龙江人民出版社	上海科学技术出版社
大连理工大学出版社	北方文艺出版社	上海书店
东北财经大学出版社	黑龙江朝鲜民族出版社	上海书画出版社
东北大学出版社	黑龙江教育出版社	上海文艺出版社
辽宁大学出版社	黑龙江美术出版社	上海文化出版社(副牌)
辽宁师范大学出版社	黑龙江少年儿童出版社	上海音乐出版社(副牌)
白山出版社	哈尔滨出版社	上海译文出版社
吉林 14	哈尔滨地图出版社	上海远东出版社
吉林人民出版社	黑龙江科学技术出版社	少年儿童出版社
北方妇女儿童出版社	东北林业大学出版社	学林出版社
吉林教育出版社	哈尔滨工程大学出版社	上海科学技术文献出版社
吉林科学技术出版社	哈尔滨工业大学出版社	上海科学普及出版社
吉林美术出版社	**上海** 37(2)	立信会计出版社
吉林摄影出版社	上海人民出版社	上海财经大学出版社
吉林文史出版社	百家出版社	上海社会科学院出版社
时代文艺出版社	汉语大词典出版社	文汇出版社
长春出版社	上海人民美术出版社	复旦大学出版社
延边人民出版社	上海三联书店	华东理工大学出版社
延边教育出版社	上海辞书出版社	华东师范大学出版社

出版社名称		出版社名称		出版社名称	
上海交通大学出版社		苏州大学出版社		黄山书社	
上海外语教育出版社		中国矿业大学出版社		安徽大学出版社	
同济大学出版社		**浙江**	13	中国科学技术大学出版社	
上海医科大学出版社		浙江人民出版社		**福建**	11(1)
上海大学出版社		杭州出版社		福建人民出版社	
上海中医大学出版社		宁波出版社		鹭江出版社(副牌)	
中国纺织大学出版社		浙江古籍出版社		福建科学技术出版社	
第二军医大学出版社		浙江教育出版社		福建美术出版社	
江苏	16	浙江科学技术出版社		福建少年儿童出版社	
江苏人民出版社		浙江人民美术出版社		海潮摄影艺术出版社	
江苏古籍出版社		浙江少年儿童出版社		海峡文艺出版社	
江苏教育出版社		浙江摄影出版社		福建教育出版社	
江苏科学技术出版社		浙江文艺出版社		福建省地图出版社	
江苏美术出版社		西泠出版社		厦门大学出版社	
江苏少年儿童出版社		浙江大学出版社		海风出版社	
江苏文艺出版社		中国美术学院出版社		**江西**	7
译林出版社		**安徽**	9	江西人民出版社	
南京出版社		安徽人民出版社		百花洲文艺出版社	
古吴轩出版社		安徽教育出版社		二十一世纪出版社	
东南大学出版社		安徽科学技术出版社		江西教育出版社	
河海大学出版社		安徽美术出版社		江西科学技术出版社	
南京大学出版社		安徽少年儿童出版社		江西美术出版社	
南京师范大学出版社		安徽文艺出版社		江西高校出版社	

出版社名称	出版社名称	出版社名称
山东 17(1)	河南科学技术出版社	武汉水利电力大学出版社
山东人民出版社	河南美术出版社	**湖南** 12
齐鲁书社(副牌)	河南文艺出版社	湖南人民出版社
明天出版社	中原农民出版社	湖南地图出版社
山东画报出版社	中州古籍出版社	湖南教育出版社
山东教育出版社	河南大学出版社	湖南科学技术出版社
山东科学技术出版社	河南医科大学出版社	湖南美术出版社
山东美术出版社	黄河水利出版社	湖南少年儿童出版社
山东文艺出版社	**湖北** 15(1)	湖南文艺出版社
山东友谊出版社	湖北人民出版社	岳麓书社
泰山出版社	湖北辞书出版社(副牌)	湖南大学出版社
济南出版社	长江文艺出版社	湖南师范大学出版社
青岛出版社	湖北教育出版社	中南工业大学出版社
山东省地图出版社	湖北科学技术出版社	国防科技大学出版社
青岛海洋大学出版社	湖北美术出版社	**广东** 19
山东大学出版社	湖北少年儿童出版社	广东人民出版社
石油大学出版社	武汉出版社	广东教育出版社
黄河出版社	中国地质大学出版社	广东经济出版社
河南 12(1)	华中理工大学出版社	广东科技出版社
河南人民出版社	华中师范大学出版社	花城出版社
文心出版社(副牌)	武汉测绘科技大学出版社	岭南美术出版社
大象出版社	武汉大学出版社	新世纪出版社
海燕出版社	武汉工业大学出版社	广东高等教育出版社

出版社名称	出版社名称	出版社名称
广东旅游出版社	南方出版社	西南交通大学出版社
广东省地图出版社	南海出版公司	**贵州**
广州出版社	**重庆**	贵州人民出版社
海天出版社	重庆出版社	贵州教育出版社
珠海出版社	重庆大学出版社	贵州科学技术出版社
汕头大学出版社	西南师范大学出版社	贵州民族出版社
中山大学出版社	**四川**	**云南**
华南理工大学出版社	四川人民出版社	云南人民出版社
暨南大学出版社	巴蜀书社	晨光出版社
羊城晚报出版社	成都地图出版社	云南教育出版社
南方日报出版社	蜀蓉棋艺出版社	云南科学技术出版社
广西	四川辞书出版社	云南美术出版社
广西人民出版社	四川教育出版社	德宏民族出版社
漓江出版社(副牌)	四川科学技术出版社	云南民族出版社
广西教育出版社	四川美术出版社	云南大学出版社
广西科学技术出版社	四川民族出版社	**西藏**
广西美术出版社	四川少年儿童出版社	西藏人民出版社
接力出版社	四川文艺出版社	藏文古籍出版社
广西民族出版社	天地出版社	**陕西**
广西师范大学出版社	成都科技大学出版社	陕西人民出版社
海南	电子科技大学出版社	三秦出版社
海南出版社	四川大学出版社	陕西科学技术出版社
海南出版公司	西南财经大学出版社	陕西人民教育出版社

出版社名称	出版社名称	出版社名称
陕西人民美术出版社	甘肃少年儿童出版社(副牌)	宁夏少年儿童出版社
太白文艺出版社	甘肃教育出版社(副牌)	宁夏人民教育出版社
未来出版社	甘肃科学技术出版社(副牌)	**新疆**
西安出版社	甘肃民族出版社(副牌)	新疆人民出版社
陕西旅游出版社	甘肃人民美术出版社	喀什维吾尔文出版社
西安地图出版社	敦煌文艺出版社	新疆科技卫生出版社
陕西师范大学出版社	甘肃文化出版社	新疆美术摄影出版社
西安电子科技大学出版社	兰州大学出版社	克孜勒苏柯尔克孜文出版社
西安交通大学出版社	**青海**	新疆教育出版社
西北大学出版社	青海人民出版社	新疆青少年出版社
西北工业大学出版社	青海民族出版社(副牌)	伊犁人民出版社
甘肃	**宁夏**	新疆大学出版社
甘肃人民出版社	宁夏人民出版社	

全国音像出版单位名录

中央出版社

出版社名称	出版社名称	出版社名称
中国唱片总公司	北京师范大学音像出版社	南海音像公司
中影音像出版社	中经录音录像中心	语文音像出版社
中国国际电视总公司	中国科学文化音像出版社	中国卫生科教音像出版社
中国儿童电影制片厂音像出版社	北京天盛科学技术音像出版社	中国核工业音像出版社
中国广播音像出版社	中国民族音像出版社	煤炭工业音像出版社
北京广播学院音像教材出版社	国际文化交流音像出版社	北方科技声像出版社
中国国际广播音像出版社	建设音像出版社	中国职工音像出版社
北京北影录音录像公司	电力工业部电化教育中心	中国青年教育音像出版社
中国长城艺术文化中心	中国电子音像出版社	中华文艺音像出版社
北京电影学院音像出版社	中国音像制品评价出版社	中国音乐家音像出版社
新影音像出版社	北京航宇音像出版社	中国文采声像出版公司
中国录音录像出版总社	中国冶金音像制品出版中心	中国科学技术协会声像中心
北京东方影音公司	化工音像出版中心	中国康艺音像出版社
北京威翔音像出版社	中水音像制作出版中心	求索音像出版社
电化教育音像出版社	农业教育声像出版社	开明文教音像出版社
北京外语音像出版社	中国农影音像出版社	学苑音像出版社
中央教育科学研究所音像出版社	北京协和医学音像出版社	解放军音像出版社
清华大学音像出版社	中华医学音像出版社	中国华艺音像实业有限公司
中央广播电视大学音像出版社	中体音像出版公司	解放军卫生音像出版社
北京大学音像出版社	中国人口音像出版社	中国三环音像社

出版社名称	出版社名称	出版社名称
武警音像出版社	电子工业出版社音像部	中国文联出版公司音像部
北京科影音像出版社	中国轻工出版社音像部	中国电影出版社音像部
华盛音像出版社	中国铁道出版社音像部	中国和平出版社音像部
北京环球音像出版社	人民交通出版社音像部	中国电力出版社音像部
九洲音像出版公司	中国水利水电出版社音像部	中国检察出版社音像部
新华音像中心	农村读物出版社音像部	中央文献出版社音像部
北京财经音像出版社	文物出版社音像部	当代中国出版社音像部
中新音像出版社	今日中国出版社音像部	社会科学文献出版社音像部
法制音像出版社	华语教学出版社音像部	中国标准出版社音像部
金融音像出版社	中国广播电视出版社音像部	中国国际广播出版社音像部
中国青少年音像出版社	人民卫生出版社音像部	世界图书出版公司音像部
中纺音像出版社	人民体育出版社音像部	中国妇女出版社音像部
人民教育出版社音像部	北京体育大学出版社音像部	学习出版社音像部
高等教育出版社音像部	中国计量出版社音像部	人民邮电出版社音像部
中国人民大学出版社音像部	人民音乐出版社音像部	五洲传播出版社音像部
北京语言文化大学出版社音像部	商务印书馆音像部	商务印书馆国际有限公司音像部
国防工业出版社音像部	中国对外翻译出版公司音像部	金盾出版社音像部
民族出版社音像部	中国旅游出版社音像部	中国大百科出版社音像部
国际文化出版公司音像部	金城出版社音像部	中国医药科技出版社音像部
中国劳动出版社音像部	科学出版社音像部	
地质出版社音像部	中国青年出版社音像部	
机械工业出版社音像部	中国少年儿童出版社音像部	

地方出版社

出版社名称	出版社名称	出版社名称
北京	方圆电子音像出版社	东北师范大学出版社
北京音像公司	**山西**	吉林大学出版社
北京文化艺术音像出版社	山西教育音像出版社	吉林音像出版社
北京普教音像出版社	山西音像出版社	**黑龙江**
北京高教音像出版社	山西春秋音像出版社	黑龙江省教育音像出版社
北京市青少年音像出版社	**内蒙古**	哈尔滨工业大学音像教材出版社
北京法制教育音像出版社	内蒙古文化音像出版社	黑龙江商学院音像教材出版社
北京电视艺术中心音像出版社	**辽宁**	黑龙江文化音像出版社
北京外文音像出版社	半岛音像出版社	**上海**
北京电子音像出版社	实用医学音像出版社	中国唱片上海公司
天津	大连音像出版社	上海音像公司
天津音像公司	辽宁教育音像出版社	上海录像公司
天津文化艺术音像出版社	辽宁文化艺术音像出版社	上海声像出版社
天津北洋音像出版社	辽宁广播电视音像出版社	上海外语音像出版社
新蕾出版社音像部	东北大学出版社	上海高教音像出版社
南开大学出版社音像部	辽宁音像出版社	上海音像出版社
河北	**吉林**	海文音像出版社
河北音像出版社	吉林省长白山音像出版社	上海教育音像出版社
河北百灵音像出版社	吉林民族音像出版社	上海计划生育宣传教育中心
河北文化音像出版社	吉林文化音像出版社	上海电影音像出版社
河北教育出版社音像部	长春电影制片厂银声音像出版社	少年儿童出版社

出版社名称	出版社名称	出版社名称
上海译文出版社	**安徽**	解放军外语音像出版社
上海科学技术出版社	安徽音像出版社	河南省文化艺术音像出版社
上海教育出版社	中国科学技术大学音像出版社	河南电子音像出版社
上海交通大学出版社	安徽文化音像出版社	**湖北**
复旦大学出版社	安徽电子音像出版社	扬子江音像出版社
同济大学出版社	**福建**	武汉音像出版社
华东师范大学出版社	福建省音像出版社	湖北音像艺术出版社
上海远东出版社	福建教育音像出版社	武汉大学音像出版社
上海文艺出版社	福建省长龙影视公司	九通电子音像出版社
上海中医学院出版社	厦门音像出版社	**湖南**
上海文化出版社	福建省文艺音像出版社	湖南金锋音像出版社
上海音乐出版社	福建省出版总社音像电子出版公司	潇湘电影制片厂音像出版社
江苏	**江西**	湖南电子音像出版社
江苏音像出版社	江西音像出版社	湖南省教育音像出版社
南京音像出版社	江西文化音像出版社	湖南文化音像出版社
江苏文化音像出版社	红星电子音像出版社	**广东**
东南大学出版社	**山东**	太平洋影音公司
江苏省出版总社	齐鲁音像出版社	中国唱片广州公司
浙江	山东文化音像出版社	广州外语音像出版社
浙江音像出版社	山东省出版总社	广东音像教材出版社
浙江文艺音像出版社	**河南**	华南理工大学音像教材出版社
浙江大学出版社	黄河音像出版社	汕头海洋音像出版社
浙江省电子音像出版社	河南省教育音像出版社	广东音像出版社

出版社名称	出版社名称	出版社名称
珠海特区音像出版社	海南省音像出版社	**西藏**
广东嘉应音像出版社	海南电子音像出版社	西藏音像出版社
广州新时代影音公司	**重庆**	西藏国际文化影视公司
中山大学音像出版社	重庆音像出版社	**陕西**
珠江电影制片厂白天鹅音像出版社	西南师范大学音像出版社	陕西音像出版社
广东省科技音像出版社	重庆电子音像出版社	西安电影制片厂录音录像出版社
广东珠江音像出版社	**四川**	陕西文化音像出版社
广东惠州音像出版社	中国唱片成都公司	新世纪音像出版社
深圳市激光节目出版发行公司	四川音像出版社	西安交通大学音像出版社
广州音像出版社	峨嵋电影制片厂音像出版社	西安外语音像教材出版社
深圳音像公司	成都音像出版社	西北工业大学出版社
广东语言音像出版社	四川省教育音像出版社	**甘肃**
中国唱片深圳公司	四川文艺音像出版社	甘肃省音像出版社
南海潮音像出版社	成都科技大学出版社	甘肃省声像教材音像出版社
广东海燕电子音像出版社	四川电子音像出版中心	甘肃人民出版社
广西	西南交通大学出版社	**青海**
广西音像出版社	**贵州**	青海昆仑音像出版社
广西壮族自治区音像教材出版社	贵州东方音像出版社	西海民族音像出版社
广西电影音像出版社	贵州广播电视大学音像教材出版社	**宁夏**
广西文化音像出版社	贵州文化音像出版社	宁夏大地音像出版社
北部湾音像出版公司	**云南**	**新疆**
广西金海湾电子音像出版社	云南音像出版社	新疆音像出版社
海南	云南民族文化音像出版社	

书刊印刷国家定点企业名录

印刷厂名称	印刷厂名称	印刷厂名称
北京新华印刷厂	机械工业出版社印刷厂	北京市印刷三厂
北京新华彩印厂	冶金工业出版社印刷厂	北京市胶印厂
北京第二新华印刷厂	煤炭工业出版社印刷厂	利丰雅高长城印刷有限公司
人民美术印刷厂	国防工业出版社印刷厂	北京丰台区印刷厂
文字 603 厂	北京凌奇印刷有限公司	北京房山区印刷厂
人民卫生出版社胶印厂	北京神剑印刷厂	北京市密云县印刷厂
北京交通印务实业公司	新华通讯社印刷厂	北京市金顺印刷厂
人民教育出版社印刷厂	中国铁道建筑总公司印刷厂	天津新华印刷一厂
北京旭鑫印刷厂	精美彩色印刷有限公司	天津新华印刷二厂
中国青年出版社印刷厂	北京京安印刷厂	天津新华印刷三厂
中国科学院印刷厂	北京百花彩印有限公司	天津美术印刷厂
中国铁道出版社印刷厂	北京博诚印刷厂	天津环球磁卡股份有限公司
中国建筑工业出版社印刷厂	北京金盾印刷厂	高等教育出版社印刷厂(天津)
北京外文印刷厂	北京大学印刷厂	南开大学印刷厂
民族印刷厂	清华大学印刷厂	河北新华印刷一厂
文物出版社印刷厂	人民日报印刷厂	河北新华印刷二厂
农业出版社印刷厂	解放军报印刷厂	河北新华印刷三厂
北京强华印刷厂	体育报社印刷厂	张家口市印刷总厂
北京地质印刷厂	北京市印刷一厂	唐山市印刷厂
化学工业出版社印刷厂	北京市印刷二厂	衡水冀峰印刷股份有限公司

印刷厂名称	印刷厂名称	印刷厂名称
沧州市人民印刷厂	沈阳市北陵印刷厂	上海中华印刷厂
承德市第一印刷厂	大连印刷工业总厂	上海新华印刷厂
中国标准出版社秦皇岛印刷厂	鞍山市新华印刷厂	商务印书馆上海印刷厂
邢台市新华印刷厂	东北印刷厂	上海市美术印刷厂
唐山市彩印厂	锦州印刷厂	上海市印刷一厂
廊坊人民印刷厂	金城印刷厂	上海市印刷二厂
沧州晚报社印刷厂	朝阳新华印刷厂	上海市印刷三厂
南宫市印刷厂	阜新市印刷总厂	上海市印刷四厂
中国人民解放军 1206 工厂	丹东印刷厂	上海市印刷六厂
香河县印刷厂	长春新华印刷厂	上海市印刷七厂
山西新华印刷厂	长春第二新华印刷厂	上海市印刷十厂
山西人民印刷厂	延边新华印刷厂	上海市印刷十一厂
山西省美术印刷厂	长春市科技印刷厂	上海市印刷十二厂
山西省运城地区印刷厂	长春市第十一印刷厂	上海群众印刷厂
内蒙古民族印刷厂	梅河口美术印刷厂	上海凌志印刷厂
内蒙古教育印刷厂	长春市第五印刷厂	上海凹凸彩印总公司
内蒙古通辽教育印刷厂	黑龙江新华印刷厂	上海复旦大学印刷厂
内蒙古乌海市印刷厂	黑龙江新华印刷二厂	江苏新华印刷厂
内蒙古赤峰印刷集团公司	哈尔滨九隆印刷一厂	江苏淮阴新华印刷厂
沈阳新华印刷厂	黑龙江省教育委员会印刷厂	徐州新华印刷厂
辽宁美术印刷厂	牡丹江书刊印刷厂	南京人民印刷厂
沈阳市天元印刷厂	佳木斯金龙集团有限公司	常州人民印刷厂
沈阳市第二印刷厂	肇东市正阳印制有限公司	苏州印刷总厂

印刷厂名称	印刷厂名称	印刷厂名称
扬州印刷总厂	福建新华印刷厂	沂南印刷总厂
盐城市印刷厂	福建彩色印刷有限公司	青岛胶南印刷厂
扬中市印刷厂	福建省第二新华印刷厂	国营青岛人民印刷厂
通州市印刷厂	中国人民解放军第7228工厂	山东省高堂印刷公司
南通韬奋印刷厂	泉州晚报印刷厂	山东荣城市印刷厂
中国人民解放军7214工厂	福州晚报社印刷厂	山东电子工业印刷厂
海门市印刷厂	江西印刷集团公司	肥城市印刷厂
浙江印刷集团公司	江西新华印刷厂	文登市印刷厂
金华市新华印刷有限责任公司	江西新华印刷二厂	莱芜市印刷厂
杭州出版学校印刷厂	江西新华九江印刷总厂	德州市人民印刷厂
绍兴新华印刷厂	赣东北印刷厂	鄄城新华印务有限公司
衢州新华印刷印务有限公司	赣州印刷(集团)有限公司	滨州新华印刷厂
浙江省淳安印刷厂	宜春地区印刷厂	河南第一新华印刷厂
上虞印刷厂	吉安地区印刷厂	河南第二新华印刷厂
浙江省邮电印刷厂	景德镇新华印刷厂	郑州晚报印刷厂
余杭市人民印刷有限公司	江西省抚州地区印刷厂	中科院开封印刷厂
安徽新华印刷厂	山东新华印刷厂	开封市三兴印务有限公司
安徽书刊印刷厂	山东新华印刷厂潍坊厂	洛阳市印刷厂
安庆新华印刷厂	山东新华印刷厂德州厂	安阳市印刷厂
蚌埠人民印刷厂	山东新华印刷厂临沂厂	许昌裕达印刷有限公司
巢湖地区印刷厂	山东人民印刷厂	驻马店市印刷厂
芜湖新华印刷厂	中国人民解放军第7213工厂	河南南洋印刷总厂
六安新华印刷厂	济南新华印刷厂	瑞光印务股份公司

印刷厂名称	印刷厂名称	印刷厂名称
焦作市印刷厂	望城县印刷厂	韶关市粤北印刷厂
信阳市豫南印刷公司	长沙市银都教育印刷厂	南海市彩印制本厂
商邱地区印刷厂	长沙国防科技大学印刷厂	广州彩印有限公司
湖北省新华印刷厂	湖南广播电视报印刷厂	广西民族印刷厂
武大出版社印刷总厂	湖南省岳阳印刷厂	广西新华印刷厂
湖北省宜昌市新华印刷厂	湖南省湘潭市彩色印刷厂	南宁包装印刷集团公司
湖北省孝感市三环印刷公司	衡阳印刷厂	南宁地区印刷厂
湖北开元印刷有限公司	常德滨湖印刷有限公司	柳州市印刷厂
襄樊日报社印刷厂	湖南黔阳彩色印刷厂	桂林市印刷厂
黄冈日报社印刷厂	湖南省望城县湘江印刷厂	桂林漓江印刷厂
湖北省仙桃市新华印刷厂	广东新华印刷厂	广西民族语文印刷厂
科学技术出版社黄冈印刷厂	广东广彩印务有限公司	海南省印刷工业公司
湖北教育出版社印刷厂	韶关新华印刷厂	海南日报社印刷厂
湖北省通山县印刷厂	广州华南印刷厂	重庆新华印刷厂
武汉市新华印刷厂	肇庆新华印刷厂	重庆印制第一厂
中国人民解放军 7218 工厂	惠阳印刷厂	重庆大学印刷厂
湖北省鄂南新华印制公司	佛山粤中印刷公司	四川新华印刷厂
华中理工大学印刷厂	湛江人民印刷总厂	四川新华彩印厂
湖北少儿出版社印刷厂	中山市新华印刷厂	自贡新华印刷厂
湖北日报社印刷厂	广州新华印刷厂	四川国防印刷厂
湖南省新华印刷一厂	汕头新华印刷厂	攀枝花新华印刷厂
湖南省新华印刷二厂	深圳美光实业股份公司	内江新华印刷厂
湖南省新华印刷三厂	阳江市教育实业公司	成都印刷一厂

印刷厂名称	印刷厂名称	印刷厂名称
中国人民解放军第 7234 工厂	西藏印刷工业工司(原新华厂)	甘肃省平凉地区印刷厂
四川省达川新华印刷厂	西藏军区印刷厂	甘肃省张掖地区河西印刷厂
四川省印刷制版中心	西安新华印刷厂	甘肃省酒泉市印刷厂
四川省金堂新华印刷厂	国营五二三厂	青海新华印刷厂
四川东华印务集团公司	陕西省印刷厂	青海日报社印刷厂
贵州新华印刷厂	汉中第二印刷厂	青海西宁印刷厂
贵州新华印刷二厂	中国人民解放军第 7226 工厂	宁夏新华印刷厂
安顺地区印刷厂	陕西省汉中印刷厂	宁夏日报社印刷厂
云南省新华印刷一厂	陕西省安康印刷厂	新疆新华印刷厂
云南新华印刷二厂	西安交通大学科教仪器印刷厂	新疆新华印刷二厂
云南新华印刷三厂	兰州新华印刷厂	新疆新华印刷三厂
中国人民解放军第 7216 工厂	天水新华印刷厂	中国人民解放军 7220 工厂
云南新华彩印厂	中国人民解放军第 7219 工厂	